Maar   Bildung durch Unterhaltung:
die Entdeckung des Infotainment in der Aufklärung

Bochumer Frühneuzeitstudien

Band 3

herausgegeben von
Prof. Dr. Winfried Schulze

BILDUNG DURCH UNTERHALTUNG: DIE ENTDECKUNG DES INFOTAINMENT IN DER AUFKLÄRUNG

Hallenser und Wiener Moralische Wochenschriften in der Blütezeit des Moraljournalismus, 1748–1782

Elke Maar

Centaurus Verlag & Media UG 1995

Die Autorin, *Elke Maar*, studierte Geschichte, Anglistik und Amerikanistik und ist als Redakteurin beim Westdeutschen Rundfunk Köln tätig.

Umschlagabbildung: Kupferstich von Andreas Geiger (1765–1856) nach Cajetan, Wiener Theaterzeitung, um 1830.
Fotonachweis: Archiv für Kunst und Geschichte, Berlin.

Die Deutsche Bibliothek – CIP-Einheitsaufnahme

Maar, Elke:
Bildung durch Unterhaltung : die Entdeckung des Infotainment
in der Aufklärung : Hallenser und Wiener Moralische
Wochenschriften in der Blütezeit des Moraljournalismus, 1748 –
1782 / Elke Maar. – Pfaffenweiler : Centaurus-Verl.-Ges., 1995
  (Bochumer Frühneuzeitstudien ; Bd. 3)
  Zugl.: Bochum, Univ., Diss., 1993
  ISBN 978-3-89085-942-2   ISBN 978-3-86226-306-6 (eBook)
  DOI 10.1007/978-3-86226-306-6
  NE: GT

ISSN 0940-063X

© *CENTAURUS-Verlagsgesellschaft mit beschränkter Haftung, Pfaffenweiler 1995*

Satz: Vorlage der Autorin

Für Roland

Vorwort

Die vorliegende Abhandlung wurde im Winter-Semester 1993 von der Fakultät für Geschichtswissenschaft der Ruhr-Universität Bochum als Dissertation angenommen. Sie ist für den Druck leicht überarbeitet worden.

Meinem Doktorvater, Herrn Prof. Dr. Wolfgang Köllmann, sei an dieser Stelle mein aufrichtiger Dank ausgesprochen, ohne seine Unterstützung, Geduld und Toleranz wäre diese Abbhandlung nicht zustande gekommen. Mein Dank gilt ebenso Herrn Prof. Dr. Winfried Schulze für die Anregungen, mit denen er meinen Arbeitsweg begleitet hat.

Herzlich danken möchte ich auch Herrn Dr. Peter Frank, dem ehemaligen Kurator der *German Collections* der Stanford Libraries. Er hat wesentlichen Anteil daran, daß aus der während eines Studienaufenthaltes an der kalifornischen Stanford University entstandenen Idee, die Ursprünge des Infotainment zu erforschen, schließlich ein Buch wurde; denn er lenkte mein Interesse auf die Moralischen Wochenschriften und unterstützte mich bei den Recherchen.

Der Weg von der Idee zum fertigen Buch war lang. Daß er gegangen werden konnte, war nicht zuletzt auch durch die Unterstützung und Geduld vieler lieber Freunde möglich. Ihnen sei hier gedankt.

Schließlich gilt mein Dank dem Herausgeber der Bochumer Hochschulschriften, Herrn Prof. Dr. Schulze, für die Aufnahme der Arbeit in diese Reihe, den Bibliotheken, die mir ihre Archive zugänglich machten und die Veröffentlichung einiger Illustrationen erlaubten, und der Graduiertenförderung des Landes Nordrhein-Westfalen, die das Projekt finanziell unterstützte.

INHALT

Einleitung

Was sind Moralische Wochenschriften?
Das neue Mediengenre im 18. Jahrhundert

> "Die eigentliche Absicht dieser Blätter ist es zu unterhalten, und wenn ich es ohne Stolz sagen kann - auch zu nützen."
>
> (Der GREIS, 77. Stück)

Weitschweifig und langweilig, banal und abgedroschen und obendrein noch schulmeisterlich: So oder ähnlich lauten die hartnäckigen Vorurteile über das neue Genre in der Medienlandschaft des 18. Jahrhunderts, über die Moralischen Wochenschriften. Nicht ohne eine gewisse Portion intellektueller Arroganz spottet schon Gotthold Ephraim Lessing über die Moralblätter.[1] Ihre Autoren kritisiert er scharf als Opportunisten, die beim Schreiben das Geld, nicht aber die Erkenntnis oder den literarischen Wert ihrer Produkte im Auge hätten.[2] Er betrachtet die Moralischen Wochenschriften als schriftstellerisch und philosophisch minderwertige Elaborate.[3] Die Vorstellung, die Moralblätter seien uninteressant und

---

[1]   "Moralische Wochenschriften" oder "Wochenblätter" waren die gängigen Bezeichnungen für dieses Genre. Die Moralischen Wochenschriften haben einen wesentlichen Anteil an der Entstehung des facettenreichen Phänomens "Journalismus": Die in periodisch-regelmäßiger Erscheinungsform angebotenen Publikationsformen nehmen erst mit dem beginnenden 18. Jahrhundert - bedingt durch die technischen Druckmöglichkeiten - ihren Platz auf dem Literaturmarkt ein, und erst zum Ende des Jahrhunderts bildet sich eine allgemeingültige Begrifflichkeit für die unterschiedlichen journalistischen Publikationsformen heraus, Weller, Die ersten deutschen Zeitungen (1872), S. 2; Kirchner, Das deutsche Zeitschriftenwesen (1958), Teil I, S. 14 u. 93ff., und zu einer generellen Orientierung: Groth, Die Zeitung. Ein System der Zeitungskunde (1928), Bd. 1 und Rosenfeld, Zeitung und Zeitschrift (1984), S. 977-98. Zur Bezeichnung der Moralischen Wochenschriften waren auch Formulierungen wie Magazine, Moralblätter oder Sittenschriften üblich. In Anlehnung daran wird in dieser Arbeit schon aus Gründen der sprachlichen Variation eine Palette verschiedener Begriffe für die Moralischen Wochenschriften angewandt.

[2]   Tatsächlich haben gerade junge Intellektuelle - z.B. Theologiestudenten, die noch ohne Anstellung waren - das große Feld des Moraljournalismus genutzt, um sich hier ihren Lebensunterhalt oder zumindest ein Zubrot zu verdienen, s. Martens, Die Botschaft der Tugend (1968), S. 127.

[3]   Lessing, Gesammelte Werke (1955), Bd. 3, S. 687; vgl. hierzu auch Martens, Lessing als Aufklärer. Zu Lessings Kritik an den deutschen Moralischen Wochenschriften (1977).

13

langweilig, ist bis heute Grund dafür, daß sie in der Forschung nur wenig Beachtung gefunden haben. Lessings Vorurteil spiegelt sich, kaum verändert, noch in der für die deutsche Zeitschriftengeschichte grundlegenden Studie Joachim Kirchners wider: Die Sittenschriften seien "Massenware", die achtlos "auf den Markt geworfen wurde" und deren 'Siegeszug für das gesamte Geistesleben des deutschen Volkes im 18. Jahrhundert im allgemeinen unfruchtbar blieb.'[4]

Der Moraljournalismus ist ein Kind der englischen Aufklärung - die "moral weeklies" sind die Vorläufer der deutschsprachigen Moralischen Wochenschriften. Die Moralblätter waren, wie die Aufklärung selbst, eine gesamteuropäische Erscheinung: Das neue Genre in der Medienlandschaft des 18. Jahrhunderts erschien beinahe in allen europäischen Ländern, seine größte Ausbreitung allerdings erfuhr es im deutschsprachigen Raum. In diesem Gebiet beschränkt sich die Geschichte des Moraljournalismus weitgehend auf das 18. Jahrhundert: Den Auftakt machte 1713 der in Hamburg erscheinende VERNÜNFFTLER,[5] das erste deutschsprachige Moralblatt. Als sich in den 80er Jahren des Jahrhunderts der Wochenschriftsjournalismus seinem Ende zuneigte, entwickelten sich aus den Moralblättern Fachzeitschriften verschiedener Ausrichtungen.

Der Moraljournalismus bemühte sich besonders um ein Publikum, dem die Lektüre "gelehrter" Texte fremd war: Sein Ziel war es, die Ergebnisse von Wissenschaft und Gelehrsamkeit in eingängiger und unterhaltsamer Verpackung einem lektüreungewohnten Publikum zu vermitteln. Dabei machten die Moraljournalisten erstmals in der Mediengeschichte das Stilprinzip der "Unterhaltung" zum Vehikel der Vermittlung aufgeklärter Bildungsinhalte;[6] sie legen damit den Grundstein für das, was im modernen Journalismus als "Infotainment" bezeichnet wird. Die Bedeutung der Moralischen Wochenschriften liegt also gerade in ihrer Funktion, aufklärerisches Ideengut zu popularisieren, um es auf diese Weise über

---

4   Kirchner (1958), Teil I, S. 59f.
5   Der VERNÜNFFTLER. Das ist: Ein Teutscher Auszug/ aus den Engeländischen Moral-Schriften des Tatler und Spectator/ Vormahls Verfertigt/ mit Etlichen Zugaben Versehen/ und auf Ort und Zeit Gerichtet von Joanne Mattheson, Hamburg 1713-14. Die Moralischen Wochenschriften wählen häufig einen mehr weniger ausführlichen Untertitel. Sie beschreiben damit ihr Programm, ihre Erscheinungsweise oder auch ihre Adressaten. Ein geringerer Teil der Blätter führt im Untertitel explizit die Bezeichnung "Moralische Wochenschrift", was dem heutigen Leser nicht suggerieren soll, daß es sich nur bei diesen um tatsächlich echte Moralische Wochenschriften handelt.
6   Vgl. auch Mehnert, Evangelische Presse (1983), S. 78.

die Gelehrtenstuben und Bibliotheken hinaus einem breiteren Publikum nahezubringen. Die Leser wiederum sollten nicht einfach durch die unterhaltenden Elemente zur Lektüre gelockt werden, sondern durften vielmehr tatsächlich Spaß am Lesen haben. Den Kritikern der Moralblätter hat sich diese sozialhistorische Relevanz der Wochenschriften nicht vermittelt, denn deren Bedeutung liegt nicht primär in philosophischen oder theologischen Inhalten, nicht in literarischen Qualitäten, sondern vielmehr in ihrem praktischen Nutzen für die bürgerliche Emanzipation: Die Moralischen Wochenschriften bildeten ein Forum für bürgerliche Selbstdarstellung und wurden damit zu einem Instrument zur Entwicklung eines bürgerlichen Selbstbewußtseins.

Ein Blick auf das Programm und die Zielsetzung der Moralischen Wochenschriften läßt allerdings erahnen, woher die deutlich sichtbare Abneigung gegen den Moraljournalismus stammt. Die Autoren der Wochenschriften haben nicht den Ehrgeiz, philosophisch oder theologisch innovative Abhandlungen zu publizieren, und erst den spät erscheinenden Blättern in der Habsburger Monarchie lag es daran, durch die Bearbeitung politisch heikler Themen Zivilcourage zu beweisen. Über weite Strecken begnügen sich die Sittenschriften damit, das von ihnen für den Journalismus neu entdeckte Terrain der Privatsphäre[7] zu bearbeiten, den häuslichen Bereich ihrer bürgerlichen Leser auszuleuchten und menschliche Leidenschaften, Laster und Tugenden ins Blickfeld der journalistischen Betrachtung zu rücken. Sie werden mit dieser Zielsetzung dem "Ideal einer vollkommenen Zeitung" gerecht, wie es Karl Philipp Moritz 1784 festschreibt. Er fordert von den Journalisten, daß sie

"in alle Fugen der menschlichen Verbindung einzudringen, und aufzudecken suchen, was in jedem Zweige derselben Lobens- und Tadelnswerthes sei."[8]

Gelebte Tugendhaftigkeit, Alltagsvernunft und praktische Anstandsregeln waren die Werte, die die Moraljournalisten vermitteln wollten. Zu diesem Zweck veröffentlichen sie Abhandlungen über die immer wieder gleichen Themen: Freundschaft, Stolz, Eitelkeit, Schmeichelei, Gefallsucht oder eine gute Kindeserziehung und die kameradschaftliche Liebe zwischen Mann und Frau. Dabei richtet sich der Ehrgeiz der Sittenverbesserer darauf, ihre Themenpalette in ein abwechs-

---

7   Vgl. auch Currie, Moral Weeklies and the reading public in Germany (1968), S. 79.
8   Moritz, Ideal einer vollkommenen Zeitung (1784), S. 126.

lungsreiches Grundraster einzuordnen. War das allerdings erstellt, wiederholen sie mit Beharrlichkeit, was sie längst selbst an anderer Stelle gesagt haben oder rekurrieren unverdrossen auf die Ausführungen anderer Wochenblätter. Noch unbeweglicher sind die Moraljournalisten, wenn es darum geht, die brisanten Themen der öffentlichen Diskussion aufzugreifen: Mit der aktuellen Politik wollen die Moralblätter - und das gilt ebenso für die Habsburger Veröffentlichungen, die sich zu kritischen Betrachtungen über soziale Zustände vorwagen - nichts zu schaffen haben: Die Moralischen Wochenschriften sind nicht als Nachrichtenmagazine für aktuelle Tagesgeschehnisse konzipiert. Den Blättern des protestantischen Nordens ist Kritik an den Herrschenden ein Tabu. Das Klischee der politisch ängstlichen und angepaßten, aber auch gegängelten Wochenblätter weist, bis mit dem Erscheinen der Habsburger Moralblätter neue Akzente gesetzt werden, nur kleine Lücken auf: Der GESELLIGE, der in seiner Vorrede verkündet, daß seine "Blätter vom ersten Anfang an" vom Gönner des Unternehmens "gelesen und gebilliget" worden seien, schwingt sich in seinem 1. Stück zu einer gerade noch erlaubten Keckheit auf: In der Gesellschaft der Geselligen, dem Club der freundschaftlich verbundenen Autoren des Wochenblattes, sei "Lucidor bestellt, alle Regenten der Gesellschaft vom Thron zu stoßen." Man wolle eine "wahre Republik". Wehrten sich die Herrschenden, so werde Lucidor versuchen, sie mit stundenlangem Grimassenschneiden auf den neuen Weg zu führen, helfe auch das nicht, werde er "einen förmlichen Aufstand erregen."[9] Die für den Wochenschriftsjournalismus durchaus typische Kritik an der adeligen Oberschicht ist allzu freundlich verpackt, belegt aber immerhin, daß die Moraljournalisten mehr Humor hatten, als ihnen im allgemeinen zugestanden wird. Im Kern aber ist es berechtigt, von einer politischen Abstinenz vor allem der protestantischen Wochenschriften, von einem Rückzug dieses Genres ins Private zu sprechen. Wilhelm Hartung beschreibt 1911 die journalistische Konzentration auf Bereiche der Moral und der guten Sitten als direkte Konsequenz der politischen Zustände:

---

9   Der GESELLIGE, eine Moralische Wochenschrift, Hg. Samuel Gotthold Lange und Georg
     Friedrich Meier, Halle (1748-50), Vorrede zu Bd. 1 und 1. Stück. In Anlehnung an die von
     Martens (1968) etablierte Standardzitierweise für Moralische Wochenschriften wird auch in
     dieser Arbeit auf die Angabe von Seitenzahlen verzichtet. Das ist zum einen sinnvoll, weil
     eine Paginierung in den Nachdrucken nicht immer vorhanden ist, und zum anderen auch
     möglich, weil die einzelnen Stücke in der Regel beim Oktav 8, beim Quartformat 4 - was
     etwa einer DIN A 5 Seite entspricht - nur 3 bis 4 Seiten umfassen.

"Es war ein Geist völliger politischer Unterdrückung und knechtischer Servilität, der im 17. Jahrhundert und weit in das 18. Jahrhundert hinein alle Volksklassen beherrschte und jede Regung einer freien Meinungsäußerung im Keime erstickte. Und trotzdem fühlten selbstverständlich die Besten in ihrem Inneren einen lebhaften Drang nach Betätigung. Was war natürlicher, als daß sie sich, da sie auf politischem Gebiet sich nicht auswirken durften, voll und ganz die Hebung der 'Moral' angelegen sein ließen.."[10]

Wenn auch die Vorstellung eines verhinderten Politschreibers im Metier des Moraljournalismus den Vorwurf der Banalität korrigieren mag, so gibt sie doch letztlich wenig Anlaß, das Vorurteil der Langeweile aus dem Weg zu räumen. Ein Perspektivwechsel allerdings läßt die Moralunterhaltung in einem anderen Licht erscheinen: Die Kritik des Aufklärungsphilosophen Lessing spiegelt ein Ideal traditioneller Gelehrsamkeit im humanistischen Sinne wider, das an den Bedürfnissen einer ungelehrten Leserschaft nicht interessiert war.[11] Gerade um ein Publikum, dem die Lektüre 'gelehrter' Texte zu mühsam oder gar nicht möglich war, bemühen sich aber die Moralischen Wochenschriften. Weil besonders die Frauen von den Publikationen der gelehrten Welt nicht profitieren konnten, lehnten die Wochenblattjournalisten das Lateinische als Publikumssprache ab. Was aus der Sicht des gelehrten Kritikers seichtes Gerede ist und ihn deshalb langweilt, ist aus der Perspektive der Moraljournalisten der Versuch, die Ergebnisse der Gelehrsamkeit eingängig und unterhaltend verpackt einem lektüreungewohnten Publikum zu vermitteln. Die Frage, welche Partei nun recht hat, ist hier überflüssig: Der Erfolg der Moralischen Wochenschriften, dokumentiert in der steigenden Anzahl der Neuveröffentlichungen, liefert einen anschaulichen Beweis dafür, daß ihr Aufklärungs- und Unterhaltungskonzept beim Publikum akzeptiert und gefragt ist.

Moralische Wochenschriften sprechen mit ihren Themen ein bürgerliches Publikum an und eröffnen damit die Möglichkeit, bürgerliches Bewußtsein und bürgerliche Alltagswelt zu rekonstruieren.[12] Die Versuche einer präzisen Eingren-

---

10 Hartung, Die deutschen Moralischen Wochenschriften als Vorbilder G.W. Rabeners (1911), S. 8; für die unpolitische Themenpalette wird auch in späteren Untersuchungen immer wieder die Zensur - sowohl die staatliche als auch die kirchliche - verantwortlich gemacht, s. z.B. Oberkampf, Die zeitungskundliche Bedeutung der Moralischen Wochenschriften (1934), S. 46 und Brandes, Die Gesellschaft der Maler und ihr literarischer Beitrag zur Aufklärung (1974), S. 43f.
11 Vgl. Martens (1977), S. 239.
12 Die Rezeption der Blätter, die Frage danach, ob die immer wieder aufgerollten Themen tatsächlich einen Einfluß auf das Alltagsleben der Leser und Leserinnen gehabt haben, ist ein

zung dieses Leserkreises innerhalb des Bürgertums sind in der Forschung sehr unterschiedlich ausgefallen: In seiner Zeitschriftengeschichte schreibt Joachim Kirchner, daß sich der Moraljournalismus "an einen zahlenmäßig unbegrenzten, d.h. alle Bevölkerungsschichten umfassenden Abnehmerkreis wandte"[13], was sicherlich zu weit gegriffen ist. Ebenso vermittelt die Bezeichnung "Durchschnittsbürger"[14] für den typischen Leser der Moralischen Wochenschriften nur eine vage und unpräzise Vorstellung seines sozialen Status. Pamela Currie argumentiert, daß der typische Leser der Moralischen Wochenschriften "should not be thought of as exclusively middle-class but rather as straddling the upper and upper-middle classes"[15], und zieht als Beleg die Kosten für die Moralblätter heran.[16] Daß das Lesepublikum sich, wie Wolfgang Martens hervorhebt, nicht aus dem Kreise der Akademiker rekrutierte,[17] wird schon an der immer wieder betonten Intention der Blätter, die Grundbildung ihrer Leserschaft zu verbessern, deutlich.[18] Im wesentlichen ist die Leserschaft der Moralischen Wochenschriften durch drei Kriterien zu charakterisieren: Es sind dies die nötige Finanzkraft, ein vorhandener Bildungswunsch und die notwendige Zeit, um diesen Wunsch in die Realität umzusetzen. Alle diese Faktoren treffen auch speziell für die weibliche Lesergruppe zu; zu ihrer Charakterisierung schreibt Wolfgang Martens:

> "Es sind Frauen und Mädchen aus über einen gewissen Besitz und über eine gewisse Muße verfügende Kreise, aus dem besseren Bürgertum und dem Adel, dem, was am Ende des Jahrhunderts die 'gebildeten Stände' genannt

---

bislang offenes Problem.

13   Kirchner (1958), Teil 1, S. 60; vgl. auch Langenohl, der fälschlicherweise von den 'volkserzieherischen Auswirkungen' der Moralblätter spricht, Langenohl, Die pädagogischen Leitbilder der frühen Moralischen Wochenschriften Deutschlands (1963), S. 331.

14   Boor/Newald, Geschichte der deutschen Literatur von den Anfängen bis zur Gegenwart (1960), S. 452.

15   Currie (1968), S. 73.

16   Eine Ausgabe eines Wochenblattes kostete etwa 6 Pf, ebd. S. 74f. Diese Summe nennt auch Georgi, Erstes Supplement zu dessen allgemeinem Europäischen Bücher Lexicon (1750). S. 107, 128, 289; Pamela Currie schreibt zur Einschätzung dieser Kosten, daß sich ein Wochenschriftsleser oft zwei Blätter leisten konnte, während "to the poor, 6 Pf. represented perhaps two days' food and would hardly be spent on a weekly periodical", Currie (1968), S. 74. Allerdings muß hierbei berücksichtigt werden, daß die Wochenschriften auch von Leser zu Leser weitergereicht wurden oder aber in Kaffeehäusern gelesen wurden, was die Kosten für den einzelnen Leser natürlich erheblich minderte.

17   Martens (1968), S. 152.

18   Damit korrigiert Martens den von Rolf Engelsing vertretenen Standpunkt, daß die Moralischen Wochenschriften lediglich ein gelehrtes Publikum erreichten, Engelsing, Die

wird."[19]

Die Moraljournalisten begreifen ihre Leser als vernunftbegabte Individuen. Diese Leserschaft wollen sie in Alltagsangelegenheiten beraten, wollen ihre Vernunft schulen, ihre Tugend fördern, wollen ihr schließlich zur Glückseligkeit verhelfen. Dabei spiegelt sich im Wochenschriftsjournalismus die für die Aufklärung charakteristische Vorstellung einer kausalen Verknüpfung zwischen Vernunft - Tugend - Glückseligkeit wider: Die Fähigkeit zum vernünftigen - und d.h. auch verantwortlichen - Denken macht ein (kontinuierliches) sittliches Verhalten erst möglich. Sie ist damit Voraussetzung zur Tugend. Glück wiederum kann nur auf der Grundlage eines tugendhaften Lebens realisiert werden. Diese Kausalkette weist die Verantwortung für Glück (oder Glückseligkeit, ein Begriff der im 18. Jahrhundert üblich ist) an das Individuum, das sich damit durch seinen Lebenswandel als glückswürdig erweisen muß.[20] Das eingeschliffene Bild über den deutschsprachigen Wochenschriftsjournalismus basiert vor allem auf den Publikationen des protestantischen Nordens, die in der ersten Jahrhunderthälfte erschienen sind. Wie sich die Moralischen Wochenblätter im weiteren Verlauf des 18. Jahrhunderts entwickeln, soll in der vorliegenden Studie untersucht werden.

Die zeitliche Eingrenzung:
Die Wochenschriften der Spätaufklärung

Grundlage der Untersuchung bilden jene Moralische Wochenschriften, die in der Spätaufklärung - dem Zeitraum der größten Verbreitung und damit auch der größten Wirksamkeit des Moraljournalismus - erschienen sind. Rudolf Vierhaus nennt als zeitliche "Standardeingrenzung" der deutschen Aufklärung das Ende des siebenjährigen Krieges, 1763, und die politische Reaktion am Ende der 1780er Jahre.[21] Aufklärung als Programm einer soziokulturellen Bewegung, die sich die Verbesserung in allen Bereichen der Lebenswelt zum Ziel gesetzt hat, umfaßt einen weitaus größeren Zeitraum.[22] Macht man die bürgerliche Moraldiskussion,

periodische Presse und ihr Publikum (1962), S. 1809.
19   Martens, Leserezepte für Frauenzimmer (1975), S. 1152-54.
20   Spaemann, Glück (1974), S. 701ff., Eisler (1977): Sittlichkeit, S. 498-502, Tugend, S. 541-43, Vernunft, 572-78, Verstand, 579-83.
21   Vierhaus, Zur historischen Deutung der Aufklärung (1977), S. 42.
22   Ebd.

die Hans Erich Bödeker und Ulrich Herrmann als Vorstufe des aufklärerischen politischen Bewußtseins gewertet haben,[23] und die damit einhergehende Erweiterung des Pressepublikums zu Kriterien, die die Entwicklung der deutschen Aufklärung definieren, muß ihr Beginn weit früher angesetzt werden: Der Auftakt der Moralpresse, zu Beginn des Jahrhunderts, wäre ein möglicher Zeitpunkt oder auch die Erfolge Christian Thomasius' bei dem Versuch, die deutsche Sprache als Mediensprache zu etablieren. Beide Faktoren sind nach der Jahrhundertmitte für das Alltagsleben längst mitbestimmend. In der vorliegenden Arbeit wird daher die zweite Hälfte des Jahrhunderts als Spätaufklärung verstanden. Auch die Internationalität der Aufklärung spielt für diese Definition eine Rolle: Die Moralischen Wochenschriften sind - wie die Aufklärung selbst - ein Nationen übergreifendes Phänomen. Beide Erscheinungen haben sich weit vor dem von Vierhaus genannten Aufklärungsbeginn entwickelt, daher ist auch in diesem Kontext die "deutsche Aufklärung" ein spätes Phänomen. Sicherlich ist allerdings der von Vierhaus definierte Endpunkt der Aufklärung konsensfähig. Zieht man die Südverschiebung der Aufklärung mit in den Definitionsrahmen ein, beschließen die aufklärerischen Reformen in der Habsburger Monarchie diese geistesgeschichtliche Entwicklung. Als Randdaten für die dortige Aufklärungsphase können die Inthronisierung Maria Theresias, 1740, der Beginn der Ko-Regentschaft mit ihrem Sohn Joseph II., 1765, oder der Anfang der Alleinherrschaft Josephs, 1780, gelten. Vierhaus' Interpretation, in der er die politische Reaktion der 80er Jahre zum Schlußpunkt der deutschen Aufklärung macht, spiegelt sich auch in der politischen Entwicklung der Habsburger Monarchie wider, war doch das Jahrzehnt der Alleinherrschaft Josephs II. auch der Zeitraum, in dem zahlreiche seiner Reformen von ihm selbst wieder zurückgenommen wurden.

Die Wochenschriftsforschung, die bislang literaturwissenschaftlich geprägt ist, hat immer wieder in den Vordergrund gerückt, daß die Moralblätter der 20er und 30er Jahre von einer literarisch (unbestritten) herausragenden Qualität sind, von einer Qualität, wie sie später nicht wieder erreicht wurde. Aus dieser Beurteilung ist abgeleitet worden, daß die 20er und 30er Jahre als Blütezeit des Genres zu definieren seien. Dem steht allerdings das explizit formulierte Ziel der Wochen-

---

23 Bödeker/Herrmann, Aufklärung als Politisierung - Politisierung als Aufklärung (1987), S. 5f.

schriftsautoren entgegen: Ihnen ging es nicht primär darum, literarisch anspruchsvoll und innovativ zu sein. Für sie barg die literarische Extravaganz sogar die
Gefahr in sich, abzulenken oder den Leser zu überfordern. Der unterhaltende Stil
der Moralischen Wochenschriften diente vorrangig als Vehikel, einer breiteren
Leserschaft als dem Kreis der Gelehrten eine belehrend-erzieherische Lektüre zugänglich und schmackhaft zu machen. Entgegen der gängigen Meinung kann daher für die Bestimmung der Blütezeit des Moraljournalismus nicht die qualitative
Bewertung des literarischen Stils als Kriterium herangezogen werden. Vielmehr
muß eine Neubewertung der Entwicklung des Wochenschriftsjournalismus erfolgen, die sich an den Kriterien Verbreitung, Akzeptanz in der Leserschaft und damit Publikumswirksamkeit orientiert, ohne daß dabei allerdings die für die Moralblätter gattungsbestimmenden stilistischen Maßstäbe[24] außer acht gelassen werden. Danach sind es die Jahrzehnte von 1740 bis 1780, die - entgegen der gängigen Forschungsmeinung - gleichzeitig als Spätphase und als Blütezeit des
deutschsprachigen Moraljournalismus bezeichnet werden müssen.[25]

Die Moralblätter dieser Periode sind bislang jedoch von der Forschung kaum
beachtet worden. Daher steht eine Bewertung des Moraljournalismus in der 2.
Hälfte des 18. Jahrhunderts, die sich mit den besonderen Einflußfaktoren dieser
Periode befaßt, noch aus. Grundlage einer solchen Bewertung des Moraljournalismus in der Spätaufklärung sind zwei Komplexe: Das sind zum einen die veränderten geistesgeschichtlichen Rahmenbedingungen im protestantischen Mitteldeutschland und, bedingt durch die Südverschiebung der Aufklärung, die geistesgeschichtlichen Veränderungen im katholischen Süden - die konstitutiven Faktoren sind hier die Hallenser Aufklärung und der Josephinismus. Zum anderen
entwickelt sich als Folge daraus die erst in der Schlußphase des Genres auftreten-

---

24 Die für den Wochenschriftsjournalismus typische stilistische Vielfalt findet sich auch in den
    späten Moralblättern verwirklicht. Die Gattungsmerkmale der Moralischen Wochenschriften
    sind zum ersten Mal von Walter Oberkampf und darauf aufbauend von Wolfgang Martens
    beschrieben worden; Martens (1968); Oberkampf (1934). Da die detaillierte Beschreibung
    der literarischen Formenvielfalt, der angewandten stilistischen Mittel und auch der buch-
    technischen Veröffentlichungsformen bei Martens (1968) an Vollständigkeit nicht überboten
    werden können, wird in dieser Untersuchung auf eine Wiederholung dieser Punkte ver-
    zichtet.
25 Vgl. die Zahlen von Kirchner und Oberkampf, auch Martens (1968) weist darauf hin, daß
    diese Jahre - gemessen an der Zahl der Neuerscheinungen - besonders fruchtbar waren.
    Kirchner (1958), Teil I; Oberkampf (1934).

de Ausdehnung des Moraljournalismus in katholische Regionen, wo nun auch im süddeutschen Raum und in den Ländern der Habsburger Monarchie Moralblätter erscheinen. Für die Entstehung des Wochenschriftsjournalismus in der Habsburger Monarchie spielt die Liberalisierung der Zensurbestimmungen eine zentrale Rolle.

Die regionale Eingrenzung:
Die Hallenser und Wiener Wochenschriften

Auch der regionalen Auswahl der verschiedenen Publikationsorte liegt die oben erläuterte Neubewertung der Wochenschriftsentwicklung zugrunde: Seit 1740 erscheinen die Moralischen Wochenschriften hauptsächlich in Mitteldeutschland und hier vor allem im sächsisch-thüringischen Raum. Zentrum der Erscheinungsorte war Leipzig, hinzu kamen Halle, Magdeburg und Dresden. Untersucht werden in dieser Studie Wochenschriften aus dem Hallenser Raum, die unter dem Einfluß der beiden maßgeblichen Geistesströmungen der protestantischen deutschen Aufklärung in der zweiten Hälfte des Jahrhunderts entstanden: Dem von Christian Wolff in Halle begründeten Rationalismus und dem ebenfalls von Halle ausgehenden Pietismus, geprägt von August Herrmann Francke. Dabei setzte der seit der Rückberufung Wolffs (1740) erstarkende Rationalismus auch neue theologische Akzente - der mystische und gefühlsbetonte Pietismus nahm zunehmend Züge einer vernunftbetonten Religiosität an: Besonders im Moraljournalismus entwickelte sich aus diesen Faktoren eine Synthese tugendhaft-religiöser Weltzugewandtheit und nützlich-vernünftiger Religiosität. Exemplarisch für diesen Zeitraum und dessen Verlagsorte liegen der Untersuchung vier Moralische Wochenschriften zugrunde: In Halle erschien von 1748 bis 1750 der GESELLIGE,[26] 1751 bis 1756 der MENSCH[27] und 1763 bis 1768 der GLÜCKSELIGE,[28] in Magdeburg wurde in dem Zeitraum von 1763 bis 1768 der GREIS[29] herausgegeben. Nicht nur als Erscheinungsort hatte die Stadt Halle für alle vier Mo-

---

26 Der GESELLIGE (1748-50).
27 Der MENSCH, eine Moralische Wochenschrift, Hg. dies., Halle (1751-56).
28 Der GLÜCKSELIGE, eine Moralische Wochenschrift, Hg. dies., Halle (1763-68).
29 Der GREIS, Hg. Samuel Patzke, Magdeburg (1763-65).

ralblätter eine zentrale Bedeutung:[30] An der Universität Halle, Zentrum des Pietismus und später Mittelpunkt des Rationalismus, erhielten die Herausgeber dieser Blätter ihre philosophische und theologische Prägung. Gerade aus dieser Verknüpfung von Rationalismus und Pietismus entstand das für die zweite Jahrhunderthälfte typische Programm der Moralischen Wochenschriften: Die Autoren unterstrichen immer wieder die Bedeutung einer persönlichen Glückseligkeit und verknüpften diese mit einer vernünftigen, soziale Belange berücksichtigenden Individualität und einem daraus resultierenden gesellschaftlichen Verantwortungsbewußtsein des einzelnen. Gerade das Zusammenspiel weltlicher und religiöser Faktoren ist für den Wochenschriftsjournalismus in dieser Zeit charakteristisch; umso überraschender ist es deshalb, daß dieser Aspekt in der Forschung bisher kaum Beachtung gefunden hat.

Neu hinzu kommt im Untersuchungszeitraum das Phänomen des Wochenschriftsjournalismus in katholisch geprägten Regionen. In der Habsburger Monarchie erschienen Moralische Wochenschriften zeitversetzt, parallel mit der Südverschiebung der Aufklärung, direkt im Anschluß an die Blütezeit der norddeutschen Moralblätter.[31] Erstmals werden deshalb in dieser Studie Einflüsse der protestantischen und katholischen Aufklärung auf den Wochenschriftsjournalismus gegenübergestellt. Verglichen werden Moralische Wochenschriften aus dem Hallenser Raum mit solchen aus Wien und darüber hinaus z.T. auch mit Prager Moralblättern. Im Mittelpunkt dieses Teils der Untersuchung stehen österreichische Moralblätter, die im Wien der 60er bis 80er Jahre erschienen sind. Besonders hervorzuheben sind hier der MANN OHNE VORURTHEIL, 1765 bis 1767,[32] THERESIE UND ELEONORE, 1767,[33] der HUNGRIGE GELEHRTE, 1774 bis 1775[34] und schließlich der WELTMANN, der im Jahre 1782 erschien.[35]

---

30 Wenngleich die untersuchten Blätter dieser Periode nicht alle in Halle selbst erschienen sind, werden sie doch in der vorliegenden Arbeit aufgrund der zentralen Bedeutung der Stadt als die "Hallenser Blätter" bezeichnet.
31 Vgl. Kirchner (1958), Teil I, S. 37ff.; Biedermann, Deutschlands politische, materielle und sociale Zustände im achtzehnten Jahrhundert, Teil I (1880), S. 1188; Wetzel, Geschichte der katholischen Presse Deutschlands im 18. Jahrhundert (1913), S. 19ff.
32 Der MANN OHNE VORURTHEIL, Hg. Joseph von Sonnenfels, Wien (1765-67).
33 THERESIE UND ELEONORE, Hg. ders., Wien (1767).
34 Der HUNGRIGE GELEHRTE, Hg. Freiherr E. v. Geisau, Wien (1774-75).
35 Der WELTMANN, eine Wochenschrift besonders für vornehme Leser, Hg. O.H. Edlen von Hofenheim, Wien (1782).

Der Habsburger Wochenschriftsjournalismus ist von zwei Komponenten geprägt: Zum einen wird das Ideengut der deutschen Aufklärung aufgenommen, zum anderen kommen die Auswirkungen des "Josephinismus", also der Reformen, die unter Maria Theresia und ihrem Sohn, Joseph II., eingeleitet wurden, zum Tragen. Der Höhepunkt dieser geistigen Bewegung in Österreich wird in den siebziger Jahren des 18. Jahrhunderts erreicht, die von Grete Klingenstein als "das Jahrzehnt des Kulturkampfes" bezeichnet werden, in welchem "der Josephinismus als das beherrschende Phänomen" hervortrat.[36]

Zielsetzung und methodisches Vorgehen:
Magazine der Spätaufklärung - Formen und Inhalte

Die Moralischen Wochenschriften machen es sich zur Aufgabe, ihren Lesern und Leserinnen Hilfen an die Hand zu geben, damit sich diese dem aufklärerischen Ideal eines vernünftigen Lebens nähern, ihm vielleicht sogar gerecht werden können. Für ihr Publikum gestalten sie ihre gefällige Unterhaltung daher nicht als ablenkende Vergnüglichkeit, nicht als bloßen Zeitvertreib, sondern machen sie zum Vehikel, um nützliche Bildungsinhalte zu transportieren.

Ziel der vorliegenden Untersuchung ist es, das Bild der Moralischen Wochenschriften, wie es sich in der Spätaufklärung entwickelte, erstmals in den Mittelpunkt der Betrachtung zu stellen. In diesem Zeitraum, der in der Literatur bislang nur am Rande Beachtung fand und bisher in keiner Spezialstudie bearbeitet wurde, zeigt der Moraljournalismus wesentliche neue Strukturen. Diese Studie macht es sich daher zur Aufgabe, die späte Phase des protestantischen und des neu hinzukommenden Wochenschriftsjournalismus in katholischen Regionen in einer integrativen Gesamtdarstellung gegenüberzustellen und zu analysieren.

Dabei verbindet die Arbeit methodisch eine komparatistische Verfahrensweise mit einer hermeneutischen. Empirische Untersuchungsteile bilden die notwendige Voraussetzung zum einen für die spezifische Auswahl der Quellen und zum anderen - darauf aufbauend - für die nachfolgende hermeneutische Textanalyse. Im einzelnen gliedert sich die vorliegende Studie in fünf aufeinander aufbauende Fragekomplexe:

---

36 Klingenstein, Staatsverwaltung und kirchliche Autorität im 18. Jahrhundert (1970), S. 88.

1. Entwicklungsphasen

Im Mittelpunkt des ersten Untersuchungsschrittes stehen empirische Aspekte des Wochenschriftsjournalismus. Untersucht wird,

a) auf welche Ursprünge die deutschsprachigen Wochenschriften zurückzuführen sind,

b) inwieweit der Erfolg der Moralunterhaltung empirisch meßbar ist und

c) wie sich der Moraljournalismus regional verbreitet.

Ziel dieses Untersuchungsabschnittes ist es, die Frage nach der Blütezeit des Moraljournalismus neu aufzuwerfen und damit die Bedeutung der Moralblätter, die in der Spätaufklärung erschienen sind, für den gesamten Moraljournalismus neu zu bewerten. Zentrales Ziel der empirischen Analyse soll es sein, die Blütezeit des Wochenschriftsjournalismus zu definieren.

2. Der geistesgeschichtliche Hintergrund

Im zweiten Schritt sollen davon ausgehend die geistesgeschichtlichen Faktoren aufgezeigt werden, die zur spezifischen Entwicklung des Genres in seiner Blütezeit beigetragen haben. Im Kern geht es hier um den Einfluß der Hallenser Aufklärung, des säkularisierten Pietismus und schließlich um den Josephinismus, die aufklärerische Reformbewegung in der Habsburger Monarchie; Bewegungen, durch die die Moralischen Wochenschriften neue Perspektiven und Zielsetzungen entwickelt haben.

3. Die Blütezeit

Im dritten Arbeitsschritt wird aufgezeigt, wie sich der Moraljournalismus in seiner Blütezeit, geprägt durch die geistesgeschichtlichen Einflußfaktoren der Spätaufklärung, entwickelt hat. Abschließendes Resultat dieser ersten drei Arbeitsschritte wird es sein, eine für diese Phase charakteristische Auswahl Moralischer Wochenschriften zu treffen, die in den nachfolgenden Untersuchungsteilen Gegenstand der Analyse sein werden.

4. Stilelemente

Zunächst sollen die Formen der Moralunterhaltung, wie sie in den ausgewählten Hallenser und Habsburger Blättern angewandt werden, beleuchtet werden. Untersucht wird hier, welcher sprachlichen und stilistischen Mittel sich die Moraljournalisten bedienen, um ihre inhaltlichen Ziele zu vermitteln. Vor diesem Hintergrund soll in der nachfolgenden Inhaltsanalyse der Quellen dargelegt werden, worauf der Erfolg der Moralischen Wochenschriften und damit ihres unterhaltenden Aufklärungskonzeptes beruht.

5. Thematische Schwerpunkte

Schließlich wird der Fokus der Arbeit darauf liegen aufzuzeigen, wie sich das Bild des Moraljournalismus in seiner inhaltlichen Ausprägung in der Spätaufklärung entwickelt. Kern der Untersuchung sind hier drei thematische Schwerpunkte des Genres. Dabei soll es in Abgrenzung zu der grundlegenden Untersuchung von Martens und zu der Studie von Herrmann,[37] die sich speziell mit den Habsburger Blättern befaßt, nicht um eine Inhaltsanalyse gehen, die auf einer umfassenden Inhaltswiedergabe basiert. Es geht auch nicht lediglich darum, Anwendungsbeispiele für die Moralunterhaltung anzuführen, wie es z.B. die Idee der Kindeserziehung oder der Umgang mit den Themen Tod und Jenseits in den Moralblättern hätten sein können. Vielmehr setzt sich diese Studie das Ziel, drei zentrale und funktional miteinander verknüpfte Themenbereiche zu benennen und diese in ihrem repräsentativen Wert für den Wochenschriftsjournalismus zu beleuchten. Die Auswahl der inhaltlichen Schwerpunkte leitet sich ab von drei für den Wochenschriftsjournalismus maßgeblichen Faktoren, von

- der grundlegenden Zielsetzung der Moralautoren aufzuklären, d.h. Vernunft und Glückseligkeit zu vermitteln,
- der selbstauferlegten Beschränkung des Moraljournalismus, Themen des aktuell-politischen Geschehens auszuklammern und
- dem neu entdeckten Medienideal, die Privatsphäre in den Mittelpunkt der journalistischen Betrachtung zu rücken.

Von diesen Überlegungen ausgehend, untersucht die Studie

a) in welcher Weise sich die Autoren der Wochenblätter des Themenkreises der Religion annehmen,

b) wie gesellschaftlich relevante Entwicklungen in den Wochenschriften journalistisch umgesetzt werden und

c) in welcher Weise der Themenkreis "Privatsphäre" in den Wochenblättern

---

37 Herrmann, Die Moralischen Wochenschriften Wiens im 18. Jahrhundert/1749-1788 (1987).

zum Ausdruck kommt.

Die gewählte Reihenfolge ist in diesem Untersuchungsabschnitt Ergebnis der historischen Entwicklung des Wochenblattgenres. Die Abfolge der Themenschwerpunkte spiegelt die Annäherung der Wochenschriften an bislang unbekannte journalistische Inhalte wider, indem sie die Entwicklung vom altvertrauten zum neuen Thema in der Medienlandschaft des 18. Jahrhunderts nachvollzieht. Untersucht wird zunächst der Themenbereich der Religion, der dem Wochenblattpublikum bereits durch die gewohnte Lektüre der Erbauungsliteratur vertraut ist. Ihm folgt die Analyse gesellschaftlicher oder sozialkritischer Themen. Diese Inhalte hatten zwar in der Medienlandschaft des 18. Jahrhunderts bereits ihren Niederschlag gefunden, doch waren sie dem leseungeübten Publikum der Moralblätter nicht generell zugänglich. Am Ende der inhaltlichen Analyse steht schließlich die journalistische Bearbeitung von Themen des privaten Bereichs, mit dem der Wochenschriftsjournalismus seinem Publikum ein gänzlich neues Gebiet der öffentlich-publizistischen Diskussion eröffnet.

Die Wochenschriftsjournalisten haben in jeder Phase des Genres die Themen aus dem Bereich der Religion betont. Wie kein anderer Inhalt schien dieser geeignet, das Ziel der Autoren zu unterstützen, ihrem Publikum Glückseligkeit zu ermöglichen und gleichzeitig den zentralen Wert der Vernunft in den Mittelpunkt zu stellen. Dieser Abschnitt soll sich deshalb darauf konzentrieren aufzuzeigen, inwiefern der Moraljournalismus Fragen der Religion zum nutzbringenden, praktischen Spiegel seiner aufklärerischen Ziele gemacht hat. Im Mittelpunkt steht daher die Verknüpfung von Religion und Aufklärung: Die Aspekte der nützlichen, vernünftigen Religion, die Bedeutung des Glaubens für den tugendhaften Bürger und daraus abgeleitet das Verhältnis von Religion und Staat sollen an dieser Stelle beleuchtet werden.

Anknüpfend an die Ergebnisse dieses Abschnittes, wird untersucht, welche Bedeutung die Inhalte aus dem gesellschaftlich-politischen Themenkreis für den Wochenschriftsjournalismus haben. Die Darstellung der Staatsaufgaben, die Aufforderung an das Publikum der Moralblätter, patriotischen Eifer als Bürgerpflicht zu begreifen, das Verhältnis von Bürgertum und Adel und schließlich die Position der Moralblätter zu sozialen Problemen werden hier zu untersuchen sein. Dabei zielt dieser Teil der Arbeit auch darauf, die Bewertung des Wochenschriftsjournalismus als eines grundsätzlich unpolitischen Mediums neu zu hinterfragen.

Im dritten inhaltlichen Schwerpunkt soll untersucht werden, inwieweit sich die Wochenblattautoren ihres für den Journalismus neu entdeckten Themas "Privatsphäre" annehmen. Dieser Themenbereich soll allerdings unter dem besonderen Aspekt betrachtet werden, wie die Hauptakteure der Privatsphäre, die Frauen, in den Wochenblattjournalismus eingebunden werden.

Damit befaßt sich die Untersuchung mit einem Themenbereich, den sich der Moraljournalismus seit seinen Anfängen in England selbst zum Prüfstein seines aufklärerischen Wirkens gemacht hat: Die Frage nach dem Umgang der Wochenschriftsjournalisten mit dem Thema "Frau". Der Moraljournalismus hat sich zwar an keiner Stelle als expliziter Frauenjournalismus verstanden, hat aber in allen Stufen seiner Entwicklung seine besondere Hinwendung zu seiner weiblichen Leserschaft betont.[38] Die Untersuchung der "Frauenfrage" soll in dieser Studie allerdings über die bloße Problemstellung "Wie werden Frauen im Moraljournalismus dargestellt?" hinausgehen. Vielmehr soll analysiert werden, in welchem funktionalen Zusammenhang die besondere Hinwendung der Moralischen Wochenschriften zu ihren Leserinnen mit den aufgeklärten Zielsetzungen dieses Mediengenres steht. Dieser Untersuchungsabschnitt geht aus von der Grundthese, daß das besondere Engagement des Moraljournalismus gegenüber seinem weiblichen Publikum eine logische Konsequenz aus seinem Gesamtprogramm ist, in dem Inhalte der Aufklärungsphilsophie in unterhaltender Form vermittelt werden sollen. Im Anschluß daran soll die Frage beantwortet werden, welche Faktoren Ursache dafür sind, daß sich die Moralunterhaltung mit besonderem Nachdruck an ihr weibliches Publikum wendet. Es soll aufgezeigt werden,

a) welcher Zusammenhang zwischen dem Unterhaltungskonzept der Moralischen Wochenschriften und ihrer Frauenbildungsidee besteht, und

b) welcher Verantwortungs- und Aufgabenbereich als Folge daraus den Wochenschriftsleserinnen zugedacht wird.

In diesem Abschnitt gilt es auch zu untersuchen, inwieweit die Betonung der Privatsphäre in den Hallenser und Habsburger Blättern gleichbleibt bzw. in welcher Weise sich die Herangehensweise an das weibliche Publikum verändert.

---

38 Vgl. auch Martens: "Das lesende Frauenzimmer, mit der rechten Lektüre versorgt, ist eine Lieblingsvorstellung der Moralischen Wochenschriften", (1968), S. 521.

Forschungsstand:
Die Konzentration auf die frühen Wochenblätter

Die Wochenschriftsforschung hat sich bislang vor allem auf die Moralblätter der 20er und 30er Jahre konzentriert. Die berühmten Blätter des frühen Wochenschriftsjournalismus, wie etwa der Hamburger PATRIOT (1724-1726) oder die in Halle und Leipzig erschienenen VERNÜNFTIGEN TADLERINNEN (1725-1726), gelten gleichzeitig als Auftakt und Höhepunkt dieses Genres. Die nachfolgenden Blätter werden demzufolge häufig als schlechte Imitationen ihrer Vorläufer abgetan. Besonders der Wochenschriftsjournalismus nach der Jahrhundertmitte wird in der Regel als bloße Abstiegsphase begriffen und ist daher in der Forschung kaum beachtet worden. Der Grund für dieses einseitige Urteil ist offensichtlich: Bei der großen Mehrzahl der Untersuchungen handelt es sich um germanistische Studien, die sich für die frühen Wochenblätter interessieren, weil ihnen eine herausragende literarische Qualität zugeschrieben wird. Darüber hinaus beschäftigen sich zahlreiche Arbeiten aus einer lokalhistorischen Perspektive oder unter einer eng eingegrenzten Fragestellung mit dem Blatt oder den Blättern einer Stadt. Ernst Milberg hat im 19. Jahrhundert die erste Studie angefertigt, die sich mit dem Wochenschriftsjournalismus als Gesamtphänomen beschäftigt. Doch läßt er die späten Wochenschriften weitgehend unbeachtet. Nur den GREIS hebt er positiv aus den pauschal als "dürftig" abqualifizierten Moralblättern nach der Jahrhundertmitte hervor.[39] Eine erste systematische Darstellung der journalistischen Strukturen und Darbietungsformen der Moralischen Wochenschriften und eine detaillierte Behandlung der Arbeitstechniken im Moraljournalismus liefert die Studie von Walter Oberkampf.[40] Eine Untersuchung, die sich speziell mit dem Bild des Moraljournalismus nach der Jahrhundertmitte beschäftigt, liegt bislang noch nicht vor. Auch die für die Wochenschriftsforschung maßgebliche Studie von Wolfgang Martens, "Die Botschaft der Tugend",[41] macht sich von dem Klischee des absterbenden Wochenschriftsjournalismus nach der Jahrhundertmitte nicht gänzlich frei, läßt aber eine Differenzierung zwischen den Blättern der Frühphase und denen nach der Jahrhundertmitte erkennen, die über die bloße Abwertung der

---

39 Milberg, Die Moralischen Wochenschriften des 18. Jahrhunderts (o.J./1880).
40 Oberkampf (1934).
41 Martens (1968).

späten Schriften hinausgeht.

Der Wochenschriftsjournalismus in der Ländern der Habsburger Monarchie ist bislang beinahe völlig unbearbeitet. Unter hauptsächlich biographischen Gesichtspunkten untersucht eine Studie aus dem Jahre 1936 speziell die Moralischen Wochenschriften Josef von Sonnenfels'.[42] Eine Bestandsaufnahme der Wiener Moralblätter liefert Wolfgang Martens in seinem Aufsatz über die Wiener Moralischen Wochenschriften.[43] Darüber hinaus beschränkt sich die jüngere Forschung auf eine 1987 erschienene Spezialstudie - die Dissertation von Robert Herrmann, deren Quellengrundlage Wiener Moralblätter sind.[44] Im Fokus der Untersuchung steht die Einordnung dieser Blätter in den zeitgenössischen Medienmarkt.[45] Für den Prager Moraljournalismus setzt Zdeněk Šimiček einen ähnlichen Akzent. In seinem 1989 erschienenen Aufsatz analysiert er die Prager Medienlandschaft und berücksichtigt dabei auch die dort erschienenen Moralblätter.[46]

Für den Bereich der einzelnen in diesem Projekt zu erarbeitenden thematischen Untersuchungsschwerpunkte fehlt es bisher weitgehend an entsprechenden Studien. Ausnahmen bilden allein Arbeiten, die besonderes Gewicht auf die Strukturanalyse der protestantisch-religiösen Publizistik legen. Allerdings fehlt auch hier eine ausgewogene Betrachtung des Einflußgeflechts von Philosophie und Theologie und deren Auswirkungen auf den Moraljournalismus. Gottfried Mehnert, in der neuesten und umfassendsten Studie über die protestantische Presse, vereinnahmt den Wochenschriftsjournalismus als rein religiöses, sogar anti-aufklärerisches Genre.[47] Differenzierter, aber auch vorwiegend theologisch orientiert, sind die Untersuchungen von Herbert Schöffler[48] und Angela Keßler.[49] Deutlich weniger Engagement hat die katholische Presselandschaft des 18. Jahr-

---

42 Schleien, Die Moralischen Wochenschriften des Freiherrn Joseph von Sonnenfels (1936).
43 Martens, Über die österreichischen Moralischen Wochenschriften (1966).
44 Herrmann (1987).
45 Allg. zur Habsburger Mediengeschichte: Strasser, Die Wiener Presse in der josephinischen Zeit (1962); Duchkowitsch, Absolutismus und Zeitung (1978).
46 Šimiček, Publizistische Vororte Wiens (1989); s. auch ders., Frühe literarische Gesellschaftsbildung in den böhmischen Ländern (1971) und ders., Zeitungen in den böhmischen Städten im 18. Jahrhundert (1982).
47 Mehnert (1983).
48 Schöffler, Protestantismus und Literatur (1958).
49 Keßler, Ein Beitrag zur Geschichte der evangelischen Presse von ihrem Beginn bis zum Jahre 1800 (1956).

hunderts erfahren: Karl Wetzels Geschichte der katholischen Presse beschränkt sich auf Deutschland[50] und die jüngere Untersuchung von Klemens Richter über die katholische Presse in Europa vertieft in ihrem Rückblick nur die Strukturen des 19. Jahrhunderts und behandelt die Situation im späten 18. Jahrhundert nur marginal.[51] Eine Aufarbeitung der Fragestellung, wie das Thema der Religion in den Moralblättern dargestellt wird, findet sich allerdings in keiner dieser Studien. Zwar finden sich in den Arbeiten von Martens und Herrmann jeweils auch Kapitel zum Bereich gesellschaftlicher und sozialkritischer Themen, doch es fehlt bisher an Spezialstudien zu den beiden Themenbereichen. Insbesondere in Hinblick auf die Darstellung politischer Fragestellungen in den Moralischen Wochenschriften scheint das Klischee der als unpolitisch einzustufenden Wochenblätter ungeprüft akzeptiert worden zu sein. Hier liegt eine mögliche Ursache für das Fehlen solcher Untersuchungen.

Auch die Schwerpunkte "Privatsphäre" bzw. "Frau" sind unter den Spezialstudien über die Moralischen Wochenschriften kaum zu finden. Zwei Arbeiten zu diesen Themenbereichen sind 1984 in den USA erschienen: Die Monographie von Ruthann Richards, "The Image of Women in Selected Moral Weeklies"[52] ist die erste umfassende, allerdings in erster Linie beschreibende, Untersuchung des Frauenbildes, wie es in den Moralischen Wochenschriften gezeichnet wird. Auch diese Studie beschränkt sich aber auf den Zeitraum von 1709 bis 1745 und läßt damit die Wochenschriften nach der Jahrhundertmitte unbeachtet. Dieses Festhalten an den Moralblättern der ersten Jahrhunderthälfte kennzeichnet auch die Untersuchung von Rosemarie Schulze Madhyasta, "Die Frau als Bildungsobjekt in den deutschen und englischen Moralischen Wochenschriften". Auch diese Studie bleibt weitgehend deskriptiv, beschreibt lediglich die dargestellte Bildungssituation der Frauen und geht damit nicht über die Ergebnisse hinaus, die Wolfgang Martens in seinem Kapitel über "Das lesende Frauenzimmer"[53] und in seinem Aufsatz "Leserezepte für Frauenzimmer" zusammengetragen hat.[54] In den

---

50 Wetzel (1913).
51 Richter, Die katholische Presse in Europa (1969).
52 Richards, The Image of Women in Selected Moral Weeklies (1984).
53 Martens (1968), Kap. 8, S. 520-42.
54 Die eigentliche Stärke der Untersuchung von Schulze Mahyasta liegt in dem faszinierenden Kapitel über die tugendlose Frau: "Die Verletzung der 'schönsten weiblichen Tugend': Das gefallene Mädchen, die unverheiratete Mutter, die untreue Ehefrau, die unkeusche Witwe",

beiden amerikanischen Studien bleibt schon aufgrund des gewählten zeitlichen Schwerpunktes der Wochenschriftsjournalismus in katholischen Regionen - und damit auch der wichtige Bereich der Habsburger Publikationen - unberücksichtigt.

---

ein Thema allerdings, das in den deutschen Wochenschriften kaum jemals angesprochen wird und dessen Darstellung sich daher hauptsächlich auf die Ausführungen der englischen "moral weeklies" stützt, Schulz Madhyasta (1984), Kap. VII, S. 279-342.

Der deutschsprachige Wochenschriftsjournalismus: Ein historisch-geographischer Überblick

Welche Ursprünge haben die deutschsprachigen Moralischen Wochenschriften, welche war die erste Wochenschrift, die in deutscher Sprache erschien? Wie verlief die Entwicklung des Wochenschriftsjournalismus, d.h. wieviele dieser populären Sittenschriften erschienen insgesamt über welchen Zeitraum hinweg, und wo wurden sie herausgegeben? Gab es eine Blütezeit dieses journalistischen Genres? Eine Fülle von Fragen, deren Beantwortung es ermöglicht, die historische Entstehung und Entwicklung des Wochenschriftsjournalismus darzulegen: Aufgezeigt wird zum einen die quantitative Bedeutung der Moralblätter und ihr daraus resultierender Stellenwert auf dem Zeitschriften- und Literaturmarkt, untersucht wird zum anderen, wie sich der Moraljournalismus geographisch verbreitet.

Die Ursprünge und Vorläufer:
Die Anfänge des Wochenschriftsjournalismus

"Wenn sich die neueren Zeiten einer neuen Gattung von Schriften rühmen können, welche bey den Alten nicht gewöhnlich sind, so sind es die Wochenblätter. Die vortreflichen Engelländer können sich diesen Ruhm zueignen. Addison und Steele sind die ersten und vornehmsten, welche dieser Art von Schriften üblich gemacht haben."[1]

Die Wochenschriftsautoren selbst zitieren immer wieder die englischen "moral weeklies" als ihre Vorväter, und auch die Forschung ist sich weitgehend darüber einig, daß der deutschsprachige Wochenschriftsjournalismus ein Kind dieser angelsächsischen Sittenschriften ist.[2] Entwicklungen in der deutschen Medien- und Literaturlandschaft aber, die dem Moraljournalismus den Weg geebnet haben,

---

1   DIE BEMÜHUNGEN ZUR BEFÖRDERUNG DER CRITIK UND DES GUTEN GESCHMACKS (1745), S. 366ff.
2   Ein Verweis auf die "moral weeklies" als Stammväter des deutschen Wochenschriftsjournalismus bzw. deutscher Wochenschriften ist einleitend in beinahe jeder Abhandlung zu diesem Thema zu finden; allein Martens beurteilt dieses 'Verwandtschaftsverhältnis' als ein eigenständiges Definitionskriterium, durch welches die deutschen Moralischen Wochenschriften 'von einem bloß publizistischen Typus zu einer geschichtlichen Gattung' aufgewertet werden, Martens (1968), S. 23.

finden nur selten und dann zumeist lediglich in Randbemerkungen Beachtung. Dies gilt in gleicher Weise für die im protestantisch geprägten Umfeld publizierten deutschen und schweizerischen Wochenblätter und für die in der katholischen Habsburger Monarchie verfaßten Schriften.

Die deutschsprachigen Moralischen Wochenschriften sind wesentlich geprägt durch die Einflüsse und Vorgaben ihrer englischen Vorläufer, weisen aber darüber hinaus eigenständige Wurzeln auf: Das neuentstehende Genre macht sich innovative Tendenzen im deutschsprachigen Medienbereich zunutze, greift Inhalte und Zielsetzungen religiöser Schriften auf, macht sich das Anliegen der praktisch orientierten Haushaltsliteratur zu eigen und setzt neue Entwicklungen auf dem Literaturmarkt um.

In England hatten die Stuarts ein höfisches Leben gepflegt, das sich aus bürgerlicher Sicht am mondänen Geschmack und dem unbekümmert-gleichgültigen Lebensstil des französischen Adels orientierte. Nach ihrem Sturz, 1688/89, entstand eine puritanisch-bürgerliche Bewegung, die es sich zum Ziel setzte, gegen Sittenlosigkeit, Korruption und Faulheit der höfischen Gesellschaft und der oberen Stände anzugehen. Besorgt um das sittliche Wohlergehen ihrer Klientel, machte sie es zu ihrer Aufgabe, Moral und Tugend unter den Bürgern zu verbreiten und zu bewahren.[3] Medium dieser Bewegung wurden die "moral weeklies": Mit dem TATLER (1709-11), dem SPECTATOR (1711-12 u. 1714) und schließlich dem GUARDIAN (1713-14)[4] machten Addison und Steele den Auftakt zum Wochenschriftsjournalismus. Diese drei Blätter, insbesondere der SPECTATOR, sind richtungsweisend für alle später erscheinenden Wochenschriften, sie definieren die Gattungskriterien, denen auch die deutschsprachigen Moralischen Wochenschriften verpflichtet sind:[5] Die übergreifende Idee des Wochenschriftsjournalismus, nämlich mit Hilfe der Vernunft moralisch belehrend und erzieherisch zu

---

3 Vgl. Kirchner (1958), Teil I, S. 55 und Kohlschmidt/Wiegand, Moralische Wochenschriften (1965), S. 421.

4 The TATLER, or, Lucubrations of Isaac Bickerstaff (1709-11); The SPECTATOR, Hg. Addison/Steele (1711-12 u. 1714); The GUARDIAN (1713).

5 Bereits Walter Oberkampf zeigt in seiner systematischen Analyse der deutschen Moralischen Wochenschriften Stilelemente auf, die auch für die "moral weeklies" typisch sind. Dazu zählen besonders: a) ein origineller Titel, b) ein enges Verhältnis zwischen Autor und Leserschaft, c) sittlich-lehrhafte Inhalte und d) die Vielfalt journalistisch-literarischer Vortragsformen, Oberkampf (1934), S. 68ff.

wirken,[6] um so zur allgemeinen Glückseligkeit beizutragen, legt bereits weitgehend den Rahmen für den Themenkatalog fest - besprochen und diskutiert wird alles, was das Publikum in seiner Rolle als sittsame und patriotische Bürgerschaft, die sich aus politischen Angelegenheiten heraushält, angeht. Dabei werden allerdings graduelle Unterschiede deutlich: Grundsätzlich verharren auch die in der Geschichte des Genres spät erscheinenden Habsburger Blätter in an der Privatsphäre orientierten Themenbereichen, wagen sich aber darüber hinaus mit größerer Deutlichkeit und sogar mit durchaus programmatischen Intentionen in den kritisch-politischen Journalismus vor.[7] Als Magazine, die sich an eine breitere als die wissenschaftlich gebildete Öffentlichkeit wenden, setzen die "moral weeklies" neue Maßstäbe für die praktische Umsetzung ihrer Themen - sie sind Vorbild und Modell für die journalistische Formenvielfalt, die den aufklärerischen Wochenschriftsjournalismus auszeichnet.[8]

Grundsätzlich gilt für die Forschungslage zu den Ursprüngen der Moralischen Wochenschriften, was für die Erforschung dieses Genres generell in der Einleitung gesagt worden ist: Da, wo die Sittenschriften zum Arbeitsthema gemacht worden sind, liegt der Schwerpunkt auf den protestantischen Blättern, im Hintergrund bleiben die Schriften, die in katholischen Gebieten erschienen sind. Ein Moment, das für die spezifische Fragestellung der Ursprünge allerdings von geringerer Bedeutung ist, kann doch eine direkte Entwicklungslinie von den englischen "moral weeklies" über die protestantischen Schriften deutscher Länder und der Schweiz hin zu den entsprechenden Veröffentlichungen deutscher katholischer Länder und der Habsburger Monarchie gezogen werden.[9]

Ernst Milberg läßt in seiner vermutlich 1880 erschienenen Studie über die Moralischen Wochenschriften neben den "moral weeklies" keine weiteren Vorbilder

---

6   Vgl. Brown, On education: John Locke, Christian Wolff and the "Moral Weeklies" (1952), S. 155.

7   Dies zeigt schon der Titel eines von Sonnenfels herausgegebenen Blattes: DER MANN OHNE VORURTHEIL IN DER NEUEN REGIERUNG.

8   Martens betont insbesondere die 'fiktive Verfasserschaft' als wesentliches Gattungskriterium, Martens (1968), S. 23.

9   Auch hier wird diese Entwicklung schon durch die Anlehnung an tradierte Titel deutlich: Als erste wöchentlich erscheinende Sittenschrift in der Habsburger Monarchie gilt der 1749 publizierte TEUTSCHE SPECTATEUR, der wie zuvor auch der Hamburger VERNÜNFFTLER, dem angelsächsischen Vorbild seine Referenzen erweist, vgl. Seidel, Das Zeitschriftenwesen im Donauraum (1988), S. 13.

für die deutschen Wochenschriften gelten.[10] Damit überschätzt er die sicherlich sehr große Bedeutung der englischen Sittenschriften für die Entwicklung der deutschen Moralblätter. Auch in den nachfolgenden Untersuchungen werden die vielfältigen Ursprungselemente im deutschsprachigen Kulturraum oft genug übersehen,[11] vielleicht nicht zuletzt deshalb, weil mit der Namensübernahme auch eine inhaltliche Kongruenz der deutschsprachigen mit den englischen Blättern angenommen wird.

Die ACTA ERUDITORUM[12], begründet von Otto Mencken, und die MONATSGESPRÄCHE des Christian Thomasius[13] sind journalistische Vorläufer der Moralischen Wochenschriften.[14] Vorrangig wissenschaftliche Beiträge, ganz traditionell in lateinischer Sprache verfaßt, standen auf dem Programm der ACTA ERUDITORUM, die 1682 zum erstenmal in Leipzig erschienen. Neu war der Anspruch des Herausgebers, ein allgemeinwissenschaftliches Magazin zu publizieren: Die Beiträge des Journals sollten sich nicht ausschließlich an Spezialisten eines Gebietes wenden, sondern darüber hinaus Fachleute anderer Bereiche ansprechen.[15] Natürlich bleibt aber diese Publikation auf den Bereich der Gelehrten beschränkt. Die Publikumsstreuung war schon durch die sprachliche Festlegung auf das Lateinische sehr eng begrenzt. Angeregt durch dieses Projekt,[16] konzipierte Christian Thomasius seine Monatsgespräche. Er wollte gelehrte Erkenntnis popularisieren, denn diese war für ihn nur dann sinnvoll, wenn sie "den ganzen Menschen ergriff und ihn zu den Verrichtungen des Lebens geschickter und nützlicher machte."[17] Er lehnte das Lateinische als Publikumssprache mit der Begründung ab, daß es besonders die gesamte Frauenwelt von aller tieferen Bildung aus-

---

10 Milberg (o.J./1880), S. 5; Reinhard Budde geht noch einen Schritt weiter: Er argumentiert, der gesamte Moraljournalismus habe keine Vorläufer, sei also gleichsam in ein historisches Vakuum hineingeboren, da er - wie auch die Aufklärung - aus einem radikalen Bruch mit der Vergangenheit entstanden sei, Budde, Der Toleranz- und Kompromißgedanke der englischen Aufklärung in den Moralischen Wochenschriften Steeles und Addisons (1930), S. 82ff.

11 Martens etwa, der die Frage nach den Ursprüngen der Moralblätter überhaupt nur sehr kurz anschneidet, nennt als Vorläufer nur die "moral weeklies", Martens (1968).

12 ACTA ERUDITORUM (1682-1782), Begründer und erster Herausgeber Otto Mencken.

13 FREIMÜTHIGE, LUSTIGE UND ERNSTHAFFTE, JEDOCH VERNUNFFT- UND GESETZMÄßIGE GEDANKEN ODER MONATS-GESPRÄCHE ... (1690), Hg. Christian Thomasius.

14 Eckardt, Die Moralischen Wochenschriften (1905), S. 419.

15 Vgl. Kirchner (1958), Teil I, S. 21f.

16 Christian Thomasius gehörte in den ersten Jahren selbst zu den Mitarbeitern der ACTA ERUDITORUM, Kirchner (1958), ebd.

17 Christian Thomasius - zitiert nach Kirchner, ebd., S. 22.

schließe,[18] und veröffentlichte folgerichtig mit seinen MONATSGESPRÄCHEN das erste populärwissenschaftlich-unterhaltende Journal, das sich auch sprachlich auf Neuland vorwagte, indem es sich der deutschen Sprache bediente. Das Magazin erfreute sich bald großer Beliebtheit. In Form und Inhalt nahmen die MONATSGE-SPRÄCHE bereits das Grundprogramm der späteren deutschen Moralischen Wochenschriften vorweg:[19] Thomasius berichtete in lebhafter Gesprächsform, gab einzelnen Beiträgen eine fiktionale Einkleidung, bediente sich satirischer und karikierender Darstellungsformen[20] und wechselte zwischen gelehrter und einer weiteren Kreisen verständlichen, wenngleich nicht volkstümlichen Sprache; er nahm Alltagsaspekte in seinen Themenkanon auf und wandte sich gegen orthodoxe Intoleranz, scholastische Philosophie und gelehrte Pedanterie. Der aufklärerische Impetus der MONATSGESPRÄCHE, ihre Kritik am Autoritätsglauben und ihr Bemühen, Wissen zum allgemeinen Nutzen zu popularisieren,[21] mündete allerdings nicht in das Bestreben, das für den späteren Moraljournalismus so wesentlich werden sollte. Das Moment des Erzieherischen, das so charakteristisch für die Hochaufklärung war, fehlte noch: Die Anleitung zur sozialen Tugendhaftigkeit und zur vernünftigen Eigenverantwortung, die Anleitung zum privaten

---

18 Vgl. Ulbrich, Die Belustigungen des Verstandes und des Witzes (1911) S. 3f.

19 Im Kontrast dazu betont Gottfried Mehnert, der neben religiösen Quellen lediglich die englischen "moral weeklies" als Vorläufer des deutschsprachigen Wochenschriftsjournalismus gelten läßt, daß diese Quellen für die "Entstehung der Moralischen Wochenschriften keine Bedeutung gehabt" hätten, Mehnert (1983), S. 71.

20 Die Bedeutung des satirischen Elementes für die Entwicklung der Moralischen Wochenschriften betont besonders Joachim Kirchner, der auf "satirisch-moralisierende Tendenzen während des gesamten 17. Jahrhunderts im deutschen Schrifttum" und die daraus entstehenden satirischen Journale hinweist, Kirchner (1958), Teil I, S. 36.

21 Christian Thomasius brach mit einer mächtigen Tradition, als er die Gelehrtensprache Latein durch das als volkstümlich verschriene Deutsch ersetzte. Er machte damit nicht nur wissenschaftliche und gelehrte Inhalte einem akademisch nicht gebildeten Publikum zugänglich, sondern unternahm darüber hinaus mit der Hinwendung zur 'nicht-gelehrten' Sprache und deren kulturell-sozialem Kontext den Versuch, einem neuen alltags- und praxisorientierten Themenkreis die Pforten der Wissenschaftsbetriebe zu öffnen: Bereits 1687, als er an der Universität Leipzig eine Vorlesung in deutscher Sprache ankündigte, reagierten die Kollegen ungehalten. Auch das Thema der Vorlesung, "Grundregeln, vernünftig, klug und artig zu leben", empfanden die Gelehrten als despektierlich, vermuteten sie doch, daß der unkonventionelle Thomasius damit frivole Inhalte in die Vorlesungssäle bringen wollte. Am 10. März 1690 war die Auseinandersetzung vorläufig entschieden: Thomasius wurde bei einer Strafe von 200 Talern auferlegt, "sich allen Profitierens, Lesens, Disputierens" zu enthalten und auch keine weiteren Schriften herauszugeben, zitiert nach Kirchner (1958), Teil I, S. 25.

Pflichtbewußtsein und schließlich zum patriotischen Gehorsam - religiöse und praktische Lebensanweisungen - standen nicht auf dem Programm der MONATSGESPRÄCHE.

Das moralisch-didaktische Element des deutschen Wochenschriftsjournalismus wird in der religiösen Literatur, die ein weiterer Grundpfeiler der deutschen Wochenschriften ist, vorweggenommen.[22] Als einziger nennt Gottfried Mehnert theologisch-journalistische Vorläufer der Moralschriften - die periodisch erscheinenden 'Amoenitates'[23], die ihrerseits aus den Erbauungsschriften hervorgegangen sind. Die protestantische Erbauungsliteratur,[24] die mit dem Pietismus einen neuen Aufschwung erlebte, hatte einen nachhaltigen Einfluß auf die Moralischen Wochenschriften. Sowohl Philipp Jakob Spener, der Begründer des Pietismus in Frankfurt, Dresden und Berlin,[25] als auch August Hermann Francke, der Hauptvertreter des Halleschen Pietismus,[26] betonten den Wert der traditionellen Erbau-

---

22 Friedrich Gaede vergleicht die Aufklärungsliteratur, darunter die Moralischen Wochenschriften, in ihrem erzieherischen Bestreben mit der Literatur der Reformation. In der Belletristik waren sowohl im 16. als auch im 18. Jh. Fabeln und Dramen aufgrund ihrer didaktischen Tendenzen die Hauptgattungen, Gaede, Humanismus, Barock, Aufklärung (1981), S. 238.

23 Die 'Amoenitates', eine kleine Gruppe von Druckschriften, die lediglich für eine kurze Periode um die Wende vom 17. zum 18. Jh. erschienen, Mehnert (1983), S. 71.

24 Bis ins 14. Jh. hinein erscheint die Erbauungsliteratur fast ausschließlich in lateinischer Sprache und ist damit weitgehend den Angehörigen des geistlichen Standes vorbehalten. Mit dem DANZINGER NONNENSPIEGEL ist die erste deutschsprachige (mittelniederdeutsche) Erbauungsschrift für das Ende des 14. Jhs. belegt, Wodtke, Erbauungsliteratur (1958), S. 392.

25 Philipp Jacob G. Spener (1635-1705) führt mit seiner Programmschrift "Pia Desideria" (1675) antirationalistische, mystische Ansätze in den von ihm als 'verderbt' kritisierten offiziellen Protestantismus ein. Durch Erziehung sollte der einzelne zur Besserung, d.h. zur Herzensfrömmigkeit, geführt werden, Tschakert (ADB, Bd. 35), S. 102-115; Jannasch/Schmidt, Das Zeitalter des Pietismus (1965), S. XI; Gaede (1981), S. 233; Vierhaus, Kulturelles Leben im Zeitalter des Absolutismus in Deutschland (1982), S. 27.

26 August Hermann Francke (1663-1727), mit Spener eng befreundet, gilt als puristischer, weltabgewandter Vertreter des Pietismus. Seine Lehren faßt er - nach einer "göttlichen Eingebung" 1687 in Lüneburg - so zusammen: "Denn von der Zeit an hat es mit meinem Christenthum einen Bestand gehabt, und von da an ist es mir leicht geworden zu verläugnen das ungöttliche Wesen und die weltlichen Lüste und züchtig, gerecht und gottselig zu leben in dieser Welt; von da an habe ich mich beständig zu Gott gehalten, Beförderung, Ehre und Ansehen von der Welt, Reichthum und gute Tage und äußerliche, weltliche Ergötzlichkeiten für nichts geachtet; und da ich vorhin mein eigenen Götzen aus der Gelehrsamkeit gemacht, sahe ich nun, daß Glaube wie ein Senfkorn mehr gelte als hundert Säcke voll Gelehrsamkeit, und daß alle ... erlernete Wissenschaft als Dreck zu achten sei gegen die überschwengliche Erkenntnis Jesu Christi unseres Herrn." (zit. nach Kramer, ADB, Bd. 7, S. 221); seine Erziehungsideen setzte er in dem von ihm gegründeten Waisenhaus in Halle und den daran angeschlossenen Schulen um, ebd., S. 219-31.

ungsliteratur.[27] Die Pietisten waren darum bemüht, dem einzelnen oder einer Gemeinschaft mit den Erbauungsschriften eine Lektüre an die Hand zu geben, die zwar Züge einer mystischen Religiösität trug, aber dennoch an den Belangen der Lebenspraxis orientiert war. Gefühlsbetont, fromm und mit der Ermutigung zur Subjektivität[28] gab die pietistische Erbauungsliteratur Anregung, das tägliche Leben nach den Grundsätzen der Religion zu gestalten.[29]

In der katholischen Habsburger Monarchie findet sich eine vergleichbare Ausgangssituation. Auch hier ist die Literatur, die sich in der Phase vor dem Auftreten der Moralischen Wochenschriften an das nicht-gelehrte Publikum wendet, geprägt von der religiösen Erbauungsliteratur, die im Untersuchungszeitraum bereits von den religiös-liberalen Tendenzen des Josephinismus bzw. von jansenistischen Strömungen gekennzeichnet war.[30]

Darüber hinaus waren sowohl im Vorfeld als auch im eigentlichen Zeitraum der Josephinischen Ära kirchliche Flugschriften Transportmittel für Inhalte, die sich an eine breitere als die gelehrte Schicht wandte. So zeigte etwa die Intention der Josephinischen Flugschriften dem Vorhaben der Moralischen Wochenschriften eine Richtung auf: Durch die Flugschriften sollten die Ideen des Josephinismus breiteren Schichten zugänglich gemacht werden. Dabei bedienten sich diese Publikationen ähnlicher Mittel wie die Moralblätter: Die Regelmäßigkeit oder auch Gleichförmigkeit in ihren Erscheinungsformen war ein wichtiges Wiedererkennungskriterium und ein Mittel zur Publikumsbindung für die Josephinischen Flugschriften ebenso wie für die Moralblätter.[31]

Aber nicht nur im Bereich der religiösen Literatur war das didaktische Ele-

---

27 Spener betonte die Bedeutung der Erbauungsliteratur, indem er der "Pia Desideria" eine überarbeitete Erbauungsschrift voranstellte (Neuausgabe der Arndtschen Postille); um Francke bildete sich in Halle ein Kreis von Erbauungsschriftstellern, von denen Karl Heinrich von Bogatzky der bedeutendste war (bes. Das Güldene Schatzkästlein, 1718), Wodtke (1958), S. 402f.

28 Die Betonung der Subjektivität und Individualität im Pietismus ist auch eine Reaktion auf den Primat der Lehre in der protestantischen Orthodoxie, das die religiösen Erkenntnis- und Erlebnismöglichkeiten des einzelnen von den Belehrungen und Unterweisungen des Klerus abhängig machte, Gaede (1981), S. 233.

29 Wodtke (1958), S. 392.

30 Heinrich Benedikt schreibt, daß der Josephinismus vor Joseph dem Jansenismus gleichzusetzen ist, dessen Ideen über die in Österreich distribuierte jansenistische Erbauungsliteratur propagiert wurden, Benedikt, Der Josephinismus vor Joseph II. (1965), S. 186.

31 Vgl. Felderer, Der Kirchenbegriff in den Flugschriften des Josephinischen Jahrzehnts (1953), S. 329.

ment als vorbereitender Faktor für die Moralischen Wochenschriften zu verzeichnen. Insgesamt war in der Habsburger Monarchie - wie auch in den protestantischen Ländern - ein wesentlicher Teil der Literatur didaktischer Art. Damit war sie natürlich abhängig vom jeweiligen politischen Umfeld, war, wie Robert A. Kann schreibt, abhängig vom jeweiligen "setting".[32] Sie propagierte einmal die Ideen der Reformation, dann die der Gegenreformation und schließlich auch das Wertemodell der "österreichischen Voraufklärung", das zur Entwicklung des Habsburgischen Moraljournalismus hinleitete. Dabei etablierte sich auch hier die deutsche Sprache als Literatursprache.[33]

Die volkstümlich-geistlichen Schriften, verfaßt in Versform oder Prosa, erreichten zwar ein großes Publikum, aber während des gesamten 18. Jhs. waren ihre Auflagenhöhe und die Zahl ihrer Neuerscheinungen im Zuge der fortschreitenden Säkularisierung des Lesestoffes[34] rückläufig.[35] Die Moralischen Wochenschriften greifen die religiöse Lebensberatung der Erbauungsliteratur auf[36] und verknüpfen sie mit den praktischen Haushaltanweisungen der Hausväterliteratur.[37] Hinzu kam, daß der Moraljournalismus dem wachsenden Bedürfnis der Le-

---

32 Kann, A History of the Habsburg Empire (1974), S. 144.

33 Ebd. Durch die Sprachentscheidung zugunsten des Deutschen auch in der Habsburger Monarchie entstand, dies sei hier nur am Rande erwähnt, anders als in den protestantischen Ländern, auch ein politisches Problem: Der Sprachkolonialismus, s. z.B. die Sprachumwandlung in der Tschecheslowakei (Böhmen und Mähren), vgl. ebd., S. 144.

34 Vgl. hierzu die Tabellen in "Der Medien- und Literaturmarkt: Die Marktanteile der Moralblätter", S. 52.

35 Das Genre der Erbauungsliteratur bestand allerdings fort: Im 19. Jh. wurden besonders die protestantischen Erbauungsschriften vom Rationalismus geprägt. Die katholische Erbauungsliteratur erlebte in diesem Jahrhundert einen Aufschwung; sie war seit dem Mittelalter, mit Ausnahme der Phase der Gegenreformation, beinahe bedeutungslos gewesen; auch im 20. Jh. bestehen diese religiösen Schriften in sehr verschiedenen Formen fort, Wodtke (1958), S. 404f.

36 Zu Recht betont Schöffler den Einfluß der protestantischen Erbauungsliteratur auf die Moralischen Wochenschriften; daraus folgt aber nicht, wie er argumentiert, eine einseitige Vereinnahmung der Sittenschriften durch theologische Interessen - "Moralische Wochenschriften schreiben, heißt, Prediger sein, ohne auf der Kanzel stehen zu wollen", s. Schöffler, Deutsches Geistesleben zwischen Reformation und Aufklärung (1956), S. 28ff; s. auch Prutz, Menschen und Bücher (1862), 28f.

37 Basierend auf der "Lehre vom ganzen Haus" (s. Brunner, Adeliges Landleben und europäischer Geist, 1949, Kap. IV, S. 237-57 u. 312, wo sich eine erste Differenzierung 'des ganzen Hauses' von der später auftretenden bürgerlichen Kleinfamilie findet), umfaßt die Hausväterliteratur alle Bereiche des Haushaltes. Sie wendet sich an den Hausvater, der dieser Wirtschaftseinheit vorsteht: Zu ihrem Themenkatalog gehören Ratschläge für den nach außen gerichteten Bereich des Haushaltes (z.B. Ackerbau und Pferdezucht, Regeln für das Verhal-

serschaft nach Unterhaltung und schöngeistiger Bildung Rechnung trug; auch hier entsprachen die traditionellen Erbauungsschriften nicht mehr dem Zeitgeist. Deshalb war es möglich, daß die erstarkende belletristische Literatur, vor allem Fabeln und Romane, die fromme Erbauungsliteratur verdrängen konnte.[38]

Zur moralisch-didaktischen Zielsetzung dieser theologischen Schriften tritt die ästhetische, die unterhaltende und damit auch die weltliche Form als unerläßliche Bedingung für die Entstehung und Entwicklung der deutschen Moralischen Wochenschriften hinzu. Die fiktive Einkleidung der Verfasserfigur, die moralische Unterweisung mittels novellistischer Charakterdarstellungen, Erzählungen, Dialoge, satirische Beiträge und andere literarische Stilformen und Gattungen haben dazu beigetragen, daß die Moralischen Wochenschriften immer wieder zur Literatur und nicht zum Journalismus des 18. Jhs. gerechnet werden: In seiner GESCHICHTE DES DEUTSCHEN JOURNALISMUS läßt Robert Prutz die Moralischen Wochenblätter unbeachtet,[39] stattdessen werden sie von Literaturhistorikern als 'prosaische Dichtkunst' charakterisiert, ihre Autoren als 'Dichter, die im epischen Ich auftreten', gekennzeichnet.[40] Tatsächlich orientieren sich die Wochenschriftsautoren stilistisch - parallel zu der rapide anwachsenden Anzahl schöngeistiger Unterhaltungsliteratur - an dem Interesse und den Möglichkeiten ihres Publikums: Zum einen wollen die Leser und Leserinnen der Sittenschriften und Unterhaltungsliteratur[41] nicht nur belehrt, sondern gerade auch unterhalten werden, zum anderen

---

ten bei öffentlichen Ereignissen), dazu gehören aber auch Anweisungen für den privaten Bereich des Haushaltes (z.B. Kochen, Kindererziehung und Gartenwerk), die der Hausvater an die Hausmutter vermittelt; s. Sudhof, Hausväterliteratur (1958), S. 621ff; Hoffmann, Die 'Hausväterliteratur' und die 'Predigten über den christlichen Hausstand' (1959); Frühsorge, Die Einheit aller Geschäfte (1976).

38 Vgl. auch hier die Tabellen in "Der Medien- und Literaturmarkt: Die Marktanteile der Moralblätter", S. 52.

39 Prutz, Geschichte des deutschen Journalismus (1845), Teil I.

40 Klotz, Leo Spitzers Stilanalysen (1964), S. 992ff; Jacobs, Die Prosa der Aufklärung (1976), S. 42 u. 53; s. auch Kohlschmidt/Wiegand (1965), S. 423 u. Raabe, Die Zeitschrift als Medium der Aufklärung (1974), S. 103.

41 Unterhaltungsliteratur, darunter auch populäre Romane, war in den bürgerlichen Haushalten, in denen weltliche Literatur gelesen wurde, ebenso üblich wie die Lektüre der Moralischen Wochenschriften. Obwohl die Moraljournalisten den verschiedenen Unterhaltungsschriften stilistische Anregungen entnahmen, verurteilten sie häufig ihre Lektüre mit der Begründung, ihnen fehle der sittliche Gehalt. Das geht aus zahllosen Mahnungen vor allem der frühen Wochenblätter hervor, ist aber auch in den Moralblättern um und nach der Jahrhundertmitte ein immer wieder aufgegriffenes Thema: "Ich leugne nicht, daß man gewissen schändlichen Schriften die Schönheit und den guten Geschmack nicht absprechen könne ... Allein bey sol-

ist ein abwechslungsreicher Stil notwendig, um die zumeist oder weitgehend akademisch ungebildete Leserschaft überhaupt an eine regelmäßige Lektüre heranzuführen bzw. sie in einem zweiten Schritt als Leser zu behalten, indem man ihr das Lesen so angenehm wie möglich zu machen versucht. Der "unjournalistische" Stil der Moralischen Wochenschriften weist weniger auf die literarischen Ambitionen ihrer Autoren hin, sondern ist vielmehr als Versuch zu verstehen, in dem jungen Gebiet des Magazin-Journalismus und für das darin neuentstehende Genre der Wochenblätter eine adäquate sprachliche Form[42] für ihre speziellen Zielsetzungen zu finden.

Die deutschsprachigen Moralblätter stehen also nicht ausschließlich in der Tradition ihrer angelsächsischen Vorläufer, vielmehr entwickeln sich sowohl ihre thematische als auch ihre formale Gestaltung als Synthese aus den neuentstehenden englischen "moral weeklies" und neuen Tendenzen im deutschsprachigen Journalismus und in der deutschsprachigen Literaturentwicklung.

Der Medien- und Literaturmarkt:
Die Marktanteile der Moralblätter

Das wohlhabende Bürgertum Hamburgs machte den Auftakt zum deutschsprachigen Wochenschriftsjournalismus. Die geographische Nähe und die engen Handelsbeziehungen zur britischen Insel hatten dazu beigetragen, daß die "moral weeklies" in der Hansestadt früher als in anderen deutschen Städten bekannt waren und den Medienmarkt beeinflußten. Am 31. Mai 1713 bot Johann Mattheson

---

chen ungesitteten Sachen ist der gute Geschmack und der Witz verschwendet und gemißbrauchet; man muß allemal sagen: es ist schade um die Schönheit", schreibt der MENSCH in seinem 449. Stück, und auch der GREIS ist besorgt um die Moral besonders seines jungen Roman-lesenden Publikums, dem man "eine Verachtung gegen die Romane beybringen" (42. Stück) müsse. Die Gründe für das zwiespältige Verhältnis der Wochenschriftsautoren zu den unterhaltenden Romanschreibern waren wohl nicht zuletzt wirtschaftlicher Natur: Im Bemühen darum, die teuren Schriften an die Leserschaft zu bringen, standen Unterhaltungsliteratur und Wochenblätter in Konkurrenz zueinander, vgl. auch Martens (1968), S. 519; anders wird besonders in den späten Wochenschriften der anspruchsvolle moralisch-sittliche Roman beurteilt, s. "Das Unterhaltungskonzept: Formen vermitteln Inhalte", S. 109f.

42 Die Sprache der Moralischen Wochenschriften, die ihren Weg zwischen Journalismus und Literatur suchte, ist bei den Literaturhistorikern auf besonderes Interesse gestoßen, s. z.B. Sachse, Die Wirkung der Moralischen Wochenschriften bei der Herausbildung einer litratursprachlichen Norm (1981).

das erste Blatt des VERNÜNFFTLERS,[43] der ersten deutschsprachigen Moralischen Wochenschrift, feil. Matthesons VERNÜNFFTLER allerdings war nicht viel mehr als eine freie Übersetzung ausgewählter Stücke der englischen Sittenschriften TATLER und SPECTATOR, die geschickt an Hamburger Verhältnisse angepaßt waren:[44] Deren Wahrheiten sollten im 'teutschen Kittel' vorgeführt werden.[45] Ganz im eigenen Kittel, von der dominierenden Hand der englischen Wochenschriften emanzipiert, wagen sich erst die 1721 in Zürich erscheinenden DISCOURSE DER MAHLER[46] an die Öffentlichkeit. Damit sind die DISCOURSE DER MAHLER die erste eigenständige Publikation des deutschsprachigen Moraljournalismus, sie bleiben aber - wie vor ihnen der VERNÜNFFTLER - ohne weiteren Einfluß.[47] Erst der HAMBURGER PATRIOT, der in den Jahren 1724 bis 1726 erscheint, gilt als die erste deutsche Wochenschrift, die ein ausgereiftes und eigenständiges Programm bietet und darüber hinaus die Entstehung und Entwicklung zahlreicher Wochenschriften beeinflußt hat.[48]

Nach diesem Auftakt erleben die Moralischen Wochenschriften in deutschsprachigen Ländern einen Aufschwung, der den Erfolg des Genres in England übersteigt.[49] Max Kawczynski zählt 1880 227 britische Titel und 551 deutsche

---

43 Der VERNÜNFFTLER (1713-14).

44 Vgl. auch Martens (1968), S. 24.

45 Der VERNÜNFFTLER (1713), 1. Stück.

46 Die DISCOURSE DER MAHLER (1721-23).

47 Die DISCOURSE DER MAHLER, die von den Schriftstellern Johann Jakob Bodmer und Johann Jakob Breitinger herausgegeben wurden, haben zwar keinen nennenswerten Einfluß auf die Entwicklung des Moraljournalismus genommen, ihnen wird aber - und das ist typisch für die Wochenschriften der 20er Jahre - eine besondere literarische Qualität bescheinigt, Eckardt (1905), S. 477.

48 Franz Ulbrich nennt den PATRIOTEN die 'größte und bedeutendste' deutsche Moralische Wochenschrift, und Johann Heinrich Eckardt bezeichnet das Wochenblatt als die 'geistvollste und entschieden die wirksamste unter allen deutschen Moralischen Wochenschriften', Ulbrich (1911), S. 6 u. Eckardt (1905), S. 478; s. auch Oberkampf (1934), S. 8 u. Milberg (o.J./1880), S. 20. Die Bewertungen verdeutlichen, welche Wertschätzung der PATRIOT, der auch im Ausland (Madrid, Moskau) verkauft wurde, genossen hat. Später erscheinende Wochenschriften greifen auf die Materialien des PATRIOTEN ebenso zurück wie auf die Ausführungen des SPECTATOR, Mehnert (1983), S. 74.

49 Hier muß allerdings berücksichtigt werden, daß die "moral weeklies" im zentralistischen England fast ausschließlich in London erschienen, eine hohe Auflagenzahl und eine lange Lebensdauer zu verzeichnen hatten. In deutschen Ländern verlief die Entwicklung umgekehrt: Moralische Wochenschriften wurden in zahlreichen Städten herausgegeben, hatten eine geringe Auflagenhöhe und eine kurze Lebensdauer, vgl. "Die Hallenser Moralischen Wochenschriften: Die späten Magazine im protestantischen Norden", S. 84f.

Moralische Wochenschriften.[50] Die Kriterien zur Definition einer Moralischen Wochenschrift variieren bei den verschiedenen Autoren stark. Angesichts der daraus resultierenden Fülle an weit auseinanderlaufenden Zählungsergebnissen ist es unmöglich, präzise zu rekonstruieren, wieviele deutschsprachige Wochenschriften tatsächlich erschienen sind:[51] Lawrence Marsden Price gibt die Zahl der deutschen Moralischen Wochenschriften mit 1.000 an - das ist die höchste Schätzung und sie weicht ohne Zweifel weit von jeder realen Einordnung ab. Bereits für den Zeitraum bis 1761 veröffentlicht ein Nürnberger Lehrer namens Beck in der von Johann Christoph Gottsched herausgegebenen Zeitschrift DAS NEUESTE AUS DER ANMUTHIGEN GELEHRSAMKEIT die erste Aufstellung Moralischer Wochenschriften - er zählt insgesamt 182 Blätter. Diese Zählung wird später von Ernst Milberg mit nur wenigen Erweiterungen kopiert, sie sei allerdings, so urteilt Johann Heinrich Eckardt, unvollständig. Allein für Hamburg führt Karl Jakoby bis 1800 101 Titel auf, von denen wiederum 46 bei Max Kawczynski fehlen. Die Auflistung Kawczynskis (511 Titel), der "noch heute maßgeblicher Wert zugemessen wird, scheint ohne viel Aufhebens zu den Moralischen Wochenschriften gezählt zu haben, was nur immer periodische Erscheinungsweise aufwies, unterhaltsam und nützlich belehrend zugleich auftrat und sich an ein breiteres Publikum wandte".[52] Walter Oberkampf, der die Kriterien Max Kawczynskis als zu unpräzise kritisiert, kommt in seiner Zählung, der eine erste systematische Analyse der Gattungskriterien zugrunde liegt, lediglich auf 83 Moralblätter. Wolfgang Martens schließt sich weitgehend den Kriterien Oberkampfs an und listet

---

50   Die Moralischen Wochenschriften sind ein internationales Phänomen, das nicht nur in England und in deutschsprachigen Ländern zu beobachten ist: Max Kawczynski zählt neben den britischen und den deutschen Moralblättern auch 31 für Frankreich, 4 für Holland, 3 für Italien und 13 für Polen, Kawczynski, Moralische Wochenschriften (1880), S. 19-39; dabei entgeht ihm eine in Russland veröffentlichte Moralische Wochenschrift, s. hierzu Tschizewskij, Russische Geistesgeschichte (1961), Teil III, S. 52f; auch in den jüdischen Zentren Osteuropas war der Moraljournalismus nicht unbekannt - Wilhelm Kurt weist auf eine jüdische Wochenschrift hin, die in den einschlägigen Untersuchungen unbeachtet bleibt: Moses Mendelssohn hat 1754 ein hebräisches Moralblatt mit dem Titel SITTENLEHRER begonnen und später fortgesetzt unter dem Titel SAMMLER, das auch in den jüdischen Zentren Osteuropas gelesen wurde, s. Kurt, Jüdischer Glaube (1981), S. 323.

51   Die unterschiedlichen Zählungsergebnisse ergeben sich schon deshalb, weil zahlreiche Wochenschriften verlorengegangen bzw. heute nicht mehr nachweisbar sind, Martens (1968), S.6.

52   Ebd., S. 15.

110 Moralische Wochenschriften auf.[53] In beiden Fällen leitet sich die verhältnismäßig niedrige Zahl nicht nur in positiver Hinsicht aus dem gegenüber älteren Zählungen präzisierten Kriterienkatalog ab, sondern auch aus der Ausklammerung osteuropäischer und Jopsephinischer Moralblätter. Diese Gruppe wird in der Spezialstudie von Andrea und Wolfram Seidel bearbeitet, die in ihrer Zählung die Veröffentlichungen des deutschsprachigen Donauraums und Ungarns berücksichtigen.[54] Dabei untergliedern die Autoren die von ihnen gezählten Magazine in 12 inhaltliche Gruppen, getrennt nach Erscheinungsorten und danach, ob die Blätter nachgewiesen oder lediglich sekundäre Hinweise auf ihr Erscheinen zu verzeichnen sind. Für den Donauraum und Ungarn kommen sie dabei für den Zeitraum von 1740 bis 1809 bei einer Gesamtzahl von 368 neuerschienener Zeitschriften zu folgenden Ergebnissen. In den Kategorien, die im engeren Sinne den moralischsittlichen und unterhaltenden Schriften zuzurechnen sind:

Zeitschriftentyp	nachge-wiesen	nicht nachgewiesen
Sittenschriften/ Moralische Wochenschriften	45[55]	9
Unterhaltende Magazine	39	20
Frauenzeitschriften	2	20
Gesamt		135

Dazu führen sie Zeitschriften auf, deren Themen im weiteren Sinne zu denen

---

53 Price, English Literature in Germany (1953), S. 52; Beck, Verzeichnis der in Deutscher Sprache herausgekommenen Sittlichen Wochenschriften (1761), S. 829-41; Milberg (o.J./1880), S. 6f; Eckardt (1905), S. 483; Jakoby, Die ersten Moralischen Wochenschriften Hamburgs (1888), S. 186ff; Kawczynski (1880), S. 4; Oberkampf (1934), S. 84ff; Martens (1968), S. 162.
54 Seidel (1988).
55 Von diesen erschienen vier in Ungarn.

Moralischer Wochenschriften parallel laufen:

Zeitschriftentyp	nachge- wiesen	nicht nachge- wiesen
Belehrende/ Pädagogische Magazine	23[56]	12
Theater- und Literatur- magazine	36[57]	12
Gesamt		83

Von den 368 insgesamt gezählten Schriften erschienen 218 in einem Bereich, der als sittlich unterhaltend und gleichzeitig belehrend beschrieben werden kann, das sind 59,2% der gesamten Neuerscheinungen im Untersuchungszeitraum. Diesen sittlich-unterhaltenden Schriften gegenüber stehen 68 Magazine mit einem historisch-politischen oder geographischen Schwerpunkt, sie haben einen Marktanteil von 18,5%, 33 gelehrte theologisch-philosophische Schriften, die lediglich ein Veröffentlichungsvolumen von 9% bestreiten, und die wissenschaftlichen Magazine, die mit 12% zu Buche schlagen.[58]

Neben diesen Veröffentlichungen, die den Moraljournalismus z.T. nur ausschnitthaft wiedergeben, sind besonders für den hier bearbeiteten Zeitraum der Spätphase des Moraljournalismus die Zahlen Joachim Kirchners aufschlußreich.[59] Sie umfassen den gesamten deutschsprachigen Raum, beziehen also auch die Veröffentlichungen des Donauraumes mit ein. Hier wie auch bei den anderen

---

56   Davon erschien ein Blatt in Ungarn.
57   Davon wurden drei Magazine in Ungarn publiziert.
58   Die übrigen Rubriken waren vertreten mit 6,25% für ökonomische Blätter, jeweils 1,35% für Musik- und Militärveröffentlichungen und 0,3% für juristische Publikationen, Seidel (1988).
59   Kirchner (1958), Teil I, S. 72ff.

Zählungen bleibt eine Beurteilung der Zahlen letztlich unmöglich: weder ist die Vollständigkeit der Listen im einzelnen zu überprüfen, noch können die Bibliographien stichhaltig der Kritik entgegentreten, daß die Ergebnisse zu hoch gegriffen seien. Die Ergebnisse Kirchners bleiben allerdings in gewisser Weise von dieser kritischen Beurteilung, die lediglich an dem vorgelegten Zahlenraster orientiert ist, unberührt, gehen sie doch über eine bloße Auflistung hinaus: Sie verdeutlichen vielmehr eine Entwicklung, zeigen Relationen auf, indem sie darstellen

a) wie viele Zeitschriftenneuerscheinungen insgesamt von 1741 bis 1765 gezählt wurden,

b) wie groß die Zahl der neuerscheinenden Unterhaltungsblätter für den Zeitraum von 1741 bis 1780 ist und welchen Anteil die Unterhaltungsschriften an der gesamten Neuproduktion haben:

	Gesamtneuer-scheinungen	davon Unterhaltungs-blätter
1741-50	260	82 (31,53 %)
1751-60	331	117 (35,34 %)
1761-65	163	64 (39,26 %)

Darüber hinaus verdeutlichen die Zählungen Joachim Kirchners für den Zeitraum von 1741 bis 1780

a) zu welchem Anteil sich die neuerscheinenden Unterhaltungsschriften in rein unterhaltende bzw. moralische Blätter aufgliedern und

b) wie sich das Verhältnis zwischen diesen beiden Kategorien verschiebt:

	Unter-haltungs-blätter	davon a) rein unter-haltend	und b) Moralische Wochenschriften
1741-50	82	28 (34,1%)	54 (65,9%)
1751-60	117	43 (36,7%)	74 (63,3%)
1761-70	154	100 (64,9%)	54 (35,1%)
1771-80	266	241 (80,4%)	52 (19,6%)

In den Dekaden zwischen 1740 und 1760 waren die Moralischen Wochenschriften auf dem Markt der Unterhaltungszeitschriften führend. In diesen Jahrzehnten konnten die deutschen Moralblätter ihre größte Verbreitung verzeichnen, erreichten ihre größte Leserschaft. Das war jedoch nach der Rechnung von Thomas Abbt immer noch eine kleine Minderheit:

> "Man überrechne es einmal. Setzt zwanzig Millionen Menschen für Deutschland. Die witzigste Schrift unter uns hat kaum achtzig tausend Leser. (Ich nehme eine Auflage von 4000 Exemplaren an, und lasse einem jeden Exemplar zwanzig Leser zu, theils solche, die es nur gelehnt lesen, theils solche, die es wieder aus der anderen Hand kaufen.) Also ist ein solches Publikum der 250ste Theil von Deutschland, und die sogenannten nützlichsten Wochenschriften sind immer 19 Millionen und 920 tausend Deutschen unbekannt."[60]

Tatsächlich traf in Deutschland die von Thomas Abbt vermutete Auflagenstärke nur auf den HAMBURGER PATRIOTEN zu, der vermutlich pro Auflage 3.000 - 4.000 Blätter absetzen konnte.[61] Für eine Vielzahl der übrigen Blätter ist die Auflagenzahl unbekannt. Da, wo Daten bekannt sind, wird deutlich, daß die große Mehrzahl der Wochenschriften wesentlich geringere Verkaufsraten zu verzeichnen

---

60   Abbt, Vom Verdienste (1765), S. 255ff.
61   Für die englischen Wochenschriften war eine Auflagenstärke von durchschnittlich 4000 bis 5000 Exemplaren pro Blatt üblich. Der SPECTATOR hat es mit seiner erfolgreichsten Nummer sogar auf 20.000 Exemplare gebracht. Auch der HAMBURGER PATRIOT kann auf einen einmaligen Erfolg von 6000 abgesetzten Blättern verweisen, s. hierzu Martens (1968), S. 111f; Milberg (o.J./1880), S. 22; Stecher, Erziehungsbestrebungen der Deutschen Moralischen Wochenschriften (1914), S. 133f.

hatte: Eine Abnehmerzahl zwischen 50 und 500 scheint eine realistische Annahme zu sein.[62] Die trotz der zu verzeichnenden Popularität geringe Auflagenzahl ergibt sich schon aus den drucktechnischen Möglichkeiten, die zwar grundsätzlich vorhanden, aber kompliziert, technisch aufwendig und schließlich teuer waren.[63] Daß die Moralischen Wochenschriften mit diesen niedrigen Auflagenhöhen nicht als "Volksliteratur"[64] fungieren konnten, ist naheliegend. Das lag jedoch auch niemals in der Intention der Moraljournalisten. Ihr Ziel war es vielmehr, aufklärerisches Ideengut zu popularisieren, indem sie den Kreis des bürgerlichen Lesepublikums um solche Bürger und Bürgerinnen zu erweitern suchten, die bislang aufgrund mangelnder akademischer Bildung keinen Anteil an der Lektüre des gelehrten Schrifttums hatten.[65] In den Dekaden von 1740 bis 1760 war der Markt für Moralische Wochenschriften durch vier Gesichtspunkte gekennzeichnet:

1. Die Wochenschriftsautoren konnten eine steigende Anzahl neuerscheinender Moralblätter verzeichnen. Der Moraljournalismus weitete sich über die protestantischen Gebiete hinaus in die Region katholischer deutscher Länder, in den deutschsprachigen Donauraum bis hin nach Osteuropa aus.

2. Etwa 2/3 aller neuerscheinenden Unterhaltungsschriften waren der Rubrik 'Moralische Wochenschriften' zuzuordnen.

3. Die älteren erfolgreichen Moralblätter, von denen häufig gesagt wird, daß sie den späteren an literarischer Qualität überlegen gewesen seien, gingen der Leserschaft nicht verloren. Sie wurden in Buchform herausgegeben - die Anzahl der so veröffentlichten und auch überregional vertriebenen Auflagen

---

62 Martens (1968), S. 112f. Für die Wiener Wochenblätter spricht Herrmann anhand der Pränumerationen von Auflagenhöhen zwischen 71 und 2000 Exemplaren, Herrmann (1987), S. 146ff.

63 Die technische Möglichkeit, höhere und ggf. marktgerechtere Auflagenzahlen zu erzielen, war erst mit der Erfindung der Lithographie 1797 gegeben. Harry Pross macht diesen Einschnitt zum Periodisierungskriterium für die Mediengeschichte, vgl., Pross, Geschichte und Mediengeschichte (1987), S. 15.

64 Herrmann Hettner hat die Intention der Moralischen Wochenschriften mißverstanden und ihren Wirkungskreis falsch beurteilt, wenn er sie als 'Manna für die bildungsbedürftige und doch bildungsverlassene Masse' bezeichnet, Hettner, Geschichte der Deutschen Literatur im 18. Jahrhundert (1925), Teil I, S. 265.

65 Diese Bemühungen des Moraljournalismus richteten sich besonders an die Frauen, s. hierzu "Der unterhaltende Wochenschriftsjournalismus: Der Nutzen für das weibliche Publikum", S. 173ff.

nahm von Jahr zu Jahr zu.[66]

4. Im Bereich der Moralunterhaltung waren die Wochenblätter von weit größerer Bedeutung als die moral-didaktischen Bücher, die nur einen geringen Anteil an den neuerscheinenden Büchern hatten.[67]

Damit war der Erfolg des Wochenschriftsjournalismus auf seinem Höhepunkt: in keinem anderen Zeitraum war die Zahl der erhältlichen Moralischen Wochenschriften größer, in keinem anderen Zeitraum war die geographische Ausweitung der Wochenschriftspublizistik umfassender. In der Periode von 1740 bis 1760 hatten die Moralischen Wochenschriften ihre größte Akzeptanz in der Leserschaft, damit eine vorher nicht gekannte Publikumswirksamkeit und somit schließlich ihre größten Einflußmöglichkeiten. Daß die Moralblätter der 20er und 30er Jahre eine literarisch herausragendere Qualität hervorgebracht hätten, mag unbestritten sein. Die Wochenschriftsforschung, die bislang literaturwissenschaftlich geprägt ist, hat aus dieser Beurteilung immer wieder abgeleitet, daß die 20er und 30er Jahre dementsprechend als Blütezeit des Genres definiert werden müßten. Vorrangiges Ziel des Wochenschriftsjournalismus war es aber nicht, literarisch anspruchsvoll und innovativ zu sein: Literarische Extravaganz barg eher die Gefahr in sich, abzulenken oder den Leser zu überfordern und damit hinderlich zu sein. Der unterhaltende Stil der Moralischen Wochenschriften diente vorrangig als Vehikel, der Leserschaft eine belehrend-erzieherische Lektüre[68] schmackhaft zu machen, die - wie der GREIS betont - "zum Nutzen des Ganzen und der bürgerlichen Gesellschaft"[69] sein solle. Für die Bestimmung der Blütezeit des Moraljournalismus müssen daher die Kriterien geographische Verbreitung, Akzeptanz in der Leserschaft und damit Publikumswirksamkeit und Aufklärungswert zusammenkommen. Bedenkt man die Einwendungen Walter Oberkampfs und Wolfgang Martens', die die Wochenschriften der 70er und 80er

---

66 Vgl. Martens (1968), S. 115f.

67 S. hierzu die Tabellen S. 46f. Joachim Kirchners Zahlen ergeben, daß der Anteil der neuerscheinenden Wochenschriften an der Gesamtzahl neuerscheinender Zeitschriften von 1741-50 bei 20,8% lag und von 1751-60 bei 22,4%. Im Vergleich dazu lag der Anteil der moral-didaktischen Literatur an den Buchneuerscheinungen 1740 bei 3,58%, 1770 bei 7,00% und 1800 bei 6,54%; s. Tabelle S. 52.

68 "Die Absicht unseres Lesens muß die Aufklärung unseres Verstandes sein", schreibt der GREIS in seinem 53. Stück.

69 Der GREIS, 6. Stück.

Jahre nicht mehr als Moralblätter im engeren Sinne verstehen,[70] aber für die 60er Jahre noch 'echte' und sehr erfolgreiche Moralische Wochenschriften auflisten, einerseits und die geographische Ausweitung des Genres in den Raum der Habsburger Monarchie und nach Osteuropa andererseits, so kann der Zeitraum von 1740 bis 1770 als Spätphase und gleichzeitig als Blütezeit des Genres bezeichnet werden.[71]

Die Moralischen Wochenschriften können in der Zeitspanne von 1740 bis 1780 zwar ihr Verbreitungsgebiet geographisch ausweiten, weisen aber gleichzeitig lediglich insgesamt konstant bleibende Neuerscheinungszahlen auf: Ihr relativer Anteil an der Summe der Gesamtneuerscheinungen von Unterhaltungsschriften ist in den 60er Jahren rückläufig. An dem markanten Aufschwung der schöngeistigen Unterhaltungsmagazine nehmen die Moralischen Wochenschriften nicht mehr teil. Der Trend zum Unterhaltungsgenre wird aus einer anderen Perspektive bestätigt: Die Entwicklung des Buchmarktes ist von einer deutlichen Säkularisierung gekennzeichnet. Über die Struktur des Marktes im protestantischen Bereich des deutschsprachigen Buchangebotes bieten die Leipziger Ostermeßkataloge Informationen: Die weltlich-schöngeistige Literatur gewinnt zu Lasten der religiösen Erbauungsliteratur an Boden. Der Anteil der allgemein unterhaltenden Literatur[72] an der gesamten Buchproduktion erlebt in den Jahren zwischen 1740 und 1770 einen leichten Aufschwung und ist dann bis 1800 weitgehend stabil. Im gleichen Zeitraum können populäre Moralschriften[73] ihre Neuveröffentlichungszahlen zwar beinahe verdoppeln, dennoch bleibt ihr Anteil an der gesamten Buchproduktion relativ gering. Den weitaus größten Teil auf dem Unterhaltungsmarkt

---

70 Oberkampf (1934), S. 68ff. u. Martens (1968), S. 22ff.
71 Nach den Zählungen von Joachim Kirchner sind in den Jahren von 1721-1730 nur insgesamt 30, in der Dekade von 1731-40 insgesamt 41 Moralblätter, das sind 23% aller Zeitungsneuerscheinungen, neu auf den Markt gekommen (Kirchner, 1958, Teil I, S. 54ff.), dennoch wird dieser Zeitraum häufig als Blütezeit bezeichnet, da die literarisch bedeutsameren Blätter in dieser Periode veröffentlicht wurden: So etwa Phoebe Luehrs, die den Höhepunkt des Wochenschriftjournalismus für die Jahre 1720 bis 1740 ansetzt und die danach erscheinenden Blätter als 'Nachlass' charakterisiert. Wolfgang Martens schließt sich dieser Argumentation weitgehend an, zeigt aber darüber hinaus auf, daß 'zahlenmäßig die Jahrzehnte von 1740 bis 1760 besonders fruchtbar' sind, s. Luehrs, Der Nordische Aufseher (1909), S. 12 u. Martens (1968), S. 163.
72 Dazu zählen Erbauungsliteratur, weltliche Unterhaltungslektüre und moralisch-populäre Schriften, Jentzsch, Der Deutsch-Lateinische Büchermarkt (1912), S. 323.
73 Das sind z.B. moralisch-didaktische Romane, die auf dem Buchmarkt das Pendant zu den Moralischen Wochenschriften bilden.

der Buchveröffentlichungen teilen sich die Erbauungsschriften und die weltlich-schöngeistige Literatur.[74]

Anteil der Unterhaltungsliteratur an den Buchveröffentlichungen:

	Allg. Unter-haltungs-lit.	**davon a) populär-moralische Schriften**	**und b) Erbauungs- und weltlich-schön-geistige Unter-haltungslit.**
1740	28,49%	3,58%	24,91%
1770	34,27%	7,00%	27,27%
1800	33,79%	6,54%	27,25%

In den Dekaden von 1740 bis 1800 kehrte sich der Anteil der religiösen Erbauungsliteratur und der weltlich-schöngeistigen Unterhaltungsschriften an der allgemein unterhaltenden Literatur allmählich völlig um - 1740 lag das Verhältnis noch bei 3:1, 1770 hatte es sich zu 2:3 verschoben, und im Jahre 1800 schließlich lag es bei 1:4. Das sah im einzelnen so aus:

	Erbauungslit.	**Unterhaltungslit.**
1740	77%	23%
1770	40%	60%
1800	22%	79%[75]

74   Grundlage der nachfolgenden Tabellen ist die Untersuchung von Rudolf Jentzsch, der die Leipziger Ostermeßkataloge von 1740, 1770 und 1800 untersuchte; einschränkend muß allerdings erwähnt werden, daß ein Großteil der süddeutsch-österreichischen Produktion, vor allem der Erbauungsliteratur, nie Eingang in die Meßkataloge gefunden hat, Jentzsch (1912).
75   Jentzsch (1912), S. 323; auf die Ergebnisse dieser Untersuchung beziehen sich Schöffler (1958), S. 190 u. Wodtke (1958), S. 404.

Für die Habsburger Monarchie liegen derart differenzierte Betrachtungen nicht vor. Gustav Otruba hat in einer Stichprobe den Buchbestand der Klosterbibliotheken von Melk und Wien untersucht. Er registrierte 3651 Bücher, die in dem Zeitraum von 1680 bis 1750 erworben wurden.[76] Otruba kommt zu dem Ergebnis, daß die Auswahl der Neuanschaffungen ungefähr dem "zeitgenössischen Büchermarkt, wie er sich in den Leipziger Meßkatalogen widerspiegelt", entspricht.[77] Im einzelnen setzen sich die Buchsammlungen der Klosterbibliotheken wie folgt zusammen: 40,7% Theologie, 22,9% Geschichte und Politik, 9,5% schöngeistige Literatur, 7,2% juristische Werke, 6,7% antikes Schrifttum, 4,5% Naturwissenschaften und Mathematik, 3,9% Philosophie (ohne Antike), 3,8% Geographie und Reiseberichte. Eine Unterscheidung in erbauende bzw. unterhaltende Literatur nimmt Otruba nicht vor. Lediglich die Aufgliederung der Bücher nach den Sprachen, in denen sie verfaßt wurden, gibt einen Anhaltspunkt darüber, inwieweit auch hier eine Säkularisierung auf dem Buchmarkt stattgefunden hat. Obwohl die Klosterbibliotheken als hauptsächlich gelehrte Buchsammlungen betrachtet werden müssen, sind nur 64% ihrer Bestände in lateinischer Sprache verfaßt, 22,8% in deutscher, 11% in französischer, 2% in italienischer Sprache. In Bezug auf die einzelnen Fachbereiche sah die Sprachenaufteilung folgendermaßen aus: Während in der Theologie bereits ein verhältnismäßig hoher Anteil der Literatur in deutscher Sprache geschrieben wurde (19,5% gegenüber 69,2% in lateinischer Sprache), bleibt der Anteil lateinisch verfaßter Schriften in den Themenbereichen, die nur für die gelehrte Leserschaft gedacht waren, hoch: In der Philosophie ist das Verhältnis lateinisch-deutsch 67,7% zu 10,5%, in den Naturwissenschaften und der Mathematik 72,3% zu 1,2%. In der Habsburger Monarchie änderte sich das Sprachenverhältnis zwar erst eindeutiger zugunsten des deutschen Sprachgebrauchs nach 1780,[78] aber auch hier war die Säkularisierungsbewegung, die von der Gelehrtensprache Latein weg zur weiteren Kreisen zugänglichen Landessprache führte, unaufhaltsam.

Diese Entwicklung hatte auch für den Wochenschriftsjournalismus Konsequen-

---

76 Otruba, Die Klosterbibliotheken Klosterneunburg/Melk und Schotten/Wien - ein Spiegel der geistigen Kultur Österreichs 1680-1750 (1978).

77 Was u.a. in der Herkunft der Buchbestände begründet liegt: 49,6% der Bücher stammen aus dem Deutschen Reich, 25,4% aus dessen Habsburger Ländern, ders., Probleme von Wirtschaft und Gesellschaft in ihren Beziehungen zu Kirche und Klerus (1979), S. 110.

78 Ebd.

zen: Die zunehmende Zahl deutschsprachiger Veröffentlichungen und die damit einhergehende Stärkung des Unterhaltungselementes auf dem Literaturmarkt führte in der späten Phase des Wochenschriftsjournalismus zu einer Polarisierung der Wochenschriften und trug zu der Auflösung des Genres bei[79] - einige Autoren nahmen in einer Gegenbewegung einen betont ernsthaft-religiösen Stil an oder wandten sich der naturwissenschaftlich-praktischen Darstellung zu, andere folgten dem Unterhaltungstrend und schrieben reine Unterhaltungsblätter.[80]

Die regionale Verteilung:
Die Südverschiebung des Moraljournalismus

Einer Analyse der geographischen Verteilung der Moralischen Wochenschriften in deutschsprachigen Ländern ist wenig Interesse geschenkt worden, wohl nicht zuletzt deshalb, weil die große Mehrzahl der Studien sich nur einzelnen Moralischen Wochenschriften und damit nur einer speziellen Region widmen. Lediglich Wolfgang Martens und Gottfried Mehnert geben eine Übersicht über die regionale Verteilung der Wochenschriftsveröffentlichungen. Sie beschränken sich dabei aber auf den protestantischen Raum, der ohne Frage der geographische Ursprung war und während der gesamten Entwicklung der publizistische Schwerpunkt des Wochenschriftsjournalismus blieb. Die Ausweitung der Moralischen Wochenschriften auf den katholischen Raum findet schon bei Martens nur wenig Platz, bei Mehnert, unter seiner ausgewiesenen, an der protestantischen Medienentwicklung orientierten Fragestellung, bleibt diese Differenzierung fast gänzlich unbeachtet. Für die deutschsprachigen protestantischen Länder kommen beide

---

79 Der Zeitraum, in dem die deutschen Moralischen Wochenschriften erscheinen, reicht also im wesentlichen von 1713 bis in die 80er Jahre des Jahrhunderts. Ernst Milberg, der nur die berühmten Wochenschriften der 20er Jahre als solche anerkennt, faßt den Zeitraum entsprechend kürzer, Milberg (o.J./1880), S. 5; Walter Oberkampf übernimmt die Darstellung von Joachim Kirchner und nennt die Randdaten 1713 und 1784, Kirchner (1958), Teil I, S. 72ff. u. Oberkampf (1934), S. 71; Wolfgang Martens schließt sich dem an, weist aber darüber hinaus darauf hin, daß in Österreich Moralische Wochenblätter bis ins 19. Jh. hinein erscheinen, Martens (1968), S. 161ff., Gottfried Mehnert, der die späten rein theologischen Schriften noch zum Wochenschriftsjournalismus rechnet, legt dessen Ausklingen an das Ende des 18. Jhs., Mehnert (1983), S.84.

80 Z.B.: Das REICH DER NATUR UND DER SITTEN (1757-58), ZUM VERGNÜGEN. EIN WOCHENBLATT FÜR DIE TOILETTEN UND THEETISCHE (1758), Der ARZT. EINE MEDIZINICHE WOCHENSCHRIFT (1759-60), Der WEISE (1767-68), Der ZEITVERKÜRZER (1781).

Autoren weitgehend zu den gleichen Ergebnissen:[81] Beiden Darstellungen liegt die Arbeitshypothese zugrunde, daß es vor allem vom Protestantismus geprägte Gebiete waren (und hier vor allem einige große Reichsstädte), die diese Zeitschriften hervorbrachten. In katholischen Ländern, so die Ergebnisse, war das neue publizistische Medium dagegen wenig erfolgreich.[82] Übersehen wird dabei die geographische Ausdehnung des Genres - in den Raum der Habsburger Monarchie und weiter nach Osteuropa, die ein wesentliches Periodisierungskriterium darstellt, wenn es gilt, die Entwicklung des Wochenschriftsjournalismus umfassend zu beschreiben.

In der Habsburger Monarchie und darüber hinaus in Osteuropa erschienen Moralische Wochenschriften zeitversetzt, parallel mit der Südverschiebung der Aufklärung.[83] Die Ausdehnung des Moraljournalismus setzt mit den 40er Jahren des 18. Jhs. ein. Die Veröffentlichungen im Bereich moralischer Sittenschriften setzt sich dann bis hinein in die 80er Jahre fort:[84] Die Entwicklung des Moraljournalismus in der Habsburger Monarchie begann mit der Machtübernahme durch Maria Theresia.[85] Der Ausklang des Moraljournalismus im katholischen Süden der deutschsprachigen Länder war durch die gleiche Entwicklung gekennzeichnet wie in den protestantischen Ländern - die Moralischen Wochenschriften wurden abgelöst durch Magazine, die die inhaltliche Bandbreite der Moralblätter zugunsten einer thematischen Spezialisierung aufgaben.

Die Moralischen Wochenschriften als Ausdruck bürgerlicher Gesinnung erscheinen zunächst folgerichtig hauptsächlich in bürgerlich geprägten Städten.[86]

---

81 Martens (1968), Teil II, Kap. 5, S. 161ff., Mehnert (1983), Teil III, B, Kap. 7, S. 84ff., s. auch Currie (1968), S. 85.

82 In den katholischen Ländern standen die Publizisten 'der Kultur der Aufklärung zunächst ablehnend gegenüber und blieben auch ganz allgemein an der Entwicklung des Zeitschriftenwesens wenig beteiligt', Biedermann (1880), Teil II, S. 1188; Kirchner (1958), Teil I, S. 37ff. u. Martens (1968), S. 163.

83 Vgl. Kirchner (1958), Teil I, S. 37ff; Biedermann (1880), Teil 1, S. 1188; Wetzel (1913), S. 19ff.

84 In seiner Untersuchung über die Wienerischen Moralischen Wochenschriften bearbeitet Robert Herrmann eben diesen Zeitraum, Herrmann (1987).

85 Seidel (1988), S. 12-14.

86 Kurt Koszyk schreibt zu den geographischen Faktoren als Mittel zur Periodisierung: "Die gedruckte Publizistik ist seit ihren Anfängen eine urbane Erscheinung gewesen und ihre weitere Ausbreitung im 19. Jahrhundert hängt sehr stark mit dem durch die Urbanisierung hervorgerufenen sozio-kulturellen Wandel zusammen. Man kann in der ersten Phase der Pressegeschichte geradezu von einer Residenz- und reichsstädtischen Presse" sprechen, Kos-

Von den Städten Hamburg, Zürich, Bern und Leipzig - den Ursprungsorten der deutschsprachigen Wochenschriften - hatten die ersten drei eine bürgerliche Ratsverfassung. Leipzig unterstand zwar einem fürstlichen Oberherrn, war aber vom Kaufmannsstand geprägt.[87] Später kamen protestantische Universitätsstädte wie Göttingen, Halle und Königsberg als Erscheinungsorte hinzu.[88] Mit der Ausdehnung des Wochenschriftsjournalismus auf die Habsburger Monarchie kamen die Städte Prag, Pest und Buda vorrangig aber Wien hinzu, wo der ganz überwiegende Teil - in der Untersuchung von Seidel sind es mehr als 90% - der Habsburger Wochenschriften erschienen sind.

Wesentlich für eine Charakterisierung der Verlagsorte ist die Publikation Moralischer Wochenblätter in kleineren Städten, die bis dahin "keine Zeitung, kein Intelligenzblatt kannten und kaum irgend am literarischen Leben teilgehabt haben."[89] Es ist besonders die Verbreitung der Moralischen Wochenschriften in Gemeinden mit einer geringeren Einwohnerzahl, in Städten ohne den kulturellen Einfluß einer Universität, die den Erfolg des Wochenschriftsjournalismus belegen. Diese Verbreitung der Moralblätter ist Ausdruck einer erfolgreich popularisierten 'Aufklärung', die nicht auf den Kreis der Gelehrten beschränkt blieb, sondern auch vom nicht-akademischen Bürgertum aufgegriffen worden ist.[90]

Neben der hauptsächlich bürgerlich-protestantischen Prägung der Erscheinungsorte ist die regionale Verteilung der Wochenschriften durch eine religiöse Prägung gekennzeichnet: Die deutschsprachige Wochenschriftspublizistik ist in ihrer frühen Phase ausschließlich in protestantischen Gebieten - und hier vor allem in Ober- und Niedersachsen, den angrenzenden Gebieten Thüringens und

---

zyk, Probleme einer Sozialgeschichte der öffentlichen Kommunikation (1987), S. 29.

87   Martens (1968), S. 165.

88   Mehnert (1983), S. 86.

89   Martens (1968), S. 165, als Beispiele für solche Erscheinungsorte nennt er: Cleve, Der WESTPHÄLISCHE BEOBACHTER (1755-57), Celle, Die ZELLISCHEN VERNÜNFTIGEN TADLER (1741-42), Liegnitz, Der PILGRIM (1743); auch Joachim Kirchner hebt hervor, daß die Moralischen Wochenschriften, anders als gelehrte Zeitschriften, nicht mehr ausschließlich an Universitätsstädte gebunden waren, Kirchner (1928), Teil I, S. XI; inwieweit der Wochenschriftsjournalismus in diesen kleineren Publikationsorten ein eigenständiges Gesicht gewinnt, und inwieweit er die Entwicklung dieser Städte prägt, ist ein in der Forschung bislang unberücksichtigtes Problem.

90   Martens schreibt dazu: " ... so zeugen jetzt die Moralischen Wochenschriften kleiner Städte von der Resonanz der Lehre der Aufklärung im Lande", Martens (1968), S. 166.

Schlesiens und in der Schweiz - vertreten.[91] In den katholischen Ländern dagegen - also in Bayern, Österreich und den geistlichen Kurfürstentümern - bleiben die Wochenschriften zunächst weitgehend unbeachtet. Erst in den vierziger Jahren des Jahrhunderts erscheinen die ersten Moralischen Wochenschriften in katholischen Gebieten, wobei die eigentliche Hochzeit des katholischen Wochenschriftsjournalismus in den 60er und vor allem 70er Jahren des Jahrhunderts anzusetzen ist.[92]

Innerhalb des protestantischen Raumes ist darüber hinaus eine chronologische Verschiebung der Erscheinungsorte nachweisbar, die bei Wolfgang Martens nur angedeutet wird, während Gottfried Mehnert mit akribischer Genauigkeit die chronologische Verlagerung der Publikationsstädte darlegt. Er kommt dabei zu folgenden Ergebnissen:

1. Bis 1740 wurden die Moralblätter vor allem im norddeutschen Raum (Niedersachsen, Schleswig-Holstein, Mecklenburg und Pommern) verlegt. Zentrum der Verlagsorte war Hamburg, hinzu kamen z.B. Bremen, Hannover und Rostock.

2. Seit 1740 wurden die Moralischen Wochenschriften vorrangig im sächsisch-thüringischen Raum herausgegeben. Zentrum der Erscheinungsorte war mit Abstand Leipzig, hinzu kamen u.a. Halle, Magdeburg und Dresden.

3. Seit dem Ende des 4. Jahrzehnts faßt der Moraljournalismus auch im nordost-deutschen Raum Fuß. Moralische Wochenschriften werden z.B. in Danzig, Elbing und Königsberg herausgegeben.

4. Nach 1750 erscheinen die Sittenschriften in einigen Gebieten südlich des Mains. Verlagsorte sind u.a. Frankfurt, Nürnberg und Erlangen.

Mehnert schließt diese Beschreibung genau mit dem Zeitpunkt ab, an dem die katholischen Publikationsstädte in Erscheinung treten.[93] Dies sind im katholischen Deutschland vor allem Köln und München, die aber letztlich keinen nennenswerten Einfluß gehabt haben, und in der Habsburger Monarchie neben Prag, Pest und Buda vor allem Wien.

---

91 Ebd., S. 164.
92 Wolfgang Martens nennt als herausragendste Beispiele für den katholischen Wochenschriftsjournalismus zwei österreichische Moralblätter: Der ÖSTERREICHISCHE PATRIOT (1764), Der MANN OHNE VORURTHEILE (1765-67), ebd., S. 164.
93 Vgl. Seidel (1988), S. 12.

Erstaunlich ist, daß trotz der zahlreichen Erscheinungsorte mit den jeweils differierenden theologischen und politischen Rahmenbedingungen die Moralischen Wochenschriften ein weitgehend homogenes Bild bieten: Die in den Moralblättern dargestellten lebensanschaulichen Positionen - etwa zur Bedeutung der Aufklärungsphilosophie, zur Rolle und Funktion der Religion oder zur Stellung des Individuums in der Gesellschaft und der Privatsphäre - sind trotz der regionalen Aufgliederung weitgehend kongruent.[94] In ihrer chronologischen Weiterentwicklung verschieben und verändern sich allerdings die Akzentsetzungen. Generell kommen in der Spätphase des Wochenschriftsjournalismus eine Reihe von Faktoren zum Tragen, die die Ausrichtung der Wochenschriftsinhalte sowohl im protestantischen wie auch im katholischen Bereich beeinflussen. Dabei spielt natürlich die spezifische Ausprägung des Wochenschriftsjournalismus in Wien eine besondere Rolle: Die Josephinischen Schriften zeigten sich geprägt durch die Aufnahme aufklärerischer Ideen, waren sicherlich sogar ohne diese nicht denkbar, entwickelten aber dennoch ein in Teilen eigenständiges Profil. Dabei wurde der grundlegend progressive Impetus der Moralischen Wochenschriften zwar nicht in Frage gestellt, er richtet sich aber unter den z.T. veränderten Vorzeichen an unterschiedlichen Themenbereichen aus: Während das Thema der Frauenbildung in den Hallenser Blättern noch mit durchaus fortschrittlichen Ideen propagiert wurde, rückt die Frauenfrage in den Habsburger Publikationen nicht nur zunehmend in den Hintergrund, die Frage nach der richtigen Frauenbildung ist hier auch zunehmend von konservativen Tendenzen gekennzeichnet. Auf der anderen Seite findet in den Habsburger Blättern vermehrt eine kritische Auseinandersetzung mit gesellschafts- und sozialkritischen Themen statt, die ihren protestantischen Vorläufern fremd geblieben sind.[95]

---

94 Wolfgang Martens nennt das die "geringe Varietät" der Moralischen Wochenschriften, "ihre Formen, ihre Tendenzen sind weitgehend Formen und Tendenzen der ganzen Gattung", Martens (1968), S. 20f.

95 Vgl. zum Verhältnis Josephinismus/Aufklärung Zöllner, Bemerkungen zum Problem der Beziehungen zwischen Aufklärung und Josefinismus (1965), S. 216.

Von der Hallenser Aufklärung zum Josephinismus:
Der geistesgeschichtliche Hintergrund

Die Moralischen Blätter, die in der zweiten Hälfte des 18. Jhs. im Einflußbereich der Hallenser Ideen erschienen sind, werden in der wissenschaftlichen Forschung mit einem gemeinsamen Nenner bedacht: Der Gesellige, der Greis, der Mensch und auch der Hungrige Gelehrte werden als religiöse Presse vereinnahmt. An den Habsburger Blättern dagegen, dem Mann ohne Vorurtheil oder Theresie und Eleonore werden solche Sparteninterpretationen nicht vorgenommen. Tatsächlich treffen sie weder auf die einen noch die anderen zu, allen Moralblättern ist die Zielsetzung, Offenbarung mit Vernunft zu verbinden, gemein.

Die Moralischen Wochenschriften gelten als Popularisierungsinstrumente aufklärerisch-säkularisierter Philosophie schlechthin.[1] Mit ihren moralischen und religiösen Anschauungen stehen sie auf dem Boden des Rationalismus[2] bzw. sind wie die Blätter, die in der späteren Phase in der Habsburger Monarchie erschienen sind, geprägt vom säkularen Geist des Josephinismus. Dieser Interpretation einer "weltlichen" Ausrichtung steht die These einer theologischen Grundfärbung der Moralblätter gegenüber. Hier kommt aber bereits eine deutliche Unterscheidung der protestantisch geprägten Blätter und jener der katholisch-habsburgischen Einflußsphäre zum Tragen: Der Moraljournalismus der Habsburger Monarchie ist nicht als Spartenjournalismus gekennzeichnet worden - die theologischen, politischen, historisch-gesellschaftlichen oder kulturorientierten Anteile der Wiener Moralischen Wochenschriften haben nicht zu einer einseitigen Etikettierung der Blätter geführt, sie wurden vielmehr durchgängig als Gesamtkonzept gesehen. Eine Vereinnahmung der Habsburger Moralblätter als religiöse Presse wäre allerdings auch noch offenkundiger unnachvollziehbar gewesen, denn tatsächlich be-

---

1 Z.B. Lehmann, Die deutschen Moralischen Wochenschriften des 18. Jhs. als pädagogische Reformschriften (1893), S. 73; Bülck, Das Schleswig-Holsteinische Zeitungswesen (1928), S. 231; Oberkampf (1934), S. 20; Gaus, Das Idealbild der Familie in den Moralischen Wochenschriften (1937), S. 9ff.; Keßler, Ein Beitrag zur Geschichte der evangelischen Presse (1956), S. 299ff.; Martens (1968), S. 3; Hocks/Schmidt, Literarische und politische Zeitschriften (1975), S. 1.
2 Stecher (1914), S. 40.

zogen die Wiener Moralblätter kaum explizit Stellung zum Katholizismus.[3] Anders die Moralischen Wochenschriften der protestantischen Phase, die die pietistischen Lehren zu einem wichtigen Bestandteil ihrer Inhalte machten. Daraus resultiert die These, die protestantischen Blätter seien, bedingt durch den nachhaltigen Einfluß des Pietismus, tatsächlich religiöse Presse, die allenfalls in einem weltlichen, säkularisierten Mantel auftrete.[4] Eine solche Schwarz-Weiß-Kontrastierung wird der Themen- und Formenvielfalt dieser Blätter jedoch nicht gerecht, vielmehr wirft sie die Fragen auf, in welcher Weise oder in welchem Ausmaß die Moralischen Wochenschriften, und hier insbesondere die der Hallenser und Habsburger Spätphase, im einzelnen philosophisch, religiös oder philosophisch-religiös geprägt sind und welche Zielsetzungen sich aus dieser Prägung ergeben.

Die einseitige Vereinnahmung der protestantischen Wochenschriften findet vor allem in der theologisch fundierten Literatur statt, die sich wiederum ausschließlich mit der protestantisch-pietistischen Medienlandschaft des späten 18. Jahrhunderts befaßt und Vergleiche etwa mit den Habsburger Blättern ausklammert.

Gottfried Mehnert bewertet die Moralischen Wochenschriften als protestantischen Beitrag zur deutschen Presseentwicklung.[5] Für seine Position führt er eine Reihe von strukturellen Argumenten an: Die Moralischen Wochenschriften greifen a) Inhalte und Zielsetzungen der Erbauungsliteratur auf, erscheinen b) hauptsächlich in protestantischen Regionen, werden c) zu einem Großteil von protestantischen Geistlichen herausgegeben und daher d) entsprechen ihre Themen häufig denen zeitgenössischer Predigten.[6] Gottfried Mehnert nimmt mit seiner These, daß die Moralischen Wochenschriften nicht nur eindeutig religiös orientiert seien, sondern darüber hinaus im offensichtlichen Kontrast zu den philosophischen Ideen der Aufklärung stünden, eine deutliche Außenseiterposition ein.[7]

---

3   Herrmann (1987), S. 353.
4   Schöffler (1958), S. 30; Mehnert (1983), S. 70 u. 85f.
5   Ebd., S. 86.
6   Ebd., a) S. 70f., b) S. 85f., c) u. d) S. 64.
7   Ebd., S. 62; dabei ist schon seine Grundprämisse, die er aus der Position des gefühlsbetonten Pietismus ableitet, nicht haltbar: Aufklärungsphilosophie, weil säkularisiert und weltzugewandt, versteht er als einseitig rationalistisch und damit anti-religiös (vgl. ebd., S. 63). Gottfried Mehnert übersieht gerade die in den Wochenschriften zum Ausdruck kommende Annäherung zwischen Pietismus und Rationalismus. Diese Annäherung ist nur möglich aufgrund der Überschneidungen zwischen theologischer Moral und rationalistischer Moralphilo-

Er stützt sich dabei auf die theologisch orientierte Untersuchung Herbert Schöfflers, der zwar den Moralischen Wochenschriften die Seelsorge oder die religiöse Fürsorge als Hauptanliegen zuschreibt[8], der den Sittenblättern aber auch Züge weltlich-schöngeistiger Literatur und Ansätze eines aufklärerisch-rationalisierenden Protestantismus bescheinigt.[9] Differenzierter definiert Angela Keßler, die die erste umfassende Untersuchung zur protestantischen Presse angefertigt hat, den theologischen Bezug der Wochenschriften. Sie zeigt auf, daß sich einerseits theologische Blätter der Wochenschriftsform bedienen, um an deren Erfolg teilzuhaben, ohne jedoch die Gattungskriterien des unterhaltenden Genres zu erfüllen, und daß andererseits die Auseinandersetzung mit theologischen Themen, wie sie in der großen Mehrzahl der Moralblätter üblich ist, diese nicht zu einer theologischen Literatur bzw. protestantischen Presse macht.[10] Während für Gottfried Mehnert die Moralischen Wochenschriften also rein theologisch geprägt sind, beurteilt Herbert Schöffler den Moraljournalismus als religiös motiviert mit weltlichem Akzent. Angela Keßler dagegen betrachtet die Moralischen Wochenschriften als grundsätzlich welt-orientiert und säkularisiert mit einem theologischen Akzent. In einem vierten Konzept untergliedert Hartmut Titze schließlich die Wochenschriftsliteratur in zwei Hauptrichtungen: Auf der einen Seite stehen die rationalistisch-orientierten Wochenschriften, die eine säkularisierte Moral propagieren, dabei welt-orientiert sind und sich auf die 'natürliche Vernunft stützen'; die andere Seite ist bestimmt durch den pietistisch-orientierten Wochenschriftsjournalismus, dessen Wurzeln im Glauben an die göttliche Vorsehung liegen und der darüber hinaus, als Konsequenz praktischer Frömmigkeit, eine rationalistisch-profane Moral in den Mittelpunkt seiner Weltanschauung hebt.[11] Damit wird getrennt, was in den Moralischen Wochenschriften, unabhängig davon, ob ihr

---

sophie, die beide den Funktionszusammenhang von Tugend und Glückseligkeit betonen, vgl. auch Pütz, Die Deutsche Aufklärung (1978), S. 81.

8 Schöffler (1958), S. 30; Schöffler weist darauf hin, daß sich die Moralischen Wochenschriften in der Wahl ihrer theologisch orientierten Themen deutlich von den zeitgenössischen Predigten inspirieren lassen. Daß die deutschsprachigen Wochenschriften sich aber darüber hinaus, wie Schöffler schreibt, der "Kanzelsprache" für ihre Moralausführungen bedienen, ist nur bedingt - für die religiös orientierten Blätter - zutreffend, ebd. S. 28f. u. Mehnert (1983), S. 62.

9 Schöffler (1958), S. 29.

10 Keßler (1956), S. 299.

11 Titze, Die Politisierung der Erziehung (1974), S. 27.

Ursprung in protestantischen oder katholischen Erscheinungsorten liegt, durchgängig als zusammengehörig betrachtet wird: Die Verbindung theologischer und philosophischer Denkansätze ist die weltanschauliche Grundlage der Moralblätter. Der GESELLIGE greift diesen Programmpunkt in seinem ersten Stück auf:

> "Frommhold, unser Geistlicher, und Freymund, unser Weltweiser haben sich verbunden, alle Gründe der Vernunft und Offenbarung anzuwenden, die Leser zur Glückseligkeit zu bereden, zumal da beydes, die göttliche Weisheit und die vernünftige Erkenntnis so gut übereinstimmen."[12]

In den Ausführungen von Sonnenfels kommt in der Verbindung von Theologie und Philosophie die säkularisierte Sicht des Josephiners zum Ausdruck: In der MANN OHNE VORURTHEILE betont Sonnenfels immer wieder die Einheit von Religion und Staat:

> " ... so liegt dem Wohl der Gesellschaft sehr daran, der Religion in dem Herzen ihrer Mitglieder einen Werth, und unauslöschliche Ehrerbietung zu verschaffen, und sie zur untrennbaren Hüterinn der Gesetze jedem gleichsam an die Seite zu setzen."[13]

Hier zeichnet sich schon die für die Habsburger Wochenschriften typische Zurückhaltung in den Ausführungen zu theologischen Themen ab, die, wenn sie behandelt, zumeist unter der Fragestellung ihrer politischen Nützlichkeit betrachtet werden. Die toposartige Hervorhebung der Zusammengehörigkeit von Vernunft und Offenbarung ist jedoch charakteristisch für alle Moralischen Wochenschriften nach der Jahrhundertmitte. Für die Wiener Moralblätter beschreibt Robert Herrmann deren Forderung, Vernunft und Religiosität als gleichwertige Komponenten zu betrachten.[14] In diesem Zusammenhang wenden sich die Moralblätter immer wieder gegen den Aberglauben. Ziel der Moralblätter ist es dabei, den noch nicht zur Vernunft erzogenen Leser auf die rechte Spur der Gotteserkenntnis zu brin-

---

12 Der GESELLIGE, 1. Stück.
13 Der MANN OHNE VORURTHEIL, Bd. 3, 6. Stück.
14 Herrmann (1987), S. 346; bereits Oberkampf betont, daß das vernünftige und das christliche Element sich nicht widersprechen, sondern sich vielmehr ergänzen, Oberkampf (1934), S. 20; Rudolf Vierhaus ordnet die als Gegensatzpaare gebrauchten Termini Rationalismus und Pietismus sowie Aufklärung und Empfindsamkeit einander zu und vertritt damit die These, daß sie in der deutschen Aufklärung nicht voneinander zu trennen sind, Vierhaus (1982), S. 26f.

gen, um ihn vor den Irrungen abergläubischer Gottesanbetung zu bewahren.[15] Der GESELLIGE kleidet diesen Anspruch einer Zusammengehörigkeit von Vernunft und Offenbarung in die typisch plastische Ausdrucksweise der Wochenschriften. Theoretisierende Ausführungen über den Zusammenhang von Theologie und Philosophie sind den Wochenschriften grundsätzlich fremd. Der GLÜCKSELIGE macht eine Ausnahme: Seine Ausführungen zu diesem Thema entbehren weitgehend des unterhaltenden Stils:

"Eine wahre Offenbarung muß keinen einzigen Satz enthalten, der der rechten vernünftigen Lehre von Gott widerspreche. Was wir in der Vernunft als wahrhaftig wahr erkennen, wird durch eine Offenbarung nie umgestoßen oder widersprochen werden."[16]

Das Anliegen der Wochenschriften ist offensichtlich: Ihrem Programm legen sie zugrunde, daß die beiden Erkenntniskategorien Offenbarung, als Ergebnis einer gefühlsgelenkten, von Gott gegebenen Einsicht, und Vernunft, als Mittel zur rationalen, zwar auch von Gott gegebenen, doch vom Individuum selbst herbeigeführten Erkenntnis, tatsächlich nicht voneinander zu trennen sind. Es waren die Ansätze der progressiven Theologie,[17] die, anknüpfend an Christian Wolffs These, daß die Offenbarung der Vernunft nicht widersprechen dürfe, zunächst das Vernunftverständnis der späten protestantischen Moralischen Wochenschriften prägten[18] und anschließend ihren Einfluß gerade auf die Habsburger Blätter in

---

15 S. z.B. das konsequent Josephinische Blatt der WELTMANN, der schreibt, daß sich "Der menschliche Geist, der sich zur Gottheit ganz hinaufzuschwingen nicht vermag, dem Aberglauben" zuwende, der WELTMANN, Vorwort.

16 Der GLÜCKSELIGE, 9. Stück.

17 Zum Einfluß der Wolffschen Vernunftlehre auf die Reformtheologie s. Ludovici, Ausführlicher Entwurf einer Vollständigen Historie der Wolffschen Philosophie (1737-38), S. 166ff.; Aner, Die Theologie der Lessingzeit (1929), S. 144; Barth, Protestantische Theologie im 19. Jh. (1976), S. 135ff.; Kondylis, Die Aufklärung im Rahmen des Neuzeitlichen Rationalismus (1981), S. 568f.

18 S. Kondylis (1981), S. 568f.; den Moralischen Wochenschriften ist die Idee der 'intellektualistischen Reformtheologie' (vgl. ebd.), daß Vernunft die Offenbarung übersteigen könne, daß Wahrheiten auch ohne Gott existieren und als solche Grundlage für eine Naturreligion sein könnten, fremd, Hirsch, Geschichte der Neueren Evangelischen Theologie (1968), Bd. II, S. 76ff., 83ff. Die Vorstellung, die vernünftig angewandten Ergebnisse der Philosophie könnten im Atheismus münden, ist den Wochenschriftsautoren ein Greuel. Vorbeugend karikieren sie die Gotteskritiker etwa als einen "Herrn Leerhaupt" (Der MENSCH, 64. Stück) oder drohen, daß solche 'ungebildeten, uneinsichtigen Schwätzer, die, falls sie nicht kleinlaut zur Bekehrung finden, ein schlimmes Ende nehmen', "Der junge Freygeist, eine moralische Erzählung", der GLÜCKSELIGE, 104. Stück.

besonderem Maße ausdehnen konnten.[19]

Der geistesgeschichtliche Hintergrund, vor dem die Moralischen Wochenschriften in der zweiten Jahrhunderthälfte erschienen, war zunächst in Preußen vor allem durch den Wolffschen Rationalismus und einen weitgehend säkularisierten Pietismus geprägt. Damit entsprang der Einfluß auf die Moralischen Wochenschriften vor allem der universitär-theologischen Sphäre; einem Bereich, der, wenn nicht explizit gefördert, dann doch durch die offene Politik Friedrichs II. unterstützt wurde. In der Habsburger Monarchie dagegen spielen die Universitäten für die Entwicklung eines aufgeklärten Klimas zunächst eine weniger prägnante Rolle, und die Katholische Kirche nimmt den Aufklärungsideen gegenüber eine weitgehend antagonistische Haltung ein. Hier werden die neuen Ideen von der politischen Trägerschaft zunächst zugelassen bzw. später herbeigeführt. Der Josephinismus etabliert sich in der Habsburger Monarchie im Rahmen der Südverschiebung der Aufklärung und greift dabei vor allem auf den Wolffschen Rationalismus zurück und macht sich auf diese Weise auch die Themen der protestantischen Aufklärung zu eigen. Zwischen dem Habsburger Reich und Preußen kommt es somit zu einer intellektuellen Annäherung, ohne daß jedoch die politische Rivalität zwischen Friedrich II. auf der einen Seite und Maria Theresia und Joseph auf der anderen Seite aufgehoben worden wäre. Während also die Einflußfaktoren, die die Entwicklung des protestantischen Aufklärungsjournalismus tragen, relativ klar umgrenzt sind, ergibt sich ein vielschichtigeres Bild für diejenigen der katholischen Blätter, da sie einerseits den protestantischen entspringen, andererseits aber zusätzliche Faktoren hinzukommen. Es soll in den folgenden Ausführungen nicht Thema sein, zunächst die Geschichte der deutschen und dann die der österreichischen Aufklärung aufzuzeigen, vielmehr soll es darum gehen, Schwerpunktthemen zu skizzieren, die aus der protestantischen Aufklärungsbewegung in die österreichische aufgenommen worden sind. Dies sind im engeren Sinne solche Aspekte, die sowohl die Wochenschriftsliteratur des protestantischen Nordens als auch die der Habsburger Monarchie - und hier insbesondere Wiens - mitgeprägt haben. Deshalb wird in den folgenden Ausführungen der Fokus auf der geistesgeschichtlichen Entwicklung in der Habsburger Monarchie liegen.

---

19 Zum Einfluß von Wolff und Leibniz auf die Wiener Moralblätter s. Herrmann (1987), S. 346.

Wichtigster Einflußfaktor für die philosophisch-theologische Ausrichtung der Moralischen Wochenschriften in der Spätphase dieses Genres war der Einfluß des Wolffschen Rationalismus. Die Philosophie Christian Wolffs hat entscheidend die Inhalte zunächst der Moralblätter in seinem direkten Umfeld geprägt - besonders zu erwähnen ist hier der GREIS - und anschließend, transportiert durch die Südverschiebung der Aufklärung, die Moralischen Wochenschriften der Habsburger Monarchie beeinflußt.[20]

Als Christian Wolff 1723 unter Androhung der Todesstrafe von Friedrich Wilhelm I. aus Halle verwiesen wurde, weil er sich in seiner Sittenlehre auf die heidnischen Lehren des Konfuzius berufen hatte, war der rationalistischen Vernunftslehre in Halle vorläufig ein Ende gesetzt. August Herrmann Francke, der maßgeblich an der Vertreibung Wolffs beteiligt war, konnte nun die pietistische Frömmigkeit zum beherrschenden pädagogisch-philosophischen Prinzip in Halle machen.[21] 13 Jahre später untersuchte eine königliche Kommission den Fall erneut und entschied zu Wolffs Gunsten. Seit Friedrich II. nach seiner Thronbesteigung 1740 den Philosophen rehabilitiert und an die Universität Halle zurückberufen hatte,[22] war von Halle ausgehend eine deutliche Annäherung zwischen dem gefühlsbetonten Pietismus und der rationalisierenden Moralphilosophie der Wolffianer zu verzeichnen.[23]

Mit der einsetzenden Südverschiebung der Aufklärung in der Mitte des 18. Jahrhunderts war Österreich in einem Zustand intellektueller Isolation. Geistige Verbindungen zum Westen und Norden gab es praktisch nicht bzw. wurden staatlich verboten. Die Reformideen der englischen Aufklärung etwa waren Maria Theresia derart suspekt, daß die Monarchin niemals Lehrer der englischen Spra-

---

20 S. hier bes. der MANN OHNE VORURTHEIL.
21 Krause, Einleitung zu Resewitz, Die Erziehung des Bürgers zum Gebrauch des gesunden Verstandes (1975), S. 3.
22 Ebd.; Mönch, Deutsche Kultur von der Aufklärung bis zur Gegenwart (1971), S. 39.
23 Im Kontrast dazu Panajotis Kondylis, der nicht im positiven Sinne von einer Annäherung spricht, sondern die konkurrierende Gegenüberstellung von Pietismus und Wolffianismus betont, wenn er feststellt, daß 'der Pietismus als Ideologie und Bewegung erheblich abgeschwächt sei, als der Aufstieg des Wolffianismus begann.', Kondylis (1981), S. 568; in gleicher Weise interpretiert auch Horst Krause die Vorgänge in Halle: "Die Rückkehr Wolffs nach Halle verdeutlichte die geistesgeschichtliche Ablösung der pietistischen Gefühlsreligion durch den philosophischen Rationalismus.", Krause (1975), S. 3; für die Moralischen Wochenschriften ist ein solcher 'Machtverlust' des pietistischen Elementes jedoch nicht zu verzeichnen.

che an einer Universität des Staates dulden wollte, da die Sprache als solche schon religions- und sittenverderbende Prinzipien beinhalte.[24] Erst auf dem Höhepunkt der Aufklärung gelang Österreich die Annäherung an die neuen Ideen.[25] Der Beginn der sogenannten katholischen Aufklärung markierte dann auch insofern das Ende der Habsburger Isolierung, als es Österreich gelang, die aufklärerischen Ideen Europas, aber insbesondere der deutschen Elite für die eigene Entwicklung nutzbar zu machen.

Ein Ideentransport von Preußen nach Österreich war in der Regentschaft Friedrichs II. und Maria Theresias von vornherein durch politisch-ideologische Konflikte gekennzeichnet. Wie Robert A. Kann festhält, war für Maria Theresia Friedrich II. nicht nur ein politisches Gegenüber, sondern ein moralischer Feind.[26] Dabei spielte der religiöse Konkurrenzkampf eine entscheidende Rolle: Als die preußischen Truppen im preußisch-österreichischen Erbfolgekrieg 1740 die österreichischen Grenzen überschritten, wurden sie von den in der Ausübung ihres Glaubens unterdrückten Protestanten Schlesiens freudig begrüßt.[27] Die Protestanten in der Habsburger Monarchie waren für Preußens Politik ein Reservoir politischer Einflußmöglichkeiten auf das Habsburger Reich und im Habsburger Reich selbst eine Manifestation der ökonomisch verheerenden Auswirkungen der Intoleranz. Auf politischem Terrain hatten die über einen Zeitraum von 23 Jahren andauernden militärischen Auseinandersetzungen zwischen Preußen und Österreich der Habsburger Monarchie deutlich die Grenzen ihrer Leistungsfähigkeit aufgezeigt: Sowohl militärisch als auch finanziell waren sie dem preußischen Aggressor gegenüber unterlegen. Das hatte auch zur Folge, daß durch die Erbfolgekriege ein gesellschaftliches Klima in der Habsburger Monarchie entstanden war, das keinen ergiebigen Nährboden für aufklärerische Reformideen aus dem Terrain des Kriegsfeindes bot. Nachdem jedoch der Aachener Frieden von 1748 der Monarchie eine mehrjährige Atempause verschafft hatte, wurden grundlegende Reformen in allen Bereichen der Habsburger Länder möglich.[28]

In Wien fiel die Philosophie Wolffs daher in eine Ära, die den aufklärerischen

---

24 Müller, P., Der aufgeklärte Absolutismus in Österreich (1937), S. 22f.
25 Kann (1974), S. 143.
26 Ebd., S. 159.
27 Zöllner, Geschichte Österreichs (1962), S. 305.
28 Ebd., S. 313.

Ideen mit Ambivalenz gegenüberstand. Das Weltbild der Monarchin Maria Theresia, die 1740 gleichzeitig mit Friedrich II. den Thron bestiegen hatte, war geprägt durch den Barockkatholizismus österreichischer Prägung: In Krisensituationen fand die Monarchin Halt in einem unerschütterlichen Gottvertrauen, aufklärerische Erkenntnisprozesse blieben ihr fremd. Immer wieder wird hervorgehoben,
daß es gerade der politische Pragmatismus der Regentin war, der es letztlich ermöglichte, daß sie Männern wie dem Staatsdenker Joseph von Sonnenfels oder
ihrem Leibarzt Gerhard van Swieten, die den neuen Ideen zugewandt waren, ihr
Vertrauen schenkte, deren Arbeit und Programme unterstützte. Dabei ist vor allem die Bedeutung des Staatstheoretikers und einflußreichsten Habsburger Wochenschriftsautoren Joseph von Sonnenfels schon dadurch hervorgehoben, daß er
immer wieder in direktem Vergleich mit den Aufklärern des protestantischen
Nordens Christian Wolff, Immanuel Kant, Gotthold Ephraim Lessing, Moses
Mendelssohn und Bartholomäus Herder aufgeführt wird.[29]

Die - wenngleich aus Gründen des politischen Pragmatismus - durch Maria
Theresia eingeleitete Öffnung für aufklärerisches Gedankengut leitete in der
Habsburger Monarchie die Phase einer neuen Kultur ein.[30] Zwar war die Philosophie des Hallenser Philosophen Christian Wolff für diese Entwicklung von zentraler Bedeutung, doch werden als Ursprung der österreichischen Aufklärung darüber hinaus noch weitere Entwicklungsfaktoren im Habsburger Reformpaket genannt.

Dokumentiert ist die Bedeutung Wolffs für Wien am präzisesten durch die dort
erst spät erscheinenden Schriften des Rationalisten: 1760 wurde in Wien die Logik Wolffs, *Institutiones logicae*, nachgedruckt, 1769 die *Metaphysik* Wolffs, es
folgten die *Institutiones metaphysicae*. Wien wurde damit zum Ausgangspunkt
der Wolff-Rezeption in der Donaumonarchie. Eduard Winter stellt darüber hinaus
den Zusammenhang zur parallel einsetzenden Gottsched-Begeisterung in Wien
her. Die von Gottsched auch in seinen Moralischen Wochenschriften vehement
propagierte Sprachreinheit wurde vor allem von Joseph von Sonnenfels mit gro
ßem Engagement übernommen. Sonnenfels' fanatischer Eifer allerdings, das
Französische als Hofsprache bedingungslos aus dem deutschen Sprachraum zu

---

29   Z.B. Markov, Bürgertum zwischen Aufklärung und Revolution (1975), S. 220.
30   Zöllner (1962), S. 319; Müller, P. (1937), S. 24; Kann (1974), S. 172.

verbannen, setzt der Gottsched-Begeisterung in Wien bald Grenzen, rief sie doch Gegner auf den Plan, die sich gegen die "Sprachmeisterei" Gottscheds verwahrten.[31] Gerade in bezug auf die Sprachenfrage zeigt sich die besondere Situation in der multikulturellen Habsburger Monarchie. Der Anspruch auf die Vorherrschaft der deutschen Sprache war in Österreich und den zugehörigen Ländern nicht wie in Preußen vorrangig eine Frage progressiven aufklärerischen Denkens, das sich gegen die höfische Kultur wandte. Im Habsburger Reich war die deutsche Sprache gleichzeitig Symbol für die von Wien ausgehende kulturelle Dominanz.[32] Es war daher auch ein Ausdruck der spezifischen osteuropäischen Aufklärung, daß dies von der tschechischen Bevölkerung zunehmend kritisch betrachtet wurde. An dieser Stelle liefert die Habsburger Monarchie für eine komparatistische Betrachtung der Aufklärung, die das Gesamtbild der europäischen Aufklärung zu eruieren sucht, interessante Interpretationsobjekte. In den Prager Moralblättern kommt - wenngleich nicht als durchgängiges Meinungsbild - die Ablehnung der tschechische Bevölkerung zum Ausdruck, die sich gegen die Wiener Aufklärung zur Wehr setzte: "Unter dem Deckmantel eines aufgeklärten Katholizismus verbarg sich das Parfum einer unerwünschten Germanisierung", schreibt Plongeron. In Prag wie auch in Polen war der Widerstand gegen diesen Aufklärungsaspekt nicht als philosophische Rückständigkeit, sondern vielmehr als nationale Emanzipationsbewegung zu verstehen.[33]

Aus der Perspektive des protestantischen Nordens betrachtet, konnte sich Wolff in der Habsburger Monarchie noch über Jahrzehnte hinweg zeitverschoben durchsetzen, zu einem Zeitpunkt, als der Hallenser Einfluß in Norddeutschland - die aufgeklärte Religiosität, die Neologie als Mittelpunkt der aufgeklärten protestantischen Theologie - im Norden längst zum Repertoire philosophischer Lehre zählte.[34]

Die traditionelle Interpretation Valjavecs unterstreicht den prägenden Einfluß der deutsch-protestantischen Aufklärung; er schreibt: "die Weltanschauung des Josephinismus wurzelt vor allem in der deutschen, theistisch orientierten Aufklärung. Sie ist schlechthin ihre österreichische Ausdrucksform ... Das Geschichts-

---

31 Winter, Frühaufklärung (1966), S. 145-148.
32 Kann (1974), S. 186.
33 Plongeron, Was ist katholische Aufklärung? (1979), S. 49.
34 Winter (1966), S. 94.

bild des Josephiners ist dementsprechend von rationalistischen Vorstellungen bestimmt. " Eine Gleichsetzung der deutschen Aufklärungsideen und der Habsburgischen Entwicklung nimmt er damit allerdings nicht vor.[35]

Eine andere Gewichtung ist bei Wandruszka bestimmend: In seinen Ausführungen wird das Wien des 18. Jahrhunderts - und hier insbesondere das der zweiten Jahrhunderthälfte - zum Empfangsstern aller Aufklärungsbewegungen. Wandruschka betont, daß gleichermaßen Aufklärungseinflüsse aus Italien, der norddeutsch-protestantischen Philosophie, der französischen und der englischen Aufklärung nach Wien einströmen.[36] Einen Schwerpunkt sieht er allerdings in dem von Rom ausgehenden Einfluß. Aufgrund der tragenden Rolle der katholischen Kirche in der Habsburger Monarchie mißt er den Impulsen, die von Rom aus, nachdem auch dort das aufklärerische Gedankengut Fuß fassen konnte, nach Wien strömten, besondere Bedeutung zu. In ihren Grundzügen wird die Melting-Pot-Idee für die Aufklärung im Süden auch von Winter unterstützt. Er untergliedert sie jedoch deutlicher als Wandruschka in zwei Phasen: a) in der ersten Hälfte des 18. Jahrhunderts war gerade die eigenständige Verknüpfung der Anregungen aus Italien, Frankreich und Deutschland charakteristisch für die österreichische Aufklärungsannäherung, während b) in der zweiten Hälfte des Jahrhunderts das Gedankengut deutscher und auch niederländischer Ideen bestimmend war.[37]

Reformerische Ideen in der Habsburger Monarchie werden auch auf die Verbindung zwischen Renaissance und Aufklärung zurückgeführt. Damit wird die Habsburger Aufklärung zu einer in ihren Ursprüngen katholischen Entwicklung gemacht. Betont wird die in der Renaissance angebahnte Laisierung des kulturellen und wissenschaftlichen Lebens. Dieser Prozeß fand, so der Ansatz Andreas Poschs, erst im 18. Jahrhundert, eben in der katholischen Aufklärung, seine Fortsetzung. Damit widerspricht Posch gleichzeitig der vorherrschenden Auffassung, daß Aufklärung religionsfeindlich sei; dies bezieht er lediglich auf die französische Aufklärung; insbesondere die österreichische Aufklärung hingegen sei niemals religionsfeindlich gewesen.[38] Plongeron stützt diese Interpretation, geht in seinen Ausführungen aber weiter: Er unterstreicht, daß die katholische Aufklä-

35 Valjavec, Der Josephinismus (1945), S. 34.
36 Wandruszka, Die katholische Aufklärung Italiens (1979), S. 67.
37 Winter (1966), S. 135f.
38 Posch, Die kirchliche Aufklärung in Graz und an der Grazer Hochschule (1946), S. 1-5.

rung nicht religionsfeindlich sei, und betont weiter, daß sie gerade in ihrer abgemilderten Form als Bewegung innerhalb der Kirche zu sehen sei.[39]

Die Entstehung der spezifischen Habsburgischen Aufklärung, sei sie mit einer theologischen Betonung als katholische Aufklärung oder einer weltlichen als Josephinismus bezeichnet, beruht neben den verschiedenen geistesgeschichtlichen Strömungen auf einem politisch motivierten Pragmatismus, der bereits bei Maria Theresia, aber mehr noch bei ihrem Sohn Joseph II. zum Tragen kommt.

Die eigentliche Entstehung der österreichischen Aufklärungsphase, des Josephinismus, wird üblicherweise bereits vor seiner Machtübernahme datiert, d.h. die Ära Maria Theresia/Joseph II. wird als Einheit betrachtet. Diese Position vertritt am nachhaltigsten Robert Kann, für den eine Unterteilung der Reformära in eine Phase Maria Theresias und eine Stufe unter Joseph II. schwierig durchzuhalten sei, da Unterschiede letztlich nicht deutlich seien.[40] Tatsächlich steht es aber außer Frage, daß grundlegende Meinungsverschiedenheiten zwischen Maria Theresia und Joseph bestanden. In einem Schreiben an Mercy d'Argenteau in Paris vom 1. September 1770 schreibt die Monarchin über ihr Verhältnis zu ihrem Sohn:

> "Ich bin so unglücklich, den Kaiser meistens nicht von meinen Ansichten überzeugen zu können. Er hat sehr oft andere; das bringt viele Nachteile für die Geschäfte mit sich und macht mir das Leben unerträglich."[41]

Sicher hat das politisch-pragmatische Verständnis Maria Theresias die Regierungsmaxime ihres Sohnes mit vorbereitet; deshalb ist auch die These zu unterstreichen, daß trotz vorhandener Meinungsverschiedenheiten zwischen Regentin und Thronfolger bzw. Mitregent der Josephinismus als politische Reform nicht allein bzw. erst durch Joseph geschaffen wurde.

Dabei bleibt die prägende und tragende Rolle Josephs für die österreichische Reformphase außer Frage. Während bei Maria Theresia die pragmatische Öffnung zu den aufklärerischen Ideen immer als Notlösung betrachtet werden muß, gewinnt das Bild Josephs als Pragmatiker in den Interpretationen eine eigenständige Bedeutung: Joseph wird dargestellt als Politiker, der gezwungen war, zwischen den verschiedenen Interessengruppen zu vermitteln, um handlungsfähig zu

---

39 Plongeron (1979), S. 11.
40 Kann (1974), S. 170f.
41 Walter (Hg.), Maria Theresia, Briefe und Aktenstücke in Auswahl (1982), Nr. 219, S. 258.

bleiben, ohne dabei aber seine Zielsetzungen aus den Augen zu verlieren: Joseph II. wird hier interpretiert als Regent, der Aufklärung hauptsächlich als Vehikel zur Durchsetzung seiner politischen Ziele nutze.[42] Auch Walter W. Davis unterstreicht die Utilitarismusthese: Joseph sei es weniger um die Aufklärungsphilosophie als solcher gegangen, sondern vielmehr um deren Nutzbarmachung für staatliche Ziele wie etwa der öffentlichen Wohlfahrt: Er nutze Aufklärungsideen zur Durchsetzung seines Programms und versuche nicht, sein Programm entlang den Leitlinien der Aufklärungsideale zu gestalten.[43]

Die auf die utilitaristische Handlungsmotivation der Politik Josephs abzielenden Ausführungen sind dabei ausschließlich an einer theoretischen Fragestellung orientiert, nämlich daran, was der geistesgeschichtliche Anstoß zur Josephinischen Politik war. Die ziel- und ergebnisorientierte Frage, was an der Politik Josephs praktisch aufklärerisch war, bleibt dabei außen vor. Die politischen Maximen belegen, daß die Josephinische Aufklärung eine Synthese aus utilitaristischen und tatsächlich aufklärerischen Ansätzen war: Vergleichbar den preußischen Maximen wollte auch der Josephinismus gleichzeitig Wohlfahrts- und Polizeistaat sein. Das Staatswesen sollte durch eine aufgeklärte Regierung und Verwaltung die besten Bedingungen für das Wohlergehen seiner Bürger schaffen. Als notwendige Voraussetzungen galten: Ordnung, Sitte, Sicherheit, aber auch eine gewisse Freizügigkeit der in der Monarchie lebenden Untertanen.[44] In diesem Zusammenhang sind als Faktoren, die alle diese Ziele verbinden und deshalb die Josephinische Politik verdeutlichen, besonders die folgenden Bereiche zu nennen: die Liberalisierung der Zensur von 1781,[45] die Toleranz gegenüber den Protestanten, ein soziales Gemeinschaftsempfinden, der Patriotismus und schließlich die Bildungsreform.

Die den Protestanten in der Habsburger Monarchie erst spät zugestandene Toleranz zur Ausübungen ihrer religiösen Lebensweise spiegelt aufklärerische Ideale wider und ist daher nicht als originär Josephinische Leistung zu betrachten: Herbert Patzelt sieht sogar einen "Zwang zur Toleranz" als Zeitgeistphänomen.[46]

---

42 Karniel, Die Toleranzpolitik Kaiser Joseph II. (1985) S. 18-28.
43 Davis, The origins of religious Josephism (1974), S. 34.
44 Zöllner (1979), S. 323-27.
45 Vgl. hierzu "Die entschärfte Zensur: Die Pressefreiheit als Wegbereiter", S. 77ff.
46 Patzelt, Anfänge der Toleranzzeit in Österreich-Schlesien (1981), S. 283.

Toleranz in Preußen erwächst aus einer Haltung Friedrichs II., die durch Indifferenz gegenüber den religiösen Anschauungen gekennzeichnet war. Maria Theresias Haltung gegenüber Andersgläubigen war Intoleranz, die erst durch das politische Verständnis ihres Sohnes aufgebrochen werden konnte. Für die durch Joseph II. herbeigeführte Toleranz werden hauptsächlich utilitaristische Gründe angeführt: Österreich erlitt durch die Intoleranz erhebliche wirtschaftliche Verluste. Zum einen brach mit der Ausmerzung des Protestantismus in den Städten auch das aufkeimende junge, präkapitalistische Bürgertum in Österreich zusammen bzw. konnte sich erst gar nicht etablieren, zum anderen konnte Österreich anders als Preußen aufgrund seiner Intoleranz nicht von der Zuwanderung ausländischer Fachkräfte profitieren, weil diese zwangsweise zum katholischen Glauben hätten konvertieren müssen.[47] Erst in der Mitte des 18. Jahrhunderts begannen die Länder der Habsburger Monarchie die Wirtschaftskrise zu überwinden, die sich aus dieser Lage entwickelt hatte.[48]

Im prosperierenden Preußen dagegen gab es eine gewisse Tradition der Toleranz, die jedoch auch auf die Probe gestellt wurde, als die Zahl der Katholiken in Preußen mit der Eroberung Schlesiens von 100.000 auf 800.000 anstieg. Letztlich war Preußen jedoch in der Lage, die Integration der Katholiken zu gewährleisten und damit diese gesellschaftliche Probe zu bestehen.[49]

Der Einfluß Wolffs ist in Österreich an erster Stelle in der angewandten Philosophie wiederzufinden: Christian Wolff bringt die Gemeinschaftsidee - ein ins Staatspatriotische hinübergreifendes Gemeinschaftsempfinden - in Verbindung mit dem Freiheitsideal und macht sie so zu einem ethischen Thema. Dieser Aspekt seiner Staatsphilosophie hat den nachhaltigsten Einfluß auf das Josephinische Denken.[50] Damit im Sinne Wolffs ein freiheitlicher Staat möglich werde, müßten die Bürger aus ihrer Unmündigkeit befreit werden. Sein Staatskonzept ist dabei orientiert am Individuum als Mittelpunkt staatlicher Macht. Joseph II. machte als Staatslenker dagegen die Notwendigkeiten und Bedürfnisse des einzelnen Staatsbürgers zu seiner idealistischen Handlungsmaxime.[51] Praktisch ist bei-

---

47 Winter (1966), S. 11.
48 Karniel (1985) S. 33-48.
49 Ebd., S. 318.
50 Sashegyi, Zensur und Geistesfreiheit unter Joseph II. (1958), S. 10.
51 Ders., Staatsverwaltung und kirchliche Autorität im 18. Jahrhundert (1958), S. 11; zum Josephinischen Pragmatismus vgl. auch Schöndorfer, Die Auswirkungen der Aufklärung auf

den Ideen gemeinsam, daß nur der verständige Bürger durch seine (Aus-)Bildung überhaupt erst in der Lage ist, dem Gemeinwesen zu dienen.

Daher katalysierte sich als Parallele zur Entwicklung in Preußen auch in der Habsburger Monarchie die zentrale Bedeutung der Schul- und Bildungsreform heraus.[52] Richard von Dülmen bezeichnet den Bildungsaspekt, die Reformierung des gesamten Schulwesens von der Volksschule bis zur Universität, sogar als zentrales Ziel der katholischen Aufklärung schlechthin. Und gerade hier wird der Einfluß der preußischen Bildungsreformideen deutlich:[53] Unterrichtsziele sollten verwertbare Erkenntnisse liefern, Wissen um Realien vermitteln. Parallel zu den pietistisch und rationalistisch geprägten Erziehungsvorstellungen des protestantischen Nordens, die sich von einer 'weltlich-eitlen' Gelehrsamkeit abwandten, vertrat der Habsburgische Reformkatholizismus ein Bildungsideal, das sich gegen die scholastische Gelehrsamkeit und die aufgeweichten Moralvorstellungen der katholischen Kirche wandte.[54]

Von besonderer Bedeutung für die Entwicklung des Josephinismus war die Stellung der Universitäten. In England und Frankreich büßten die Universitäten im Zuge der Aufklärung ihren zentralen Einfluß ein, Notker Hammerstein geht soweit zu unterstreichen, sie 'versänken in Bedeutungslosigkeit'. Im deutschsprachigen Raum dagegen kommt es zu einer erneuten Blüte dieser Lehreinrichtungen. Mit dem Wirken des Christian Thomasius in Halle beginnt ein neues Kapitel der Universitätsgeschichte im Heiligen Römischen Reich Deutscher Nation. Während jedoch an den protestantischen Universitäten eine Enttheologisierung der universitären Lehre einsetzt, verbleibt die Lehre im Habsburger Reich zunächst in ihrer Rückständigkeit. Hier lehren die Jesuiten weiterhin biblische Geschichten und allgemeinste Universalgeschichte. Daher sieht Notker Hammerstein auch den Einfluß der Hallenser Methoden an den Habsburger Universitäten als sehr zurückhaltend an. Reformen wurden bestenfalls stillschweigend geduldet und nur

---

die Gestaltung der Philosophie (1966), S. 447f.: er betont auch die starke "Ichbezogenheit der deutschen Aufklärung" im Kontrast zur staatsbürgerlichen Forderung Josephs, das Gesamtwohl des Staates in den Vordergrund zu stellen.

52 Kann (1974), S. 183.
53 Müller, P. (1937), S. 36.
54 Dülmen, Die Prälaten Franz Töpsel aus Pollingen und Johann Ignaz von Felbiger aus Sagan (1967), S. 773.

selten offiziell übernommen.[55] Von besonderem Einfluß ist zunächst die reine Methodenlehre Preußens auf die Moraltheologie, die logische Argumentation, die erstens eine klare Begriffsbestimmung und zweitens den Beweis eines jeden Satzes durch ordentliche Schlußverfahren voraussetzt. Es entsteht eine Moraltheologie mit mathematischer Genauigkeit, die inhaltlichen Änderungen gegenüber zunächst reserviert ist.[56] Auch für die Wiener Universität darf der Hallenser Einfluß nicht überschätzt werden.[57] Zwar wird aus dem aufgeklärten Norden die Idee einer Zusammengehörigkeit von Wissenschaft und Praxis übernommen, doch der Einfluß der protestantischen Lehre bleibt im einzelnen hinter der Zeit zurück. Vorherrschend ist in der Regel der Rückgriff auf die älteren protestantisch-aufgeklärten Lehren: Anstelle von Wolff und den Hallenser Ideen werden zunächst Pufendorf und Grotius empfohlen.[58] Im katholischen Süden und besonders in der Habsburger Monarchie beschäftigten sich die am meisten fortgeschrittenen Denker gerade einmal mit Wolff und Leibniz, während im protestantischen Norden bereits Immanuel Kant das Denken an den Universitäten entscheidend mitbestimmte. Die Rückständigkeit Wiens, Richter spricht von einem geistigen Rückstand der Donaumetropole von 50 Jahren,[59] war auch den österreichischen Aufklärungsgelehrten bewußt, sie suchten deshalb Anschluß in den Bildungseinrichtungen Preußens.[60]

Neben der Möglichkeit, aufklärerisches Ideengut an den Universitäten des protestantischen Nordens zu studieren, gab es auch einige wenige protestantische Gelehrte, die nach Wien berufen wurden, so z.B. Johann Gottlieb Justi. Er studierte in Wittenberg, Jena und Leipzig und ging 1750 als Kameralist an das Theresianum, trat zum katholischen Glauben über und wurde später sogar Zensor in Wien.[61] Bei Eduard Winter avanciert der Kameralist Justi zu einem Symbol der Südverschiebung der Aufklärung.[62] Und tatsächlich war ein solcher Seitenwechsel höchst ungewöhnlich, denn den Formen höherer Bildung standen die österrei-

---

55 Hammerstein, Aufklärung und Katholisches Reich (1977), S. 24-32.
56 Wolkinger, Moraltheologie und Josephinische Aufklärung (1977), S. 78.
57 Hammerstein (1977), S. 170ff.
58 Ebd., S. 184.
59 Richter, Geistesströmungen, Bd. I: Deutsches Geistesleben in Österreich (1875), S. 314.
60 Ebd., S. 308f.
61 Klingenstein (1970), S. 163; vgl. auch Müller, P. (1937), S. 34.
62 Winter (1966), S. 94.

chischen Herrscher, Maria Theresia ebenso wie Joseph, ablehnend gegenüber. Die Gründe waren allerdings unterschiedlicher Natur: Maria Theresia lehnte sie wegen politisch-ideologischer Gründe, Joseph aus ökonomischen Erwägungen heraus ab.[63] Die Wiener Gelehrten waren schlecht bezahlt, und bei der Übernahme protestantischer Gelehrter aus dem Norden mußte die Wiener Universität die Honorare der Professoren aus Preußen und Sachsen akzeptieren.[64]

Aber selbst in Anbetracht der Zeitverschiebung, mit der aufklärerische Bildungsideale in der Habsburger Monarchie Einzug hielten, und auch in Anbetracht der fortbestehenden Rückständigkeit war der Einfluß der preußischen Aufklärer nicht aufzuhalten. Die Wiener Universität ist im Zuge dieser Entwicklung von paradigmatischer Bedeutung für die Habsburger Monarchie, denn im agrarischen Österreich war die Zahl der Städte - der Brutstätten des Bürgertums - gering, und Wien nahm - neben Prag[65] - als politisches und geistesgeschichtliches Zentrum der Habsburger Monarchie eine führende Rolle ein.[66]

Die Bildungsreform war für die gesellschaftliche Entwicklung der Monarchie von großer Bedeutung. Maria Theresia formulierte: "Das Schulwesen ist und bleibt allezeit ein politicum."[67] Diese Bildungsreformbestrebungen führten zu neuen Methoden eines praktisch-lebensnahen Unterrichts mit dem Ziel, eine sittlich-moralische Lebensführung zu vermitteln. Parallel mit der Bildungsreform war auch den neuen Formen des Aufklärungsjournalismus in Österreich der Weg geöffnet. Erhoffte man sich doch bei aller kritischen Zurückhaltung, daß die populär verfaßten Blätter ihrem Publikum die neuen Inhalte vermitteln würden.[68]

Das Wiedererstarken und die nachfolgende Blüte des Rationalismus und die daraus hervorgehende Neologie in Halle, die Südverschiebung der Aufklärung und der sich entwickelnde Josephinismus in der Habsburger Monarchie schufen die Basis, auf der sich der deutschsprachige Wochenschriftsjournalismus in der zweiten Hälfte des 18. Jahrhunderts entwickelte. Dabei berühren die zutage tretenden Unterschiede zwischen den Wochenschriften, die im Hallenser Raum, und jenen, die in der Habsburger Monarchie erschienen sind, zunächst nicht den

---

63 Kann (1974), S. 194.
64 Hammerstein (1977), S. 185.
65 Dülmen (1967), S. 732f, 774.
66 Müller, P. (1937), S. 28.
67 Walter (1968), S. 259.
68 Dülmen (1967), S. 773.

Grundkonsens dieser Schriften. Ihr einheitliches Ziel bleibt es, im Rahmen ihrer weitgespannten Themenpalette weltliche und religiöse Inhalte miteinander zu verknüpfen, die Verbindung von Vernunft und Offenbarung aufzuzeigen. Dabei wird besonders die Bildungsthematik von allen Moralischen Wochenschriften zwar gleichermaßen betont, jedoch ändert sich die Beurteilung über Sinn und Zweck der Erziehungsziele besonders für das weibliche Publikum. Unterschiede werden auch in der Darstellung religiöser und gesellschaftlich-politischer Themen deutlich: Während das Thema 'Religion' in den Hallenser Blättern von großer Bedeutung ist, nimmt es in den Habsburger Veröffentlichungen nur eine Randstellung ein. Umgekehrt sparen die Hallenser Blätter politische Themen weitgehend aus, wohingegen diese zumindest in einigen der Wiener Moralblätter eine herausragende Bedeutung gewinnen. Grundlage für das florierende Erscheinen der Moralblätter in der Spätphase der Aufklärung und auch für die jeweils spezifische Betonung einzelner Themenbereiche war nicht zuletzt die gesellschaftlich-politische Situation und die daraus entspringende Pressefreiheit bzw. Zensur.

Der Moraljournalismus der Spätaufklärung:
Die Blütezeit der Moralischen Wochenschriften

Die entschärfte Zensur:
Die Pressefreiheit als Wegbereiter

Die Pressefreiheit ist zur Glaubensfrage des 18. Jahrhunderts geworden.[1] Im Umfeld von Aufklärung und Absolutismus gilt die Pressefreiheit als grundlegendes Menschenrecht: Sie sollte den Fluß der Informationen gewährleisten, die zur (Aus-)Bildung der individuellen Vernunft für notwendig erachtet wurden. Gleichzeitig aber wurde die staatliche Zensur nach wie vor als Kontrollinstanz akzeptiert oder sogar für unabdingbar gehalten, um staatsfeindliche Entgleisungen zu verhindern. Die berühmte Äußerung Friedrichs II.: "Die Gazetten, wenn sie interessant seyn solten, müssen nicht geniret werden",[2] prägte lange Zeit fälschlicherweise das Bild von der preußisch-liberalen Zensur.[3] Ohne Frage aber war die Situation in Preußen insofern beruhigter, als die Zensur sich anders als in Österreich nicht hauptsächlich gegen äußere Bedrohungen wenden mußte. Nicht nur in Wien selbst, sondern vor allem in Böhmen richteten sich die scharfen Zensurbestimmungen gegen die protestantische Literatur und damit den Einfluß aus Preußen.[4] In diesem Kontext machte die Wiener Zensurreform die Ausweitung des Moraljournalismus in der Monarchie überhaupt erst möglich, waren doch die Moralblätter zuvor wie auch andere Veröffentlichungen, die aus dem protestantischen Norden in die Habsburger Monarchie gekommen waren, Objekt der jesuitisch geleiteten Zensur. Eine solche zentrale und konstitutive Bedeutung für den Wochenschriftsjournalismus hat die Zensur bzw. deren Liberalisierung in Preußen an keiner Stelle gehabt. Vergleichbar dem Einfluß des Hallenser Rationalismus auf die inhaltliche Prägung der Moralischen Wochenschriften in der Spätphase des Genres übernimmt die entstehende Pressefreiheit in der Habsburger

---

1   Vgl. Schneider, Pressefreiheit und politische Öffentlichkeit (1966), S. 39.
2   Vgl. Preussisches Geheimes Staatsarchiv, Akten R 9 F 2a I, 1740 bis 1787; Syben, Preussische Anekdoten, Berlin 1967, S. 49.
3   Ebd., S. 64f.; Klingenstein (1970), S. 131f.
4   Ebd., S. 131f., 163.

Monarchie eine entscheidende Rolle bei der Ausweitung des Moraljournalismus in den katholischen Erbländern. Die Entwicklung der Habsburger Pressefreiheit wird daher in den folgenden Ausführungen im Mittelpunkt stehen.

Der Wochenschriftsjournalismus stand wie die übrigen periodisch erscheinenden Veröffentlichungen und der Buchdruck unter dem Einfluß der Zensur. Im protestantischen Norden war die Handhabung dieser Kontrollinstanz zum Teil sehr liberal,[5] in den katholischen Ländern dagegen herrschte eine sehr strenge Zensur. Kirchenkritische oder einfach "unkatholische" Schriften waren im katholischen Bayern wie auch in Österreich häufig gänzlich verboten.

Aber unabhängig davon, wie die Zensurpraxis generell ausgeübt wurde, hatten alle Publizisten - wenngleich in variierendem Maße - Einschränkungen durch die Zensur in Kauf zu nehmen. Und auch die Moralblätter, deren Veröffentlichungen durch eine weitgehende politische Zurückhaltung gekennzeichnet waren, waren von der politischen Übersensibilität der Zensoren nicht ausgenommen. Der MENSCH etwa beschreibt die Schwierigkeiten bei der Veröffentlichung satirischer Stücke:

> "Auch ist die deutsche Nation des satyrischen Tadels noch nicht so gewohnt, und uns sind die Schicksale nicht unbekannt, welche einige Wochenschriften theils verdient, theils unverdient empfunden haben. Wir selbst haben zum öfteren erfahren, daß unsere Blätter einer unrechten und gehäßigen Deutung unterworfen worden. Wir müssen, um allem vorzubeugen, was die elende Auslegungskunst etwa schaden könnte, oft die Gedanken unterdrücken und die Ausdrücke sorgfältig überlegen."[6]

In Österreich begann eine erste grundsätzliche Liberalisierung der Zensur unter Maria Theresia, als die Zensurhofkommission unter der Leitung von Gerhard van Swieten eingerichtet wurde.[7] Eine maßgebliche Reform der Zensurbestimmung setzte allerdings erst unter Joseph II. ein. Nachdem dieser die Regierungsgeschäfte ab 1780 allein führte, beeilte er sich, Reformen in verschiedenen zentralen Bereichen zu verfestigen: Es ergingen Erlässe, Patente, Verordnungen für das Kirchenwesen, die Erziehung, Verwaltung und das Rechtssystem. Am 8. Februar 1781 schließlich wurde die Zensurkommission neu besetzt und mit "Grundregeln

---

5   Martens (1968), S. 137; Biedermann, Teil I (1880), S. 124ff.; Kirchner (1958), Teil I, S. 43ff.
6   Der MENSCH, 217. Stück.
7   Martens (1968), S. 137; Zenker, Geschichte der Wiener Journalistik (1892), S. 24f.

zur Bestimmung einer ordentlichen künftigen Bücher-Censur"[8] ausgestattet.[9] In der Tendenz beschrieben die neuen Zensurbestimmungen eine deutliche Distanz zur kirchlichen Oberhoheit, die in ihrem Zensureinfluß beschnitten wurde.[10] Die Zensurreform wurde als Prozeß der Modernisierung gesehen, dabei identifizierte man die Jesuiten mit Begriffen wie "Tradition, Rückständigkeit, Aberglaube, Ultramontanismus, Ketzerverfolgung, Inquisition, Intoleranz, Despotie und dergleichen mehr."[11] Bereits vor Inkrafttreten der Josephinischen Reformen setzten sich die Jesuiten gegen die Beschränkung ihrer Zensurgewalt zur Wehr. So verboten sie die von der "Die Gesellschaft der Unbekannten" ab 1747 herausgegebenen MONATLICHEN AUSZÜGE ALT- UND NEUER GELEHRTER SACHEN. Dieses wissenschaftliche Mitteilungsblatt, in dem hauptsächlich Universitätsnachrichten und Buchbesprechungen abgedruckt wurden, war auch für jesuitische Interessen durchaus harmlos, wurde aber trotzdem von den Ordensleuten unter die Zensur genommen, da diese den Verlust ihrer Universitätsdomäne befürchteten. Ab 1748 wurde das Blatt daher statt in Österreich in Leipzig gedruckt.[12] Dagegen galt Josephs Reformkonzept als modern, fortschrittlich, im Sinne der Zeit als aufgeklärt.[13] Ziel der Josephinischen Zensurreform war es, die Veröffentlichungen in einem säkularen, staatlichen Sinne zu kontrollieren. Von zentraler Bedeutung sind die Punkte zwei und vier der Verordnung. Hier wird die Art der Bücher-

---

8   Das Josephinische Edikt meinte die Freiheit der Druck-Presse und damit natürlich die daraus hervorgehenden Organe, zu denen auch die Moralischen Wochenschriften gehörten. Der Begriff "Pressefreiheit" meint noch nicht die Freiheit für die Zeitungs- und Zeitschriften-Presse.

9   Herrmann (1987), S. 194; Sashegyi (1958), S. 23; Elisabeth Bradler-Rottmann, Die Reformen Kaiser Joseph II. (1973), S. 80.

10   Bereits 1749 wurde den Jesuiten die Jurisdiktion über die Buchdrucker und Buchhändler entzogen, Herrmann (1987), S. 160; Klingenstein (1970), S. 73; vgl. auch Falkner, Die Befugnisse der theologischen Fakultät Innsbruck in der kirchlichen Bücherzensur 1740-1773 (1969), S. 5-9.

11   Winter, Der Josefinismus (1962), S. 72; Kovács, Ein theologischer Zensurprozeß an der Wiener Universität in der zweiten Hälfte des 18. Jahrhunderts (1975), S. 70ff.

12   Winter (1962), S. 32.

13   Unter den Exjesuiten waren auch solche, die rege an der Erstellung volksaufklärerischer Broschüren beteiligt waren, vergleichbar den protestantischen Autoren; dies waren politisch aktive Exjesuiten, die sich im Rahmen des Josephinismus bewegten, Haberzettl, Die Stellung der Exjesuiten in Politik und Kulturleben Österreichs zu Ende des 18. Jahrhunderts (1973); Winter (1962), S. 30; vgl. auch Gnau, Die Zensur unter Joseph II. (1911), S. 7: Die strenge Bücherzensur der Jesuiten bezog sich hauptsächlich auf religiöse, nicht auf politische Schriften; Davis (1974), S. 24.

zensur nach zwei Kategorien unterschieden: Zum einen wird die Zensur für diejenigen Publikationen definiert, die sich an das größere Publikum der "nicht-Gelehrten" wandten. Solche Veröffentlichungen, die "nur vom großen Haufen und von schwachen Seelen gelesen" werden, sollten weiterhin streng kontrolliert werden. Zum anderen sollten in den Büchern für die "Gelehrten" einzelne, den Zensoren durchaus bedenklich erscheinende Stellen bezüglich Politik, Staat, Religion geduldet werden.[14] Besonderes Aufsehen erregte der Punkt drei, der später fast unverändert in das Zensurgesetz übernommen wurde:

> "Kritiken, wenn es nur keine Schmähschriften sind, sie mögen nun treffen, wen sie wollen vom Landesfürsten bis zum untersten, sind nicht zu verbiethen, besonders wenn der Verfasser seinen Namen dazu drucken läßt, und sich also für die Wahrheit der Sache dadurch als Bürge darstellt; für jeden Wahrheit liebenden muß es eine Freude sein, wenn ihm selbe auf diese Art zukommt."[15]

Das Pressegesetz hob die Zensur keineswegs auf, sondern modifizierte sie lediglich, dennoch wurde es als Beginn der Pressefreiheit gefeiert. Dies hing hauptsächlich zusammen mit der Freigabe der Kritikmöglichkeiten: Oskar Sashegyi führt Josephs Motivation bei der Reform der Zensur auf "rationale Freiheitsideen" zurück.[16] In dieser säkularisierten Zensur war die Hauptaufgabe der Zensur nicht mehr "die Reinerhaltung der Religionslehre und die Bekämpfung der Literatur Andersgläubiger, sondern die Wahrung der Staatsinteressen":[17] Joseph er-

---

14 S. auch Gnau (1911), S. 45-49.
15 Zit. nach Bradler-Rottmann (1973), S. 80.
16 Sashegyi bezieht sich auf die drei Grundpfeiler aufklärerischen Gedankengutes - a) rationalistische Vernunft, b) gefühlsbetonte, humanistisch geprägte Motivation und c) moralistische Intentionen, Sashegyi, Zensur und Geistesfreiheit unter Joseph II. (1958), S. 9; bei Hans Magenschab wird Joseph euphorisch als Regent einer neuen Zeit beschrieben; Magenschab, Josef II. Revolutionär von Gottes Gnaden (1979), S. 179: Magenschab feiert Joseph als einen Helden, der den "'Aufbruch' in eine neue Zeit signalisierte. Wien rückte in das Bewußtsein der Literaten, Philosophen und Journalisten - selbst in jenes der preußischen im Norden - es galt als Mittelpunkt der Zeitentwicklung. Goethe schrieb, als er von der Aufhebung der Zensur hörte, begeistert über 'unsere deutsche Hauptstadt Wien'. Aufklärung und Humanismus würden, so hoffte man, durch Joseph den Sieg über Aberglaube und feudales Unrechtssystem davontragen. Herder erklärte Joseph als 'nationales' Idol der jungen Deutschen ... Für Klopstock wurde Joseph ein 'Karl der Große der Wissenschaft', Lessing hoffte auf 'tugendhafte Zeiten', Wieland schwärmte davon, daß sich jetzt alle guten Menschen auf die Seite Josephs stellen müßten ... Schiller läßt den Spiegelberg, den belesenen jüdischen Marodeur in den 'Räubern', seine Gesellen fragen, ob sie schon 'den Josephus gelesen hätten.'", zit. nach ebd.
17 Sashegyi (1958), S. 17.

kannte, daß die Liberalisierung der Zensur gleichzeitig als Mittel zur öffentlichen Meinungsbildung genutzt werden konnte.[18]

Mit den Ergebnissen der von ihm lancierten "Preßfreiheit" allerdings war Joseph unzufrieden. Am 1.7.1789 erließ er eine sogenannte "Stempelgebühr", die auf alle Zeitungen und Broschüren erhoben wurde, mit dem Erlös sollte eine Lehrerbildungsanstalt finanziert werden.[19] Die "Stempelgebühr" war in seinen Augen

> " ... das wirksamste Mittel ... die Sudler, die schon seit der bestehenden Preßfreiheit, so viel Unsinn und wenigstens soviel abgeschmacktes Zeug zur Schande der sogenannten aufkeimenden Nationalliteratur und Aufklärung hervorgebracht haben, künftig zu mäßigen und auch künftig der gleichen Schrifteinführung hintanzuhalten."[20]

Diese Worte verdeutlichen die Unzufriedenheit des Kaisers, der durch eine "anspruchsvolle" Literatur das Volk in seinem Sinne gebildet und erzogen sehen wollte. Als Ergebnis der liberalisierten Zensur bildete sich aber gegen seinen Einfluß eine eigenständige öffentliche Meinung heraus, die sich nicht in die von ihm gewünschte Richtung entwickelte. Er fürchtete wohl auch, diese Entwicklung könne aus dem Ruder laufen, zu einer Revolution nach französischem Vorbild führen und auf diesem Wege die Habsburger Monarchie bedrohen. Diese Entwicklung von der Pressefreiheit hin zu ihrer teilweisen Rücknahme beschreibt Denis Silagi:

> "Als sich gegen Ende des josephinischen Jahrzehnts auch die Gegner des Herrschers ausgiebiger der Presse zu bedienen begannen, zog Joseph nach und nach den Leitgedanken seiner Zensurverordnung von 1781 zurück. Nicht erst unter der Einwirkung des Bastille-Sturmes und der folgenden revolutionären Entwicklung in Frankreich, sondern schon am 11. Mai 1789 verfügte Joseph II. die "Stempelpflicht", eine Taxe von einem halben Kreuzer je Exemplar für die Zeitungen, Zeitschriften und Hefte, um sie einer Kontrolle zu unterwerfen, zu verteuern und möglichst auch zu unterdrücken. In der Tat folgte der Einführung des "Zeitungsstempels ein Absterben von periodischen Druckerzeugnissen. Einen Monat vor seinem Tode ließ Joseph die Freiheit des Buchhandels beschränken und zugleich die Vorzensur wieder in vollem Umfang aufleben, weil, wie es in der Begründung heiß, die Freiheit, erst die fertigen Druckschriften und nicht schon die Manuskripte der Behörde vorzulegen, stark mißbraucht worden sei."[21]

---

18 Gnau (1910), S. 45.
19 Bradler-Rottmann, S. 84.
20 Zit. nach ebd.
21 Silagi, Jakobiner in der Habsburger-Monarchie (1962), S. 29.

Die Entwicklung der Publizistik in Österreich hatte durch die Liberalisierung der Pressezensur zunächst einen Aufschwung der Broschürenliteratur und im Anschluß daran der Zeitschriften mit sich gebracht.[22] Nachdem der Kaiser von Versailles aus die bischöfliche Zensurgewalt am 30. Juli 1781 außer Kraft gesetzt hatte, folgte der neu gewonnenen Pressefreiheit eine Flut von Broschüren: 1783 wurden von Meusel im "Gelehrten Deutschland" 435 Schriftsteller in Wien und 28 in Graz gezählt. Blumauer zählte in Wien von April 1782 bis September 1783 1142 Broschüren und rechnete aus, daß von den Lesern für die Zehn-Kreuzer-Broschüren 39.000 fl. ausgegeben wurden. Monatlich erschienen 50 bis 60 solcher Veröffentlichungen, jede kostete etwa 7 bis 10 Kreuzer. Die von Schilling anonym herausgegebene Broschüre "Über die Begräbnisse", die sich gegen das Josephinische Beerdigungspatent wandte, rief allein 21 Gegenschriften hervor; als Johann Rautenstrauch 1781 "Über die Stubenmädchen in Wien" schrieb, riefen seine Ausführungen 25 weitere Schriften hervor. Diese Broschürenflut schien dem Kaiser zunehmend unkontrollierbar, daher versuchte die Regierung schon bald, die Broschürenmenge einzudämmen. 1784 schrieb Joseph II. daher den Bücherzensoren vor, "unnütze, mit Unsinn angefüllte Broschüren, die gegen die guten Sitten sind oder Schmähungen gegen die Geistlichkeit enthalten", nicht zum Druck zuzulassen.[23]

Die liberale Handhabung der Zensur, die in der Reform von 1781 ihren Höhepunkt fand, war Voraussetzung dafür, daß sich das Wochenschriftgenre in den späten 60er und 70er Jahren in Österreich überhaupt herausbilden konnte. Was aber nicht hieß, daß die Moralblätter von der Zensur unberührt blieben. Der WELTMANN wendet sich in seinem Vorwort beschwichtigend an seinen Verleger bzw. an mögliche Zensoren, sicherlich mit der Absicht, diese milde zu stimmen:

> "An den Verleger
> Mein Herr!
> Daß schreiben, und schreiben können, von so manchem für ein Ding ist angesehen worden, und daß daraus schlechte Schriften zahlreich und unbrauchbar, wie wilde Schwämme hervorwachsen, ist sehr natürliche Folge der Preßfreiheit: ich möchte nicht sagen schlimme Folge: denn sehn sie mein Herr, alles wird dadurch berührt und gerüttelt: auch Thoren können dem Weisen neue Spuren entdecken, seine Aufmerksamkeit auf Dinge erregen, an die dieser nicht dachte: außerdem, daß doch, wie Ihr Handlungsbuch zeu-

---

22 Herrmann (1987), S. 196.
23 Tomek, Kirchengeschichte Österreichs (1959), S. 371.

gen wird, jeder schlechte Schriftsteller seine mitsympathisierenden Leser findet, und dadurch immer des Lesens und Denkens mehr wird, ohne dem, wie Freund Bürger sagt, der gleicht "dem Oechs- und Eselein im Stalle".["][24]

Die Moralischen Wochenschriften profitierten in bemerkenswerter Weise von den freiheitlichen Zensurbestimmungen. Besonders aber die Schriften Joseph von Sonnenfels' wären ohne die liberale Handhabung der Zensur durch die Zensur-kommission nicht denkbar gewesen.

> "Die Reinigkeit meiner Absicht und daß ich für die Rechte des Thrones und der bürgerlichen Gesellschaft mit Wärme, aber auch mit nicht widerlegten Gründen das Wort führte, würde mich vor dem Untergange nicht geschützt haben, hätte nicht ... Freyherr von Swieten ... aus meiner Sache gleichsam die eigene Sache der Censur gemacht, unter deren Genehmigung die Sätze und Schriften, worin ich die gefährlichen Meynungen über das Volk brachte, erschienen."[25]

Zwar waren die gesellschaftskritischen Äußerungen in seinem VERTRAUTEN mit einem Veröffentlichungsverbot quittiert worden, aber im MANN OHNE VORUR-THEIL durfte Sonnenfels seine Kritik an den sozialen und politischen Zuständen wieder veröffentlichen, die in ihrer Schärfe auch in den protestantischen Ländern keinen Vergleich fand.[26]

Die Moralblätter nach der Jahrhundertmitte:
Magazine in protestantischen und katholischen Regionen

In der Spätphase des Wochenschriftsjournalismus, also nach 1740, sind die Wochenblätter als Genre etabliert, gehören zum alltäglichen Bild der Medienlandschaft der Aufklärungszeit und zur üblichen Magazinlektüre bildungsbürgerlicher Haushalte: Es ist die Blütezeit des Moraljournalismus, dessen Verlagsorte im Norden vorrangig im sächsisch-thüringischen Raum liegen. Neben Leipzig sind es vor allem die Städte Halle, Magdeburg und Dresden, in denen Moralische Wochenschriften herausgegeben werden. Im katholischen Süden sind die Hauptpublikationsorte Wien und Prag.[27] Exemplarisch für diesen Zeitraum und dessen

24 Der WELTMANN, Vorwort.
25 Sonnenfels, Gesammelte Schriften, Hg. Baumeister (1783-1785), Bd. 1, Vorrede.
26 Richter, Die Wiener literarischen Zeitschriften der theresianisch-josephinischen Epoche (1875), S. 264-289; Nagl/Zeidler, Deutsch-Österreichische Literaturgeschichte, Bd. II, (1914), S. 285ff.
27 Der Verlag der gedruckten Presse war zwar nicht ausschließlich, aber doch weitgehend ein

Verlagsorte liegen der nachfolgenden Untersuchung Moralische Wochenschriften zweier religiös, politisch und geographisch unterschiedlich geprägter Regionen zugrunde.

Die Hallenser Moralischen Wochenschriften:
Die späten Magazine im protestantischen Norden

Beispielhaft für die protestantischen Schriften aus dem Norden werden vier Moralblätter untersucht: In Halle erscheinen 1748 bis 1750 der GESELLIGE, 1751-1756 der MENSCH und von 1763 bis 1768 der GLÜCKSELIGE, in Magdeburg wird in den Jahren 1763 bis 1768 der GREIS von Johann Samuel Patzke[28] herausgegeben.

Der GESELLIGE, der MENSCH und der GLÜCKSELIGE wurden von Georg Friedrich Meier und Samuel Gotthold Lange[29] veröffentlicht. Unabhängig vom Erschei-

---

urbanes Phänomen, s. dazu "Die regionale Verteilung: Die Südverschiebung des Moraljournalismus", S. 54ff; vgl. auch Koszyk (1987), S. 29-36.

28 Eine kurze Personenskizzierung zu den jeweiligen Autoren der einzelnen Wochenschriften soll zu ihrer Einführung ausreichen, da in dieser Arbeit eine autorenzentrierte Analyse der Moralblätter nicht beabsichtigt ist.
Johann Samuel Patzke (1727-1787) studierte Theologie in Frankfurt und Halle und war seit 1762 Prediger in Magdeburg. Während seines Studiums hatte er sich einen Teil seines Unterhalts als Verfasser von Gedichten verdient, erst in seiner Magdeburger Zeit jedoch begann er seine schriftstellerische Tätigkeit auszuweiten. Hier verfaßte er den GREIS und führte damit den Moraljournalismus in Magdeburg ein: "Noch nie zuvor war in Magdeburg ein Mittel dieser Art gebraucht worden, um Kenntnisse und edle Gesinnung unter das Volk zu bringen" (Hoche, ADB, Bd. 25, S. 239). Später kamen weitere wöchentliche Veröffentlichungen hinzu, die dem Unterhaltungstrend der Zeit folgten: Der WOHLTHÄTER (1772-73) und WÖCHENTLICHE UNTERHALTUNGEN (1777-79). Aufklärerische Erziehung verfolgte er auch mit seinen geistlichen Dramen (z.B. "David's Sieg im Eichthal", 1776, oder "Saul, oder die Gewalt der Musik", 1777), ebd., S. 238-40.

29 Samuel Gotthold Lange (1711-1781) studierte ebenfalls Theologie, Philosophie und Naturwissenschaften in Halle und war seit 1737 Pastor in Laublingen bei Halle. Sein besonderes Engagement galt dem Erhalt der deutschen Sprache: Bereits während seiner Studienzeit gründete er eine 'Gesellschaft für deutsche Sprache, Poesie und Beredsamkeit'. Er wandte sich gegen Gelegenheitsdichter und insbesondere gegen 'gedankenlose Reimer': In seinen "Horazischen Oden", zu denen Georg Friedrich Meier ein Vorwort verfaßt hat, schreibt er von der "Entbehrlichkeit, ja Schädlichkeit der Reime" (Pünjer, ADB, Bd. 21, S. 197); darüber hinaus stammen von Lange das Scherzgedicht "Der Komet" (1769) und einige Satiren, ebd., S. 651-53.
Auch Georg Friedrich Meier (1718-1777) studierte Theologie und Philosophie in Halle. Von den Herausgebern der hier bearbeiteten Moralblätter war Meier der vielseitigste: Als Anhänger der Wolffschen Lehre formulierte er einerseits zahlreiche philosophische und theologische Abhandlungen, verfaßte aber gleichzeitig auch Schriften, die seine theoretischen Erwägungen moralisch-didaktisch vermittelten: "Auch durch die Form seiner Schriften war Meier

nungsort hat die Stadt Halle für alle vier Moralblätter eine zentrale Bedeutung: Halle, für alle Herausgeber Ort ihrer hauptsächlich theologischen Studien, war gleichzeitig Zentrum des Pietismus unter August Hermann Francke und später Zentrum des Rationalismus unter Christian Wolff. Gerade diese Verknüpfung von pietistischer Religiosität und neu hinzukommender Rationalität ist kennzeichnend für die hier untersuchten Moralblätter.

Der GESELLIGE, der MENSCH und der GLÜCKSELIGE stammen aus derselben Herausgeberwerkstatt. Der Wechsel der Titel ist Resultat einer beinahe obligatorischen Kurzlebigkeit Moralischer Wochenschriften. Die Einstellung eines Blattes und die kurz darauf folgende Kreierung eines Nachfolgemagazins war eine Methode, die unter Wochenschriftsverfassern beliebt war, galt doch ein nicht-enden-wollendes Moralblatt als unschicklich.[30] Der GESELLIGE schreibt in seiner Vorrede zu Band II:

> "Niemand darf besorgen, daß wir diese Arbeit gar zu lange fortsetzen, und
> endlich darüber ins Ekelhafte fallen möchten, wenn wir durch gar zu viele
> Jahre die Geselligkeit predigen. Wir wissen es selbst, daß es endlich zu alt
> und folglich zu überdrüßig werden würde, wenn wir noch gar zu lange un-
> sern angenommenen Charakter fortsetzen wollten ... "

Konsequenterweise stellen die Herausgeber die Publikation des GESELLIGEN in angemessener Zeit ein, kündigen aber gleichzeitig eine Fortsetzung ihres Wochenschriftsjournalismus an:

> "Wir legen nun die Feder und den Namen des Geselligen nieder. Die Feder
> aber werden wir unter einem anderen Namen bald wieder ergreifen."[31]

Es folgten der MENSCH, das REICH DER NATUR UND DER SITTEN (1757-58) und schließlich der GLÜCKSELIGE. Sowohl bei der Publikation des ersteren als auch des letzteren Blattes brechen die Herausgeber mit dieser Tradition der Kurzlebigkeit: Erst in den 50er und 60er Jahren erscheinen Moralische Wochenschriften, die sich länger als drei Jahre auf dem Markt halten können, aber sie bleiben - wie der

---

den Aufklärern verwandt. Er schrieb populär, verständlich für ein allgemeines Publikum,
welches keine philosophischen Vorkenntnisse ihm entgegenbrachte" (Mund, ADB, Bd. 21,
S. 193). Darüber hinaus betätigte er sich auch literarisch und schrieb schöngeistige, betont
ästhetische Zeitschriftenbeiträge, z.B. in den GREIFSWALDER KRITISCHEN VERSUCHEN und
den HALLESCHEN INTELLIGENZBLÄTTERN, ebd., S. 193-97.
30 Vgl. Martens (1968), S. 118.
31 Der GESELLIGE, Vorrede, Bd. III.

MENSCH und der GLÜCKSELIGE, die beide über einen Zeitraum von 5 Jahren erscheinen[32] - eine Seltenheit.[33] Zeitliche Kontinuität unter gleicher Herausgeberschaft war jedoch kein Garant dafür, daß alle Stücke von den Herausgebern oder auch nur von denselben Mitarbeitern verfaßt wurden: Getreu dem Prinzip der anonymen Verfasserschaft, die charakteristisch für den Moraljournalismus ist,[34] bleibt weitgehend unbekannt, welche weiteren Autoren mitgewirkt haben, und somit natürlich auch, welche Stücke auf welchen Urheber zurückzuführen sind. Immerhin weist Wolfgang Martens darauf hin, daß etwa der preußische Generalmajor von Stille Stücke für den GESELLIGEN geschrieben habe.[35] Die Tatsache, daß verschiedene Blätter vom selben Herausgeber publiziert wurden, führt also nicht notwendig zu einer inhaltlichen Übereinstimmung: Das REICH DER NATUR UND DER SITTEN etwa fällt durch seine naturwissenschaftliche Orientierung in eine deutlich andere Rubrik moralischer Unterhaltung[36] und ist aus diesem Grunde aus der vorliegenden Untersuchung ausgeklammert worden; auch der in den 60er Jahren erscheinende GLÜCKSELIGE nimmt eine Sonderstellung ein, weil er über weite Strecken einen deutlich ernsteren Ton anschlägt als die beiden anderen Moralblätter der Herausgeber. Einen für diese Dekade des Jahrhunderts typischen Moraljournalismus bietet der GREIS. Dieses Blatt ist eine der letzten "echten"[37] protestantischen Wochenschriften, in denen die Hallenser Traditionen pietistischen und rationalistischen Denkens mit dem Unterhaltungsanspruch der Moralblätter verknüpft werden. Bis in die 80er Jahre setzt sich die Tradition des Wochenschriftsjournalismus dann vor allem in der Habsburger Monarchie fort.

---

32 Auch der GREIS wird zu einem erfolgreichen 'Dauerbrenner' und erscheint ebenfalls über einen Zeitraum von 5 Jahren.

33 Vgl. auch Martens (1968), S. 118.

34 S. hierzu "Der anonyme und vertrauliche Autor: Der erlaubte Blick in die Privatsphäre", S. 116ff.

35 Martens (1968), S. 130.

36 Wolfgang Martens ordnet diese Wochenschrift daher in die Rubrik "Deutschsprachige Wochenschriften, die den Typus der Moralischen Wochenschriften nicht vollkommen repräsentieren (Moralische Wochenschriften im weiteren Sinne)" ein, Martens (1968), S. 549.

37 Ebd., S. 547.

Der Gesellige,

eine
moralische Wochenschrift.

Erster Theil.

HALLE,
Druck und Verlag Joh. Justinus Gebauers. 1748.

Titelblatt, Standort: Universitäts- und Stadtbibliothek Köln.

Titelblatt, Standort: Bayerische Staatsbibliothek München.

Der
Glückselige,
eine
moralische Wochenschrift.

Erster Theil.

HALLE,
bey Johann Justinus Gebauer. 1763.

Titelblatt, Standort: Bayerische Staatsbibliothek München.

Der
Greis.

Erster Theil.

Mit Röm. Kaiserl. und Churfl.Sächs. privilegio.

Leipzig,
bey Friedrich Gotthold Jacobäern, 1767.

Titelblatt, Standort: Stanford University Libraries, Stanford, USA.

Die Wiener Moralischen Wochenschriften:
Die Verlagerung in die Habsburger Monarchie

Das Erscheinen Moralischer Wochenblätter in Wien und Prag war kein Neuanfang des Moraljournalismus, sondern eine aufgrund der politischen Entwicklungen verspätete Übernahme dieses Mediengenres in den Habsburger Ländern.[38] Tatsächlich war der Einfluß des Protestantismus nicht nur in der geistesgeschichtlichen Entwicklung zu sehen,[39] sondern schon an der Infrastruktur im Druck- und Buchgewerbe Wiens. Wenngleich wichtige Verlagshäuser wie Kaliwoda, Kurzbröck, Gräffer und Trattner in katholischer Hand waren, hatten die Protestanten schon unter Maria Theresia einen nennenswerten Anteil am Buchhandel in Wien.[40] Erst mit den Veröffentlichungen der Moralischen Wochenschriften begann sich gleichzeitig auch der Journalismus als solcher in der Habsburger Monarchie zu etablieren. Noch in den fünfziger Jahren fehlten die Flugschriften, Broschüren und Magazine, die später den Josephinischen Medienmarkt kennzeichnen sollten, fast gänzlich. Deshalb lassen sich auch keine Standards oder Kriterien benennen, die es ermöglichten, die hier untersuchten Moralischen Wochenschriften mit Habsburger Vorläuferpublikationen zu vergleichen.[41]

Robert A. Kann vertritt daher auch die Position, daß Joseph von Sonnenfels[42]

---

38 Siehe "Von der Hallenser Aufklärung zum Josephinismus: Der geistesgeschichtliche Hintergrund", S. 59ff.
39 Siehe ebd.
40 Herrmann (1987), S. 162; auch der Herausgeber des ÖSTERREICHISCHEN PATRIOTEN (1764-65), Klemm, war ein aus Sachsen eingewanderter Protestant, der bei dem Wiener Aufklärungs-Verleger Trattner untergekommen war, Winter (1966), S. 148.
41 Klingenstein (1970), S. 93; Kann (1962), S. 199.
42 Joseph von Sonnenfels (1732/3 - 25.4. 1817) gilt als der wichtigste österreichische Theoretiker und Propagandist des aufgeklärten Absolutismus Habsburger Prägung, Karniel, Josef von Sonnenfels (1978), S. 111ff.; Lentze, Joseph von Sonnenfels (1972), S. 297ff. Von seiner Ausbildung her Nationalökonom und Jurist, war Sonnenfels ein Vertreter des Josephinismus. In der Literatur wird die Figur des Habsburger Aufklärers jedoch zu einer zwiespältigen Gestalt. Besonders die Autoren des 19. Jahrhunderts betonen überschwenglich-lobend die Funktion Sonnenfels' als eines 'Vorliberalen' und stilisieren ihn darüber hinaus in der für das 19. Jahrhundert typischen Weise zu einem vaterländischen Helden, Brunner, Mysterien der Aufklärung in Österreich 1770-1800 (1869); Kopetzky, Josef und Franz von Sonnenfels (1882); Müller, Josef von Sonnenfels (1882); in der neueren Literatur hingegen hat sich eine ausgewogenere Interpretation durchgesetzt, die in Sonnenfels den Promotor einer konstitutionellen Monarchie und nicht einen "Frühdemokraten" erkennt, neben Karniel und Lentze (s.o.) auch Osterloh, Joseph von Sonnenfels und die österreichische Reformbewegung im Zeitalter des aufgeklärten Absolutismus (1970); Reinalter, Joseph von Sonnenfels und die

mit seinem Beitrag zum Habsburger Wochenschriftsjournalismus[43] nicht nur den eigentlichen Auftakt zum Wochenschriftsjournalismus, sondern zum Habsburger Journalismus generell gemacht hat. Der MANN OHNE VORURTHEIL (1765-67) war ohne Frage das erste Wiener Moralblatt von Bedeutung. Die Wochenschrift prägte einen eigenständigen Stil, indem sie wie kein anderes Moralblatt protestantischen oder katholischen Ursprungs politische Themen in den Mittelpunkt rückte. In seinem Moralblatt setzt sich Sonnenfels etwa in scharfer Kritik mit dem Adel auseinander oder fordert die Freiheit der persönlichen Selbstbestimmung, indem er sich für die Abschaffung der Leibeigenschaft ausspricht.[44] Damit wurde das Blatt schließlich auch zur bedeutendsten periodischen Moralveröffentlichung der Habsburger Monarchie. Die Kurzlebigkeit der Moralblätter galt allerdings für die Habsburger Wochenschriften noch ausgeprägter als zuvor für die Hallenser Blätter. Der MANN OHNE VORURTHEIL war das einzige österreichische Journal, das sich über mehrere Jahrgänge halten konnte.[45] Schon das von Sonnenfels herausgegebene Nachfolgeblatt THERESIE UND ELEONORE (1767), ein Magazin für die gebildete und künstlerisch orientierte Frau, überlebte das erste Jahr nicht. In den siebziger Jahren publizierte der Geschichtsschreiber Anton Ferdinand Geisau den HUNGRIGEN GELEHRTEN (1774-75).[46] Ähnlich dem GLÜCKSELIGEN wählt dieses

---

Französische Revolution (1978). Neben den hier untersuchten Moralischen Wochenschriften hat Sonnenfels seine politischen Positionen in den üblichen theoretisch-gelehrten Abhandlungen publiziert, Handbuch der inneren Staatsverwaltung (1798), Grundsätze aus der Polizeihandlungs- und Finanzwissenschaft (1810).

43 Zuvor waren in der Habsburger Monarchie lediglich vier nennenswerte Moralblätter erschienen: 1749 Der TEUTSCHE SPECTATEUR (Autor: Anonymus), 1762 die WELT (Autoren: Klemm und Herrl), 1764 der ÖSTERREICHISCHE PATRIOT (Autoren: neben Klemm, Burckard, Denis, Mastalier, Wurz, Bob, Herrl, Heufeld, Hohenward, Uhlich, Roschmann, Regelsberg) und im gleichen Jahr Sonnenfels' Vorläuferblatt zum MANN OHNE VORURTHEIL - der VERTRAUTE.

44 S. hierzu auch Richter, Geistesströmungen, Bd. II: Aus dem Zeitalter der Aufklärung (1875), S. 273; in Anlehnung an seine politischen Äußerungen in der MANN OHNE VORURTHEIL publiziert Sonnenfels 1781 den MANN OHNE VORURTHEIL IN DER NEUEN REGIERUNG. Diese Veröffentlichung ist allerdings keine Fortsetzung des Wochenblattes, sondern eine Abhandlung, die aus moderner Perspektive als Essaysammlung charakterisiert werden könnte.

45 Vgl. Kann (1962), S. 198.

46 Aus dem Lebenslauf des Anton Ferdinand Edler von Geisau (19. 12. 1746 - 25. 8. 1809) läßt sich leicht vermuten, daß er - wie auch viele protestantische Wochenschriftsautoren - dem Wochenschriftsjournalismus aus rein ökonomischer Not nachgegangen ist, neben dem HUNGRIGEN GELEHRTEN sind keine anderen Moralblätter unter seiner Herausgeberschaft nachgewiesen. Seine eigentlichen Ambitionen lagen in der Erarbeitung historischer Abhand-

Blatt einen ernsteren Ton und und hebt besonders Themen hervor, die sich näher als die übrigen Habsburger Blätter mit dem Katholizismus beschäftigen bzw. von ihm geprägt sind. Schließlich erscheint 1782, als sich auch in der Habsburger Monarchie der Wochenschriftsjournalismus seinem Ende zuneigt, wieder ein weltlich orientiertes Blatt - der WELTMANN. In seinem Untertitel verdeutlicht der Herausgeber, der unter dem Pseudonym Otto Heinrich Freiherr von Gemmingen[47] publiziert, die Zielgruppe seines Blattes: Der WELTMANN ist "eine Wochenschrift besonders für vornehme Leser". Neben Wien war Prag eine zweite Hochburg des Habsburger Wochenschriftsjournalismus. Wenngleich die hier erschienenen Blätter nicht Schwerpunkt der Untersuchung sind, werden die Prager Wochenschriften als vergleichende und unterstreichende Anhaltspunkte mit in die Untersuchung einfließen: Eines der wichtigsten Prager Moralblätter ist das Journal MEINE EINSAMKEITEN (1771-72), herausgegeben von Freiherr von Kepner.[48] Daneben waren von besonderer Bedeutung die SICHTBARE (1770-71) und die UNSICHTBARE (1771-72), beide herausgegeben von Johann Josef Nunn.[49] Vollständigkeit für die gesamte Zeitspanne bzw. für die vorrangigen Veröffentlichungsregionen der Spätphase beansprucht diese Auswahl der Wochenschriften nicht, allerdings bieten die Moralblätter einen repräsentativen Überblick und sind daher mehr als bloße Beispiele: Die Zusammenstellung dieser Moralblätter ver-

---

lungen, die aber seinen Lebensunterhalt nicht sichern konnten, Historisches Tagebuch des durchlauchten Erzhauses Österreich (1781), Die Reformation zu Ende des 18. Jahrhunderts (1781), Geschichte der kaiserlich-königlichen Haupt- und Residenzstadt Wien (1789-92), Biographisches Lexikon des Kaiserthums Oesterreich (1859), S. 127f.

47 Otto Heinrich Freiherr von Gemmingen (8. November 1738 - 15. 3. 1836), ursprünglich Staatsdiener in der kurpfälzischen Regierung in Mannheim. 1782 siedelte er nach Wien über, wo er neben dem WELTMANN das MAGAZIN FÜR WISSENSCHAFT UND LITERATUR (1784-85) sowie den WIENER EPHEMERIDEN (1786) herausgab. Der Wochenschriftsjournalismus war auch für diesen Herausgeber nur eine vorübergehende Episode, er trat im Anschluß an diese Autorentätigkeit in den österreichischen Staatsdienst ein, Brümmer, Deutsches Dichterlexikon, Bd. 1 (1876), S. 303.

48 Freiherr Friedrich von Kepner (24. Oktober 1742-1820) war seit 1769 als Sekretär in Innsbruck, Prag und Wien tätig. In den biographischen Schriften bleibt die von ihm verfaßte Moralische Wochenschrift MEINE EINSAMKEITEN unerwähnt, statt dessen findet er Erwähnung als Autor verschiedener Dramen, Jöcher, Allgemeines Gelehrten Lexicon, Bd. 7 (1897), S. 55.

49 Johann Josef Nunn wurde am 22. 7. 1744 in Erfurt geboren. Nach der Erziehung an einem Jesuitengymnasium ging er 1770 nach Prag, wo er neben den Moralischen Wochenschriften auch Lustspiele herausgab. Er galt als Schüler von Joseph von Sonnenfels, Wurzbach, Biographisches Lexikon des Kaiserthums Oesterreich, 20. Theil (1869), S. 435.

deutlicht die spezifische Entwicklung des Genres. In weiten Teilen ihres Erscheinungsbildes bieten die Wochenschriften der Spätphase ein homogenes Bild. Da, wo sich inhaltliche und strukturelle Entwicklungen und Verschiebungen im Wochenschriftsjournalismus zeigen, vollziehen sich diese grundsätzlich in zwei Phasen: zum einen in chronologischer Perspektive zwischen den Blättern der Früh- und denen der Spätphase, zum anderen zwischen den Veröffentlichungen einzelner Herausgeber in politisch und religiös unterschiedlich geprägten Verlagsorten der Spätphase, also zwischen den Blättern der Hallenser Einflußsphäre und denjenigen der Habsburger Monarchie. Auf der einen Seite veranschaulicht die Auswahl daher, daß die Moralischen Wochenschriften einer Zeiteinheit, hier der Spätphase, inhaltlich und strukturell weitgehend die gleichen Zielsetzungen verfolgen. Auf der anderen Seite zeigt die Auswahl der Blätter die punktuell auftretenden Unterschiede zwischen den protestantischen und den katholischen Veröffentlichungen, die besonders in den Themenbereichen 'Religion', 'Politik' und 'Bildung', - festgemacht an der Darstellung des Frauenbildungskonzeptes - zum Tragen kommen. Die Auswahl der Moralblätter veranschaulicht treffend das Bild des Wochenschriftsjournalismus in ihrem Veröffentlichungszeitraum. Es geht daher ebenso darum, die Anschauungen der Wochenschriften vergleichend und kontrastierend gegenüberzustellen, wie auch darum das Anschauungsmaterial der einzelnen Blätter da, wo sie eine gleiche Zielsetzung zum Ausdruck bringen, ergänzend darzustellen. Daher werden die Moralischen Wochenschriften zwar grundsätzlich als zusammengehörige Gruppe betrachtet, deren einzelne Elemente aber besonders in den drei genannten Themenbereichen, geprägt von dem jeweiligen geistesgeschichtlichen Hintergrund, inhaltlich auseinandergehende Perspektiven aufweisen.

Ex libr. P. Eduardi Joh.

Der Mann

Biblioth. ohne *Löwenburg.*

Schol **Vorurtheil.** *Piar. 822*

Ru Sonnenfels (f. 3. 4.)

Wie ein gefärbtes Glas, wodurch die Sonne ftralt,
Des Auges Urtheil täufcht, und fich in allem malt,
So thut das Vorurtheil, es zeigt uns alle Sachen,
Nicht, wie fie felber find, nur fo, wie wir fie machen.

Haller.

WIEN,
verlegt bey Joh. Thomas Edlen von Trattnern,
kaiferl. königl. Hofbuchdruckern und Buchhändlern.

I 568681-B.

Theresie

und

Eleonore,

eine Wochenschrift

von

J. v. Sonnenfels.

Zweyte und verbesserte Auflage.

Nebst einem Anhange.

Leipzig,

bey Christian Gottlob Hilschern, 1769.

Titelblatt, Standort: Österreichische Nationalbibliothek Wien.

Der
hungrige
Gelehrte.

Eine Wochenschrift

Erster Band.

14396-A.

AUDAX et PROVIDUS.

Wien,
in der von Ghelnischen Buchhandlung,

1774

Titelblatt, Standort: Österreichische Nationalbibliothek Wien.

Der
Weltmann.

Eine

Wochenschrift

besonders

für vornehme Leser.

Herausgegeben

von

O. H. Edlen von Hofenheim.

Wien,
im von Trattnerischen Lesekabinet.

1782.

Titelblatt, Standort: Wiener Stadt- und Landesbibliothek.

Die neue Farbe des Wochenschriftsjournalismus:
Zwischen Ernsthaftigkeit und Unterhaltung

Die Wochenschriften in der Spätphase des Moraljournalismus hatten es schwer, die lebendige Kreativität ihrer berühmten Vorgänger der 20er und 30er Jahre zu übertreffen. Moraljournalismus in der Blütezeit des Genres war im protestantischen Norden eher ein gediegenes Alltagsgeschäft - seriöse Konsolidierung von Werten und Ideen stand auf ihrem Programm, nicht gewagte Innovation. Und auch in der katholischen Habsburger Monarchie, wo das Aufkommen des Moraljournalismus an sich schon als innovative Entwicklung zu bewerten ist, stützen sich die Autoren und Herausgeber auf die altvertrauten Muster. Dennoch sind die Moralischen Wochenschriften, die in der zweiten Jahrhunderthälfte, in den 50er bis 80er Jahren, in Halle, Wien und Prag erschienen sind, keine überarbeiteten Fortsetzungen, keine aktualisierten Kopien ihrer Vorläufer. Sie verbinden vielmehr tradierte Zielsetzungen mit neuaufkommenden Einflüssen und Entwicklungen und setzen so neue Akzente in der Wochenschriftspublizistik.

In der Philosophie gewinnt die Reformarbeit Christian Wolffs ab 1740 erneut an Einfluß. Der gleichzeitig erstarkende Rationalismus setzt auch neue theologische Akzente: Im Pietismus tritt eine vernunftbetonte Religiosität in den Vordergrund, während die mystische, gefühlszentrierte Glaubenserfahrung an Bedeutung verliert. Im Zusammenhang damit schafft in der Habsburger Monarchie der seit der Regierungszeit Maria Theresias aufkommende Reformkurs, der später im Josephinismus gipfelt, auch die Grundlagen für die Liberalisierung der Pressefreiheit und neue Entwicklungen im Druckgewerbe, die den Moraljournalismus in Wien und Prag überhaupt erst möglich machen. Inhaltlich werden diese Neuerungen zu einer Synthese tugendhaft-vernünftiger Weltzugewandtheit und nützlich-vernünftiger Religiosität verbunden, die der Leserschaft - verständlich und überzeugend verpackt - als Grundlage geltender bzw. anzustrebender Verhaltensnormen präsentiert werden. Das Publikum der Moralischen Wochenschriften, das so angeleitet seinen Alltagsgeschäften mit Verstand, Einsicht und Einfühlung nachgehen soll, darf und muß eigen- und sozialverantwortlich denken, fühlen und handeln. Vernünftige Verantwortlichkeit ist dann Grundlage für die durch Pietismus, Aufklärungsphilosophie und katholische Sozialnormen hervorgehobene Individualität des einzelnen, die in der Spätphase der Wochenschriftspublizistik eine besondere Betonung findet.

Individualität, das heißt für die Wochenschriftsautoren Verantwortung und einsichtige Pflichterfüllung, das heißt aber auch Recht auf persönliche Glückseligkeit, Recht auf Freude. Für den Unterhaltungsstil der Moralischen Wochenschriften sind Vernunft und Individualität der Leser notwendige Voraussetzung, denn den Wochenblättern lag es zu jeder Zeit daran, ihr Tugendideal in unterhaltender Form an ein verständiges Publikum zu verkaufen. Diese Zielsetzung des Wochenschriftsjournalismus wird nicht zuletzt auch durch die in der zweiten Hälfte des 18. Jahrhunderts zunehmende Bedeutung der Unterhaltungsliteratur unterstützt.[50]

In den Moralischen Wochenschriften der Spätphase wird erstmals auch der Zusammenhang von Journalismus, Unterhaltung und geschäftlichen Interessen betont. In den Wochenschriftspublikationen liegen auch die Anfänge des journalistischen Verkaufsmarketings. Selbst in den Blättern mit einer ernsteren Tonart fehlt dieser neue Unternehmergeist nicht. Im HUNGRIGEN GELEHRTEN sind immer wieder zahlreiche Hinweise eingestreut, die den Leser daran erinnern, daß das Blatt auch als Abonnement zu beziehen ist: "Es wird noch immer Pränumeration angenommen", heißt es gleich im ersten Stück. Die Verkaufsstrategien bleiben aber nicht auf diesem sachlichen Niveau, sondern nehmen, um die Einnahmen abzusichern, durchaus humoristisch-aggressive Formen an, " ... Lies mich oder ich freß dich", schreibt der HUNGRIGE GELEHRTE später im gleichen Stück.

Die Mehrzahl der Blätter hebt ihren kurzweiligen Charakter hervor und nimmt darüber hinaus, angeregt durch das Literarische Rokoko, eine gefällige, eine spielerisch-eingängige Journalfärbung an. Im JÜNGLING (1747-48) erreicht dieser unbeschwerte Stil einen Höhepunkt: Er sei Schriftsteller geworden, erzählt der JÜNGLING, weil es ihm Spaß mache,[51] moralisch belehren wolle er sein Publikum nicht - "Die Moral will ich die Welt gewiß nicht lehren; sie gehört ohnedies nur auf den Catheder."[52] Zum Teil führt die Betonung des Unterhaltungselementes aber auch zu einer Gegenofferte - religiös orientierte Blätter und auch solche, die sich besonders den Naturbetrachtungen widmen, grenzen sich von der sprachlichen und inhaltlichen Koketterie der Unterhaltungsblätter ab und betonen nach-

---

50 S. "Der Medien- und Literaturmarkt: Die Marktanteile der Moralblätter", S. 52.
51 Der JÜNGLING, 1. Stück.
52 Ebd., 20. Stück; vgl. auch Martens (1968), S. 71f.

haltig den ernsten Charakter ihrer Magazine.[53]

Wenn auch etwa der GLÜCKSELIGE im Zuge dieser neuen Ernsthaftigkeit seine Ideen und Ziele zum Teil als allgemeinverständliche Sachdarstellung präsentiert, so setzen die späten Moralischen Wochenschriften doch in ihrer Gesamttendenz Anliegen und Methode ihrer Vorläufer nicht nur fort, sondern betonen darüber hinaus deren Ziel, aufklärerisches Gedankengut in kurzweiliger Form zu präsentieren: Die dem Moraljournalismus zugrundeliegenden philosophischen und theologischen Ideen werden, wo sie explizit angesprochen sind, in eine plastische, eingängige, witzige Form gebracht oder aber dienen als Leitfaden für die vergnüglich-lehrhaften Diskussionen der vielfältigen Alltagsprobleme.

---

53 "Die nach der Jahrhundertmitte sich ausbreitende Empfindseligkeit und Rührungsfreudigkeit" sind bei Wolfgang Martens Ursache für diese ernsten Züge, Martens (1968), S. 216f.

Die Idee der Moralunterhaltung:
Bildung durch Vergnügen

Die Einflüsse des aufkommenden Rationalismus, die Öffnung der protestantisch-pietistischen Theologie für rationale Argumente und schließlich der Einfluß der Aufklärung auf die Habsburger Monarchie haben die Anschauung und Bewertung von Vernunft und Individualität in den späten Moralischen Wochenschriften geprägt. Das Ineinanderübergehen der daraus abgeleiteten Werte kulminiert in dem Endzweck des erzieherischen Anspruchs der Wochenschriften, dem Ideal eines harmonischen Lebens. Dazu schreibt der GLÜCKSELIGE in seinem 109. Stück, das den Titel "Von dem harmonischen Leben" trägt:

> "Ein harmonisches Leben besteht also aus einer völligen Uebereinstimmung der Vorzüge, der Rechte, der Gesetze, und der Pflichten."

Die Verknüpfung von Vernunft und Individualität und der sich daraus ableitenden Verhaltensnormen sind damit auch notwendige Grundlage für das Bestreben der Moralblätter zu unterhalten, und zwar lehrreich und gleichzeitig erzieherisch zu unterhalten. Gewiß beruht die Betonung des Unterhaltungsaspektes der späten Moralschriften auf der Überzeugung, daß 'der Mensch zum Vergnügen geboren ist',[1] doch bleibt die Skepsis groß, ob er diese schwierige Aufgabe auch bewältigen kann, denn, so erläutert der GLÜCKSELIGE in seinem 110. Stück, "Die Kunst sich zu ergetzen", spitzfindig:

> "Es gibt also eine gewisse Wissenschaft des Vergnügens. Alle Menschen haben einen unwiderstehlichen Hang nach dem ersteren, aber nur wenige Vernunft und Tugend genug, das letztere weislich zu erwählen."

Moralische Unterhaltung ist nicht Ablenkung, sie setzt die Vernunft und die Einsicht des individuell verantwortlichen Menschen voraus: Der beste Wochenschriftsleser bzw. die ideale Wunschleserin sieht also folgendermaßen aus:

1. Die Leserschaft hat genügend Bildung und Muße, um die schriftstellerisch-journalistische Varietät der Moralblätter würdigen zu können.

2. Er bzw. sie befindet sich bereits auf dem Pfade der Tugend oder hat zumin-

---

1 Der GLÜCKSELIGE, 74. Stück.

dest den besten Willen dazu, diesen Weg zu beschreiten, ist also offen für die moralisierenden Inhalte der Wochenschriftsjournalisten.

3. Schließlich sollen die Leser die Grenzen des Zeitvertreibs und damit der Unterhaltung erkennen können, um über das Lesevergnügen nicht in unmoralische Unmäßigkeit zu verfallen.[2]

Nur der Leser, bei dem diese Verknüpfung von Grundbildung, Besserungseifer, Arbeitsfreistellung und verantwortlicher Genußlust möglich ist, ist in genau der richtigen Disposition, um das variabel verkleidete Moralisieren, Belehren, Anleiten, Lenken und Führen der Wochenschriftsautoren amüsant zu finden und daraus den intendierten aufklärerischen Nutzen zu ziehen, nur für einen solchen Leser ist die spezielle Unterhaltung der Moralischen Wochenschriften bestimmt.

Wolfgang Martens bezeichnet die Moralischen Wochenschriften daher auch als eine "Lektüre des gehobenen Bürgerstandes",[3] der von Peter Herrsche nach sozialen Kategorien bzw. verschiedenen soziokulturellen Bedingungen, die für die Lebensgewohnheiten prägend sind, beschrieben wird: Bildung, Religion, Weltanschauung, Denkgewohnheiten, Lebensstil, psychische Verfassung und sozialer Habitus.[4] Wie stark dieser Bürgerstand in seinen Lebensgewohnheiten noch an den Wertvorstellungen des Adels orientiert ist, bringt der MANN OHNE VORURTHEIL auf den Punkt: Öffentliche Leseorte seien hauptsächlich Kaffeehäuser, in denen sich zwar auch der gehobene Handwerksstand einfinde, die aber doch vorrangig von den sogenannten "Federhüten" besucht würden, also von "lauter vornehmen Leuten", die sich nach der höfischen Mode kleidete.[5]

Von ihrem Publikum erwarten die Wochenschriftsautoren, daß ihm der Zusammenhang zwischen Ästhetik - Vernunft - Moral - Vergnügen gegenwärtig sei:

"Es ist nichts schön, was uns nicht ein dauerhaftes Vergnügen verschafft, und es kann uns nichts ein dauerhaftes Vergnügen gewähren, und die fort

---

2 Die Angst vor übermäßigem Lesen, das von den wichtigen Tagespflichten ablenke, war unter den Moraljournalisten der Spätphase weit verbreitet und machte auch vor dem eigenen Genre nicht halt: Der GREIS fordert seine Leserinnen und Leser im 1. Stück auf, nicht mehr als eine halbe Stunde in der Woche mit seiner Lektüre zu verbringen; s. "Der unterhaltende Wochenschriftsjournalismus: Der Nutzen für das weibliche Publikum", S. 174f.

3 Martens (1968), S. 151; Langenbucher, Von der Pressegeschichte zur Kommunikationsgeschichte (1987), S. 16-22: Er schließt sich der Definition der Leserschaft Martens an.

4 Herrsche, Der Österreichische Spätjansenismus (1979), S. 181.

5 Der MANN OHNE VORURTHEIL, Bd. 2, 4. Stück.

dauernde Empfindung davon geben, als Wahrheit, Vernunft und Moralische Ordnung."[6]

Den Moralischen Wochenschriften geht es in ihrem Unterhaltungskonzept darum, Vergnügen mit moralischer Bildung und praktischem Nutzen zu verknüpfen:

> "Die eigentliche Absicht dieser Blätter ist zu unterhalten, und wenn ich es ohne Stolz sagen kann - auch zu nützen."[7]

Das Unterhaltungskonzept:
Formen vermitteln Inhalte

Joachim Kirchner bezeichnet den Zeitraum zwischen 1741 und 1760 als "Weg zur Fachzeitschrift"[8]. Mit diesen Randdaten bezieht sich Kirchner lediglich auf den protestantischen Medienmarkt; in der Habsburger Monarchie setzt diese Entwicklung zeitverschoben in den 70er und 80er Jahren des 18. Jhs. ein. Dieser Prozeß, der die Magazine von ihrer auf Generalität ausgerichteten Themenpalette hin zu einer spezifischen Themenbetonung führt, verändert auch das Genre der Moralischen Wochenschriften: Auch die Wochenschriftsautoren heben einzelne Aspekte ihrer Inhaltspalette hervor - es erscheinen z.B. naturwissenschaftlich oder theologisch orientierte Wochenblätter; andere Autoren folgen dem Unterhaltungstrend des Magazinmarktes, legen die sittliche Belehrung beiseite, konzentrieren sich auf die durch die Wochenblätter angeregte Formen- und Themenvielfalt und schreiben in Anlehnung daran reine Unterhaltungsblätter. Die hier bearbeiteten Moralblätter gehen auf diese Entwicklung in besonderer Weise ein: Ohne den traditionellen Mantel des Wochenschriftsjournalismus abzulegen, ohne also dem Trend der einseitigen Spezialisierung zu folgen, kommen sie zu einer Betonung des Unterhaltungselementes. Im Mittelpunkt dieser Moralunterhaltung steht nicht wie in den frühen Moralblättern die literarisch-anspruchsvolle Darbietung, sondern die anschaulich-eingängige und vergnügliche Aufarbeitung der Themen mit dem Ziel, auf diese Weise aufklärerische Inhalte an das Wochenschriftspublikum zu vermitteln.

Grundanliegen der Moralischen Wochenschriften ist es, in Fragen der Tugend

---

6   Der GREIS, 77. Stück.
7   MEINE EINSAMKEITEN, 1. Stück.
8   Kirchner (1958), Teil I/Kap. IV: "Auf dem Wege zur Fachzeitschrift (1741-65)", S. 72-113.

und Moral aufzuklären, anzuweisen und Anregungen zu geben. Dabei verstehen sich die Moraljournalisten allerdings an keiner Stelle als Verfasser trockener Unterrichtsmaterialien, sondern möchten vielmehr kurzweilig vergnügliche, aber dennoch lehrreich anregende Alltagslektüre bieten. Gottfried Mehnert betont die Neuartigkeit der journalistischen Unterhaltung: "Entscheidend dabei ist die Tatsache, daß ein publizistisches Medium, die Wochenschrift, erstmals als Mittel und Mittler der Unterhaltung bezeichnet wird."[9] Die Moralischen Wochenschriften haben sich die moralische Erziehung ebenso wie die Unterhaltung auf ihre Fahnen geschrieben: Der Moralismus der Wochenschriften steht, wie Reinhard Budde hervorhebt, im Kontrast zum moralischen Anspruch des Puritanismus - "sollte doch nicht Scherz und Lachen, Humor und Fröhlichkeit gleichzeitig mit dem Laster verschwinden."[10]

Den Lesern und insbesondere den Leserinnen wird schnell versichert, daß sie nichts allzu Ernsthaftes zu befürchten haben. THERESIE UND ELEONORE beschreiben die Färbung ihres Magazins gleich in der Einleitung: Die Leserinnen haben "Blätter" zu erwarten,

> "worinnen unter dem leichten Schleyer des Scherzes vielleicht einige von den wichtigen Lehren verhüllet liegen, die Sie durch ihre anmuthvolle Handlungen empfehlen."[11]

Tatsächlich macht sich bei den Wochenschriftsautoren schnell eine gewisse Ängstlichkeit breit, wenn sie befürchten müssen, ihre Leser zu langweilen, und sie entschuldigen sich - wie der GREIS - höflich für die vernachlässigte Unterhaltungspflicht:

> "Wie langweilig werden mich heute viele Leser finden! Ich will mich ihnen heute wenigstens zum Abschied mit einer freundlichen Miene und einer Fabel empfehlen."[12]

Bereits die Titel zahlreicher Wochenschriften weisen auf diese unterhaltende Zielsetzung hin: In Göttingen erscheint 1737 DER ZERSTREUER, und 1745 wird in Leipzig eine Moralische Wochenschrift mit dem Titel DER ZEITVERTREIBER her-

---

9   Mehnert (1983), S. 78; s. auch Kirschstein, Die Familienzeitschrift (1937), S. 9 u. Schröder, Die "Bremer Beiträge" (1956), S. 66.
10   Budde (1930), S. 34.
11   THERESIE UND ELEONORE, Anrede und Einleitung.
12   Der GREIS, 10. Stück.

ausgegeben, in Wien erscheint 1774 ein Moralblatt mit dem Namen DER KLUGE ZEITVERTREIB IN NEBENSTUNDEN. Macht der Name des Moralblattes die Unterhaltungsambitionen nicht deutlich, sprechen die Wochenschriftsautoren ihr Anliegen zumeist bereits in dem einleitenden Stück explizit an - so auch der GREIS, der in seinem 1. Stück mit Genuß die behaglichen Leseorte aufzählt, die er für die Lektüre seines Blattes erwartet:

> "Man wird, wie ich mir schmeichele, gegen mich Alten, ein desto größeres gegenseitiges Zutrauen bekommen, und meine Mitbürger werden mir gern wöchentlich einen Zutritt in ihre Gesellschaften, in ihre Frühstücksstunden, oder zu ihren Caffeevisiten erlauben, wenn und wo sie mein Blatt lesen wollen, mit welchen ich ihnen alle Mittwoch einmal meine Aufwartung machen will."

Aber auch "Frühstücksstunden" und "Caffeevisiten" können nicht darüber hinwegtäuschen, daß Moralunterhaltung kein bloßer Zeitvertreib ist und schon gar nicht Müßiggang. 'Musse', so steht es im "Zedler", dem zeitgenössischen Universallexikon, "heisset die Freiheit von ordentlichen Verrichtungen. Daher kommen müssige Stunden,"[13] die also als Antipode zu der Zeit der normalen Alltagsverrichtungen verstanden werden.[14] Ein positives Verständnis wird den 'müssigen Stunden' allerdings nicht entgegengebracht, denn viele der Tätigkeiten und Beschäftigungen während solcher Stunden dienten, wie es im "Zedler" weiter heißt, nur der "Lust" und dem "Zeit=Vertreib" und sind sonst zu 'gar nichts nutze'.[15] Entsprechend dem hier zum Ausdruck kommenden Arbeitsethos folgt auf die kurze Definition dessen, was eine 'müssige Stunde' ist, im "Zedler" eine lange Abhandlung über die 'Müssiggänger' und den 'Müssiggang':

> "Müßiggänger, sind vornehmlich diejenigen, die nichts rechtschaffenes vornehmen, sondern die Zeit entweder mit stille stehen und sitzen, oder mit unnützem Gewäsch, spazieren gehen, spielen, zechen etc. etc. übel zubringen. Man pfleget auch die zu den Müssiggängern zu zehlen, die zwar in ihrem häuslichen Privat=Wesen etwas thun und schaffen, aber dem gemeinen Wesen in öffentlichen Aemtern nicht dienen wollen. Ingleichen die, so bey ihren Verrichtungen saumselig sind, und ohne Unterlaß Feyertage machen. Ja auch die, welche sich auf unnütze Händel legen, als die Comödianten, Seiltänzer und dergleichen Leute."[16]

---

13 Zedler, Großes Vollständiges Universal-Lexikon (1739), Bd. 22/Sp. 1537.
14 Vgl. auch Huck, Sozialgeschichte der Freizeit (1980), S. 8.
15 Zedler (1735), Bd. 9/Sp. 665.
16 Ebd., Sp. 664. Für müßige Menschen, die es auf bloße Unterhaltung und vergnüglichen

Daraus folgt konsequent:

> " ... insgemein hält man das vor einen Müssiggang, wenn man nichts thut, sondern faullentzet ... Es ist der Müssiggang ein sehr gefährliches Laster. "[17]

Hieraus spricht auch die zunehmende Angst im Bürgertum des 18. Jahrhunderts vor den vermeintlichen gesellschaftlichen Gefahren, die in den "Volksvergnügungen" lagen:

> "Gauckler, Possenspieler und andere dergleichen Leute soll man nicht so sehr aufkommen lassen, denn sie werden gemeiniglich im Alter zu Bettlern, das Volk, das ihnen zusiehet, wird ums Geld gebracht, es versäumet die Arbeit, und hat doppelten Schaden. "[18]

Aber auch das zivilisierte, anspruchsvolle Vergnügen wurde mit Skepsis betrachtet. So warnt etwa Maria Theresia ihren Sohn, den Erzherzog Ferdinand, vor dem Umgang mit Theaterleuten:

> "Mein lieber Herr Sohn ... Höre auf, dich mit Leuten vom Theater zu beschäftigen; man muß ihre Namen außerhalb des Theaters gar nicht aussprechen, viel weniger sich ernstlich mit ihnen beschäftigen. Ich sage das nicht grundlos; mit fünfzig Jahren hat man seine Erfahrungen. Ich liebe Dich zu sehr, um mitansehen zu können, daß Du Dich solchen Albernheiten und Nichtigkeiten hingibst und dich mit den Theaterintriguen beschäftigst. Wenn sie gut spielen, zeige Dich freigebig ihnen gegenüber; im Übrigen hast Du Dich um ihre Namen und ihren Klatsch nicht zu kümmern. Das sind die Früchte des häufigen Theaterbesuchs und der halblauten Gespräche, dieser Vertraulichkeiten und Bemerkungen. Welche Zeitverschwendung! Wenn man sich den Kopf mit solchen Lappalien vollstopft, ist jeder Rest von ernster Urteilskraft daraus verbannt ... Ich bin immer Deine treue Mutter Maria Theresia. "[19]

Arbeitsfreie Zeit, so wurde befürchtet, barg grundsätzlich die Gefahr in sich, Un-

---

Zeitvertreib abgesehen haben, fehlt auch den Moraljournalisten jedes Verständnis. Als Anschauungsbeispiel einer solchen wenig tugendhaften Person druckt der GLÜCKSELIGE den Brief eines nörgelnden Lesers ab: "Sie wollen uns ganz und gar nicht mehr gefallen. Die Aufsätze in Ihrer Wochenschrift sind zum Zeitvertreib zu ernsthaft. Mit der ewigen Empfehlung der Tugend möchten Sie einige Zeit lang stille schweigen." Solchen Lesern fehlt in den Augen des GLÜCKSELIGEN der nötige Verstand, um an der Vernunftlektüre der Wochenblätter Spaß zu finden. Der Briefschreiber wird daher treffend mit dem Namen Willibald Rauchdampf karikiert, 131. Stück.

17 Zedler (1735), Bd. 9/Sp. 664f.
18 Ebd., Sp. 667.
19 "Brief an Erzherzog Ferdinand vom 2. Jänner 1772", Original französisch, zitiert nach Walter (1968), S. 304/Nr. 267.

moral und Unvernunft zu fördern.[20] Auch in den Moralischen Wochenschriften wird dieses Gefühl von Bedrohung deutlich, wenn z.B. der GLÜCKSELIGE beängstigende Schauergeschichten über eine Wirtshausgesellschaft zu berichten weiß:

"Ich war einmal in einer Gesellschaft, in welcher der Geist des Vergnügens, der Freude und Vertraulichkeit auf eine fast jedermann sichtbare Weise herrschte ... und ich wußte aus langer Erfahrung, daß ich böse und lasterhafte Geister würde zu sehen bekommen ... "[21]

Im allgemeinen jedoch stehen die Moralblätter auch den Volksvergnügungen nicht grundsätzlich ablehnend gegenüber. So bewertet etwa der GREIS solche Festivitäten anläßlich einer Diskussion über Friedensbündnisse[22] und Fürstenbesuche als durchaus sinnvollen und notwendigen Zeitvertreib:

"In Ansehung eines ganzen Volkes sind Lustbarkeiten und Zeitvertreib nothwendig ... Die menschliche Natur ist der Empfindung der Freude fähig, und hat einen Trieb, auch ihre freudigen Empfindungen auszudrücken und an den Tag zu legen, und bey solchen Zufällen ist es eine Pflicht es zu thun. Die Menschen haben die Verbindlichkeiten von je an gefühlt, und ihre Freude und ihr Witz haben einen Ausdruck erfunden, daraus die Feste und die großen Lustbarkeiten, Erleuchtungen, Feuerwerke, Schauspiele, Bälle u.d.g. entstanden sind, und je mehr die Vernunft und der gute Geschmack die Aufsicht dabei gehabt haben, desto besser sind sie gewesen."[23]

Jedoch macht der GREIS auch deutlich, daß diese Formen der Lustbarkeiten, wenngleich für die ausgewogene Stimmung in der Gesellschaft wichtig, so doch lediglich ein unumgängliches und nicht immer ungefährliches irdisches Übel sind:

"Der größte Haufe eines Volks denkt nicht, er ist also auch nicht fähig zu urtheilen, welchen Schaden diese Lustbarkeiten anrichten könnten, oder nicht."[24]

---

20 Huck (1980), S. 15.
21 Der GLÜCKSELIGE, 42. Stück.
22 Anlaß der Diskussion ist das Ende des Siebenjährigen Krieges; der GREIS bezieht sie hier auf ein aktuelles Ereignis - den Pariser Frieden vom 10. Februar 1763 -, was für den Wochenschriftsjournalismus untypisch ist.
23 Der GREIS, 6. Stück; Die Unterhaltungsidee der Moralischen Wochenschriften steht hier deutlich im Kontrast zur streng pietistischen Beurteilung solcher Vergnüglichkeiten: In Halle hatte August Hermann Francke Komödien und Schultheater als unsittlich verworfen: "Diejenigen Informatores und Eltern aber, welchen ihren Kindern durch Komödienspielen oder Anschauung derselben eine Abwechselung oder Vergnügen machen wollen, werden dadurch auf einmal mehr verderben, als sie in langer Zeit wieder gut machen können", Francke, Pädagogische Schriften (1957), S. 33f., s. auch Martens (1968), S. 479f.
24 Der GREIS, 6. Stück.

Wären die Ziele des Moraljournalismus schon erreicht und die Leser in einem Zustand gebildeter Tugendhaftigkeit, erübrigten sich solche Vergnüglichkeiten. "Wären in einem ganzen Volke", so fährt der Autor fort,

> "alle Bürger wahre Christen, nach dem völligen Sinne des Stifters unsrer göttlichen Religion, so würden wir keine solche Lustbarkeiten, zur Beförderung der bürgerlichen Wohlfahrt, nöthig haben."[25]

Vom Publikum der Moralischen Wochenschriften wird erwartet, daß es sich statt mit Feuerwerken schon eher mit Romanen belustigen sollte. Einen Alleinvertretungsanspruch für die Moralunterhaltung beanspruchen die Wochenblätter nicht - auch so begründet sich die neue Offenheit der späten Wochenschriften gegenüber der Romanlektüre.

Das Lesen von Romanen oder sonstiger schöngeistiger Literatur galt in den Moralblättern lange Zeit als schädlich: Den Romanen wurde vorgeworfen, das tugendhafte Leben der Leser nicht zu fördern. In den späten Moralblättern wird diese Haltung gegenüber der Romanunterhaltung modifiziert. Ursache ist nicht, so Wolfgang Martens, eine "Gesinnungsänderung der Sittenschriften", sondern eine Änderung der Romangattung "nach Form, Gehalt, Stoffen und Motiven", die dazu führte, daß der Roman als Instrument zur Beförderung der Tugend und Moral akzeptabel wurde.[26] Der GESELLIGE z.B. lobt in seinem 200. Stück ein "moralisches Gedicht", eine Bezeichnung, die er dem Begriff 'Roman' vorzieht:

> " ... Wie lehrreich ist dieses nicht. Wir haben noch nicht genug solcher Romainen (wenn man sie ja mit diesem zweydeutigen Namen belegen will) ... durch ihn wird die Jugend auf die angenehmste Weise glücklich betrogen, und lernt die Tugend kennen und ihre Forderungen einsehen, da sie vermeint, ein lustiges Buch und eine zeitvertreibende Geschichte zu lesen."

Der Zweck heiligt die Mittel, zumal der GESELLIGE sieht, daß die Romane durchaus noch einige weitere Vorteile zu bieten haben:

> "Außer diesen Nutzen räumen dergleichen Schriften den Verstand auf, und bringen der Jugend eine Lust zu den schönen Wissenschaften bey. Sie lernt nach und nach denken, und recht gut denken ... "[27]

Der Unterhaltungsbegriff des Moraljournalismus grenzt sich von der Vorstellung

---

25 Ebd.
26 Martens (1968), S. 510.
27 Der GESELLIGE, 200. Stück.

müßigen Zeitvertreibs deutlich ab.[28] Unterhaltung in den Moralblättern ist immer zweckorientiert, immer an den zu vermittelnden Inhalten im Zeichen von Vernunft und Religion ausgerichtet, denn Unterhaltung als Selbstzweck ist verpönt, Unterhaltung ohne Vernunft ist den Wochenschriftsautoren undenkbar. Quasi mittels einer aufklärerischen Variante der modernen IQ-Ermittlung veranschaulicht der GREIS plakativ, in welchem Spektrum von "gut" und "schlecht" sich die Vernunft der Leser bewegt:

"Magnum Logometrum

50	Die höchste menschliche Vernunft
45	
40	Viel Vernunft
35	
30	
25	Mittelmäßige Vernunft
20	
15	
10	Wenig Vernunft
5	
	Veränderlich
5	
10	
15	Vorurtheile der Erziehung, des Ansehens der Sekte, u.s.w.
20	
25	
30	Gebräuche, Oberservanz, Bocksbeutel
35	Schlendrian
40	Affekten, Capricen
45	Dummheit
50	Unvernunft"

Das "Logometrum" offenbart jedem Leser sein Maß an Vernunft. Bei Frauenzimmern etwa, so wird dem Publikum erläutert, steht das Logometrum auf "veränderlich"; und beiläufig eingestreut, formuliert der GREIS weiter eine der wenigen kritischen Bemerkungen über die Kirche, die in den protestantischen Moralblättern zu finden sind: In der Kirche nämlich stehe das "Logometrum" selten auf

---

28 Der Begriff der Muße ist eindeutig mit den in den Augen der Wochenschriftsschreiber schlechten Lebensgewohnheiten des Adels verbunden, der freie Zeit mit nicht-zielgerichteten Beschäftigungen ungeplant und unstrukturiert dahinfließen läßt; vgl. auch Martens (1968), S. 343f.

dem höchsten Grad, es sei denn, es werde aus der Bibel zitiert.[29]

Der Idee der Zweckunterhaltung liegen zwei moderne, immer noch aktuelle Prämissen zugrunde:

1. Unterhaltung kann nicht nur bildend und anregend sein, sondern kann darüber hinaus eine neue Vermittlungsdimension eröffnen, wenn sie als eingängiges, akzeptiertes Vehikel im Sinne einer aufklärerischen Erziehung genutzt wird.[30]

2. Die Aneignung von Inhalten als Teil des Bildungsprozesses kann vergnügliche Freizeitgestaltung sein. Ernsthafte Problemstellungen, also Themenkreise, die nicht bereits aus sich selbst heraus vergnüglich sind, stehen dem Unterhaltungsziel nicht antagonistisch gegenüber, sondern sind vielmehr Teil der (Moral-)Unterhaltung.

Abgeleitet von diesen Kernpunkten der Moralunterhaltung, verdeutlichen zwei Aspekte die Modernität des Unterhaltungskonzeptes Moralischer Wochenschriften der zweiten Hälfte des 18. Jahrhunderts: Zum einen - das ist die Gefahr - kann Unterhaltung zum Instrument einer Indoktrination werden, das die intellektuelle Beteiligung, Erkenntnis und Mitgestaltung des Individuums am angestrebten Änderungsprozeß außer Betracht läßt. Ein um der Tugend willen 'glücklich betrogener'[31] Leser sei ein akzeptables Übel. Diese Vorstellung des GLÜCKSELIGEN verletzt in vitaler Weise den Aufklärungsanspruch des Moraljournalismus. Zum anderen - das ist die fortschrittliche Perspektive - ist das Unterhaltungskonzept der Wochenschriften modern, weil es Unterhaltung nicht als bloße Belustigung begreift, sondern dem Bedürfnis der zu Unterhaltenden entgegenkommt: Es verbindet Vergnügen und Erkenntnismöglichkeit, Zeitvertreib und Horizonterweiterung.

Die Moraljournalisten unternehmen den Versuch, ihr oberstes Ziel - die Verbreitung von Tugend, Moral und Glückseligkeit - durch die Vielfalt ihrer schrift-

---

29 Der GREIS, 38. Stück; vgl. "Die Erziehung zur praktischen Religiosität: Der Weg zur allgemeinen Glückseligkeit", S. 138ff.

30 Für unsere Gegenwart fordert z.B. der SPD-Politiker Glotz in seinem Aufsatz "Über die Vertreibung der Langeweile oder Aufklärung und Massenkultur" Unterhaltung - von der Popmusik bis zur Familienserie - als konstruktives Aufklärungsinstrument zu nutzen, Glotz (1988), S. 215-220.

31 Der GLÜCKSELIGE, 200. Stück.

stellerisch-journalistischen Stilelemente unterhaltend zu vermitteln. In der "Soziologie der Geselligkeit" schreibt Georg Simmel 1911: " ... sobald die Diskussion sachlich wird, ist sie nicht mehr gesellig ... Darum gehört es zum Wesen der geselligen Unterhaltung, daß sie ihren Gegenstand leicht und rasch wechseln könne."[32] Den Moralischen Wochenschriften geht es darum, das immer wieder gleiche Anliegen ihrer Ausführungen in verschiedene Formen und Beispiele zu kleiden - strukturelle Abwechslung lautet das Motto. Dazu schreibt der GLÜCKSELIGE in seinem 93. Stück mit dem Titel "Der Trieb der Abwechselung als eine Quelle unserer Glückseligkeit":

> " ... unser größtes Vergnügen würde sonst ermatten, Ekel und Ueberdruß würden alle unsere Wünsche und Verlangen kalt machen, und das Leben selbst würde träg und unthätig verfliessen. Aber der Reiz der Abwechselung wecket unsre Seele immer wieder von neuem auf, und läßt ihre Begierden nicht sterben. Das Vergnügen welches hieraus erwächset, ist ganz allgemein, und wir empfinden es von Jugend auf, und werden eben dadurch fähig, Vergnügen zu empfinden. Es ist auch allerdings pflichtmäßig, diesem Triebe zu folgen, und eine reizende Abwechselung zu suchen, weil sonst der Geist in der That nicht im Stande ist, seine Munterkeit zu wichtigen Geschäften zu erhalten. Eine in gleicher Schwere anhaltende Last drückt uns leicht zu Boden, bey der Abwechselung aber fühlen wir unsere Kräfte erhöhet."[33]

Nach den Worten des GLÜCKSELIGEN ist es die Pflicht eines jeden Bürgers, "eine reizende Abwechselung zu suchen", um die Leistungsfähigkeit aufrechtzuerhalten. Gerade in diesem Moment des Unterhaltungsverständnisses der Moralblätter verbinden sich die tradierten Vorstellungen religiöser Erbauung und die zukunftsweisenden Freizeitideen eines leistungsorientierten Bürgertums: "Erbauung", das ist nach Zedlers Universallexikon aus dem Jahre 1743 die "Besserung des Nächsten" im Sinne einer spirituellen Errettung des Menschen, "der durch den Fall so sehr verderbet, daß seines Hertzens Tichten und Trachten nur zum Bösen geneiget" sei. "Erbauen" wird dann weiter erläutert als "etwas in Wachsthum und Aufnehmen bringen, daß es nunmehr floriret und im Schwange gehet."[34] Dieses leistungsförderliche Moment der Erbauung bildet eine Grundlage des bürgerli-

---

32 Simmel, Soziologie der Geselligkeit (1911), S.11f.

33 "Abwechslung" avanciert in den Moralischen Wochenschriften schließlich sogar zu einer Art von einklagbarem Gewohnheitsrecht: In einem Leserbrief an den MANN OHNE VORURTHEIL - ob fingiert oder echt, ist nicht ersichtlich, beklagt sich ein Leser über die Einförmigkeit des Stils, Bd. 1, 5. Stück.

34 Zedler (1743), Bd. 8/Sp. 1473.

chen Unterhaltungsanspruchs: Die bürgerliche Lebens- und Weltanschauung des 18. Jhs. ist geprägt durch die Betonung der Individualität, die Hervorhebung der Persönlichkeit des einzelnen, "dessen Wert und Rang nicht durch Geburt und Zugehörigkeit zu Stand und Verband, sondern durch die unveräußerliche Menschenwürde, durch Leistung und Verdienst, also durch den Grad der Verwirklichung menschlicher Möglichkeiten innerhalb der Gesellschaft bestimmt ist."[35] Konsequenterweise ist Leistungsfähigkeit bzw. Leistung das statusdefinierende Element - und damit ein wichtiges, schützenswertes Gut - im entstehenden Bürgertum des 18. Jhs. Dieses Bürgertum sucht sich daher in seiner Freizeit einen belebenden, entspannenden und damit regenerativen Gegenpol zu der Zeit, in der Leistungen erbracht werden müssen, also zur Arbeitszeit.[36] Die Moralischen Wochenschriften entsprechen diesen Bedürfnissen der bürgerlichen Leser: Bildend und erziehend, vertreiben sie ihrem Publikum die Zeit, bieten ihm ein erholsames Lesevergnügen. Zuvor müssen die Moraljournalisten die Aufmerksamkeit des Publikums erwecken und sein Interesse erhalten: Mittel zum Zweck ist die bunte Formenvielfalt. In der Vorrede zu der Moralischen Wochenschrift THERESIE UND ELEONORE kommt dieses Anliegen beispielhaft zum Ausdruck, indem zunächst die Vorbilder des Blattes zitiert werden:

"Wir - wollen es versuchen, ob es Theresie und Eleonore dem Jünglinge und Manne, und Greise gleich thun können: wir haben große Lust zu sagen: ob wir es dem Manne ohne Vorurtheil zuvor thun können: aber er ist uns zu ernsthaft, zu beißend, wir wollen ihn lieber zum Freunde haben."

Daraus wird zunächst als Zielsetzung der schriftstellerische Ton abgeleitet:

"Daraus können Sie den Ton unsrer Blätter vorhersehen: Offenherzigkeit; Vertraulichkeit; Laune; nichts Hergesuchtes, nichts Steifes; das erste Wort, so uns unter die Feder kömmt, wird uns das Liebste, der Ausdruck, der am deutlichsten ist, der beste seyn. Dennoch sind wir nicht gut dafür, daß uns auch nicht manchmal eine Ernsthaftigkeit anwandeln wird."

---

35 Vierhaus, Kulturelles Leben (1982), S. 33.
36 A. Sternheim definiert Freizeitgestaltung "als Antipode zu der auf dem normalen Arbeitsplatz verbrachten Zeit", Sternheim, Zum Problem der Freizeitgestaltung (1974), S. 51; vgl. auch Huck (1980), S. 8; hier schließt sich der Problemkreis an, Arbeitsort und Freizeitort und die darin jeweils gegebene Rollenverteilung zwischen Mann und Frau spezifisch für das entstehende Bildungsbürgertum des 18. Jhs. zu definieren - vgl. dazu "Der unterhaltende Wochenschriftsjournalismus: Der Nutzen für das weibliche Publikum", S. 174ff. u. "Der wirtschaftliche Nutzen der Unterhaltung: Bildung als unterhaltendes Repräsentationswerkzeug", S. 200ff.

Umsetzung soll der gewählte Ton dann in einer Vielzahl stilistischer Mittel finden:

"Verse, Prosa, Erzählungen, Uebersetzungen, Fabeln, Gespräche, alle Arten von Einkleidungen werden uns zu Gebote stehen, um die Einförmigkeit der Schreibart zu vermeiden."

Die Vielfalt der stilistischen Mittel:
Leserbindung durch Abwechslung

Wenngleich in der späten Phase des Wochenschriftsjournalismus die unbekümmerte Freude an der Strukturvielfalt und besonders an der Sprachleichtigkeit des Rokokostils durch die neue Ernsthaftigkeit einiger Blätter, wie z.b. des GLÜCK-SELIGEN, eingeschränkt ist,[37] so bleibt doch - wie Wolfgang Martens betont - "die Abneigung gegen Systematik und pedantische Gründlichkeit zugunsten lockerer, gefälliger Federführung ... allen Moralischen Wochenschriften gemeinsam."[38] Die Moralblätter bedienen sich - wie auch die Literatur der Aufklärung - einer witzigen Sprache, die gekennzeichnet ist durch Scherz und Ironie.[39] Diese Sprachleichtigkeit des Moraljournalismus entsteht als Produkt der fiktiven Verfasserschaft, aus der sich nicht nur sinnreiche Ironie[40] entwickelt, sondern auch der plaudernde, gefällige und daher eingängige Ton der Blätter. In diesem spielerischen Moment der Sprache nehmen die Moralischen Wochenschriften die stilistischen Charakteristika des literarischen Rokokos, wie er in den 40er Jahren des Jahrhunderts entsteht, z.T. vorweg und greifen dann seit der Jahrhundertmitte seine sprachlichen, aber auch formalen Anregungen - insbesondere den spielerischen, unbekümmerten Umgang des Autors mit seinen Lesern - auf.[41] Diese "gefällige Federführung" der Wochenschriftsautoren ist wesentliches Merkmal

---

37 S. "Die neue Farbe des Wochenschriftsjournalismus: Zwischen Ernsthaftigkeit und Unterhaltung", S. 99ff.
38 Martens (1968), S. 33.
39 Böckmann, Das Formprinzip des Witzes (1932-33), S. 52-130 u. Martens (1968), S. 69f.
40 Ebd. (1968), S.70.
41 Als Beispiel führt Wolfgang Martens das "schelmische Einverständnis eines persönlichen Erzählers mit dem Leser" (Martens, 1968, S. 71) an, wie es etwa dem GLÜCKSELIGEN sicherlich gewiß ist, wenn er in seinem 63. Stück eine junge Frau namens "Charlotte Ungeduldig" darüber klagen läßt, daß sie immer noch unverheiratet ist, und er ihr mit trocken-humoriger Distanz rät zu warten; s. hierzu auch Anger, Literarisches Rokoko (1963), S. 34-43.

114

der immer wieder angewandten Darstellungsformen: Rätsel oder Preisausschreiben, Fortsetzungserzählungen aus dem Familienkreis oder freche Leserbriefe, Erinnerungsmonologe des Autors oder fiktive Interviews mit einer längst verstorbenen historischen Persönlichkeit sind nur einige der üblichen Unterhaltungsformen, die zum alltäglichen Handwerkszeug der Wochenschriftsjournalisten gehören.

Eine erste Darstellung der in den Moralischen Wochenschriften angewandten journalistisch-schriftstellerischen Formen hat Walter Oberkampf gegeben,[42] ansonsten findet dieser Aspekt wenig Beachtung in der Literatur. Wolfgang Martens geht in seiner Monographie detailliert auf die Bedeutung der fiktiven Verfasserschaft ein. Das "Prinzip der fiktiven Verfasserschaft" ist in seiner Untersuchung Kriterium zur Gattungsbestimmung und Dreh- und Angelpunkt aller angewandten Stilmittel.[43] Dabei bleibt die Darstellung Walter Oberkampfs gänzlich deskriptiv, während Wolfgang Martens die Möglichkeiten der fiktiven Verfasserschaft aus einer literaturwissenschaftlichen Perspektive detailliert beleuchtet - er rückt die durch die fiktive Verfasserrolle entstehende Vielzahl novellistischer Formen, wie etwa das Rollenspiel des Verfassers mit den zahlreichen Nebencharakteren, in den Mittelpunkt seiner Betrachtungen.[44] Eine genaue Analyse der speziellen Wirkungsweise dieser Stilmittel auf das Publikum der Moralischen Wochenschriften fehlt jedoch in beiden Untersuchungen. Nun ist aber gerade die Frage von Bedeutung, was es für das Bewußtsein des Lesers oder für das Selbstverständnis der Leserin bedeutet, von einem anonymen Verfasser z.B. vertraulich angeredet zu werden, private Familienangelegenheiten als Mittelpunkt spannender Fortsetzungsgeschichten mitzuerleben oder etwa die Möglichkeit zu haben, in einem Leserbrief eine persönliche Meinung veröffentlicht zu sehen. Gemeinsam ist diesen Leseerlebnissen eine durch sie kreierte neue Form der Öffentlichkeit,[45] die etabliert wird, indem die Moralischen Wochenschriften erstmals Themen und Probleme aus der Privatsphäre zum öffentlichen Diskussionsstoff machen: Diese Form der Öffentlichkeit hat keine aus der Privatsphäre ausgelagerte Berufstätig-

---

42 Oberkampf (1934), S. 68ff.
43 Martens (1968), Kap. 3, 4 u. 5.
44 Ebd. (1968), S. 28f. und besonders Kap. 3: "Die Erscheinungformen der fiktiven Verfasserschaft", S. 33ff.
45 S. "Der unterhaltende Wochenschriftsjournalismus: Der Nutzen für das weibliche Publikum", S. 178ff.

keit des Mannes bzw. kein außerhäusliches soziales Engagement der Frau zur Voraussetzung. Aus der Vielzahl der von den Moralischen Wochenschriften angewandten Stilmittel sollen hier drei Darstellungsformen aufgegriffen werden, die zur Schaffung einer solchen Öffentlichkeit beitragen: der anonyme und gleichzeitig persönliche Autor, die Familienserie und der Leserbrief.

Der anonyme und vertrauliche Autor:
Der erlaubte Blick in die Privatsphäre

In seinem ersten Stück schreibt der GREIS:

> "Wenig Menschen werden so ungezogen seyn, daß sie über ein graues Haupt spotten, und ihn wie einen Jüngling gleichgültig beurtheilen oder verachten werden, wenn er in die Gesellschaft tritt. Sein silbernes Haupthaar, welches mit einigen Verdiensten für die menschliche Gesellschaft, wie mit einer Krone gezieret ist, leget jedermann einen Tribut von Ehrfurcht auf."

Mit dieser Begrüßung eröffnet der Autor sein Gespräch mit dem Publikum und macht dabei deutlich, daß die Anonymität des Schreibers gewahrt bleiben soll, er wird bewußt nicht mit Namen genannt. Diese Autoren-Erzählerfigur-Konstellation ist typisch für die Moralischen Wochenschriften und wird nur in wenigen Magazinen durchbrochen. In dem Moralblatt THERESIE UND ELEONORE, Sonnenfels' Nachfolgeblatt zum MANN OHNE VORURTHEIL, hebt der Autor die anonyme Verfasserschaft gleich im Vorwort auf. Er erklärt zum einen, wer der tatsächliche Verfasser ist, und gibt darüber hinaus die reale Identität der fiktiven Figuren THERESIE UND ELEONORE bekannt:

> "An Herrn Ignaz von Born:
> Theuerster Freund!
> Wie? wenn ein Mann der Verfasser dieser Blätter wäre? Durch diese Worte werden Sie in ihrer Muthmaßung bestätiget, und sie wünschen von mir ein Geständnis - Nun denn! Sie haben nicht geirret. Theresie, wie Sie wissen, ist der Name der theuren Person, welche die Vorsehung zum Werkzeuge meiner Glückseligkeit ausersehen hat; und Eleonore der Name ihrer Schwester, deren Herz bestimmt zu seyn erscheint, der Lohn eines gesitteten tugendhaften Jünglings zu werden - Ich setze mich über das Vorurtheil weg, und habe das Herz, meiner Gattin und ihrer Schwester vor aller Welt zu sagen, was ich denselben in ihrer Gegenwart oft wiederholt habe, und wobey ich sie als einen Zeugen aufführen kann, daß es keine Schmeicheley ist. Von diesen mir so werthen Personen habe ich die Erlaubnis erhalten, unter ihren Namen, einem Geschlechte Wahrheiten zu sagen, und Erinnerungen zu machen, die es vielleicht lieber aus dem Munde seiner Gespielinnen hören würde. Und

vielleicht habe ich den Beyfall, mit welchem diese Blätter, die alle von mir sind, aufgenommen wurden, größtenteils dieser List zu verdanken ... Sonnenfels."[46]

Üblich für die Moralischen Wochenschriften ist es jedoch, daß die Figur des fiktiven Erzählers ohne Aufdeckung durch die gesamte Ausgabe gleichsam durchgespielt wird. Der GREIS macht die Autorenschaft am Ende seines Moralblattes zum Thema, ohne dabei aber wie Sonnenfels die fiktive Erzählerebene zu verlassen: In einem fingierten Leserbrief läßt der Autor einen Leser Mutmaßungen über den GREIS anstellen:

"Sie mögen nun alt oder jung seyn, so haben Sie doch die Rolle eines ernsthaften Alten ziemlich gut gespielt; so gut, daß es Ihnen die Kunstrichter vorgeworfen, und Sie beschuldigt haben, daß Sie nicht mit ein paar jungen und witzigen Enkeln zuweilen abgewechselt, wäre ein Fehler Ihrer Blätter. Ich für meinen Theil menge mich in diesen Streit nicht; ich mag einem Autor nicht sagen, wie er es hätte machen sollen; genug, er hat es nun so machen wollen, weil er es gemacht hat. Der Scherz mag nun Ihre Sache seyn, oder nicht seyn, mir ist Ihre beständige Ernsthaftigkeit eben nicht zuwider gewesen. Doch ich komme von meiner Bahn ab. Ich wollte sagen, Sie haben auch in dieser Absicht Ihre Rolle gut gespielt, daß Sie seit einiger Zeit nicht mehr selber mit Ihren Lesern geredet, sondern den guten Ernst, einen jungen Greis an Ernsthaftigkeit, mit ihnen reden zu lassen. Eine solche Entkräftung von Alter mußte natürlicher Weise erfolgen, und bereitet Ihre Leser zu Ihrem noch bevorstehenden Tode vor.
Indessen sind Sie doch noch nicht gestorben, weil man uns Ihren Tod sonst gewiß würde gemeldet haben."[47]

Durch den Namen der Erzählerfigur wird das Verhältnis 'Autor-Leser' angedeutet: Der Autor charakterisiert seine Erzählerfigur als ehrwürdigen, verdienten und daher vertrauenswürdigen GREIS.[48] Indem diese positiven Eigenschaften unterstrichen werden, wird der GREIS als zuverlässige Wertungsinstanz etabliert. Andere Wochenschriften verfahren ähnlich: Der GLÜCKSELIGE impliziert bereits im Titel sein Ziel, nämlich Glückseligkeit hervorzurufen, der GESELLIGE macht sich für das Ideal des bürgerlichen Gemeinschaftssinnes stark, der MANN OHNE VORURTHEIL ist von einem der für die Aufklärung schlimmsten Laster nach eigener Einschätzung frei. Auf diese Weise stellen sich die Autoren der Blätter gleichzei-

---

46 THERESIE UND ELEONORE, Vorwort.
47 Der GREIS, 199. Stück.
48 Die Frage, wie die Autoren diese Etablierung rhetorisch herbeiführen und untermauern, hat Hubert Lengauer in einer sehr detaillierten Sprachanalyse untersucht, Lengauer, Zur Sprache der Moralischen Wochenschriften (1975).

tig als Experten vor, besagt doch der Titel auch, daß der Autor selbst bereits erfolgreich den Zustand gütiger Weisheit erreicht, seine Glückseligkeit gefunden habe, mit den tugendhaften Umgangsformen bürgerlicher Geselligkeit bestens vertraut sei bzw. keine Vorurteile mehr habe.[49] Die Leserschaft soll aber nicht bloß Anregungen und Ratschläge eines Fachmannes zur Gestaltung ihres Alltags bekommen, denn die Autoren verstehen sich nicht als sachliche Vermittler technischer Details. Die fiktive Verfasserschaft gibt dem Autor die Möglichkeit eines facettenreichen Rollenspiels oder, wie es der GESELLIGE beschreibt, einer 'gelehrten Maskenfreiheit'.[50] Der GREIS wettert zwar über die Maskerade als Freizeitamüsement für junge Frauen, die dort 'in Gefahr stünden, mit den nichtswürdigsten Menschen in Vertraulichkeit zu kommen, oder doch ihre Ohren von einem frechen Witze beleidigen zu lassen'[51], seine Verfassermaskerade allerdings ist nichts anderes, beruht sie doch auf dem gleichen Prinzip - Anonymität als Befreiung und Schutz: Die anonyme Autorenschaft ist die spielerische Grundlage für phantasievolle Rollenwechsel, offeriert dem Autor Satire- und Kritikmöglichkeiten, ohne die eigene Identität preisgeben zu müssen - als Phantasieprodukt aber werden ihm seine Phantasien nachgesehen. In seiner Eigenschaft als fiktiver Autor schlüpft z.B. Der GESELLIGE an einer Stelle in die Rolle von Frommhold - einem Geistlichen - und vertritt an anderer Stelle die Meinung von Freymund - einem Philosophen - oder etwa Musidor - einem Poeten.[52] Sonnenfels wählt als seinen MANN OHNE VORURTHEIL einen Wilden, den es in die Zivilisation verschlagen hat: Die Kritik, die er an den sozialen Verhältnissen übt, erscheint aus der Position eines unschuldigen und unvorbelasteten Beobachters; darin beruht die Glaubwürdigkeit Capa Kaums.

Mit Hilfe dieser Nebencharaktere lockert der Autor nicht nur seinen Vortrag auf, sondern entwirft auch, indem er die Möglichkeit nutzt, Gegenpositionen darzustellen, eine differenzierte Meinungspalette, er stellt konträre Positionen gegen-

---

49 Der MENSCH verzichtet darauf, einen fiktiven Gesamtcharakter von sich zu entwerfen, bedient sich aber, wie auch die übrigen Moralblätter, eines sehr persönlichen Sprachstils.
50 Der GESELLIGE, 1. Stück.
51 Der GREIS, 6. Stück.
52 Auch für die Spätphase des Moraljournalismus ist die detaillierte Analyse der Figuren und Charaktere Moralischer Wochenschriften von Ute Schneider aufschlußreich: Schneider, Der moralische Charakter: Ein Mittel aufklärischer Menschendarstellung in den frühen deutschen Wochenschriften (1976).

über, ohne seinen eigenen Charakterentwurf in Frage zu stellen. Das Ergebnis des Rollenspiels ist die Erziehung des Lesers mittels einer dialektischen Argumentation, ohne in den Stil trockener Gelehrsamkeit zu verfallen. Darüber hinaus kann die fiktive Verfasserschaft das Skurrile und z.T. auch das Irreale der Verfasserfigur in den Vordergrund stellen, wie etwa der GLÜCKSELIGE in einer Gesellschaft Geister sieht[53] oder der GREIS sich mit einem "Phantom aus der Zeit der deutsch-römischen Auseinandersetzungen"[54] unterhält. Mit solchen Mitteln erzielt der Wochenschriftsjournalismus einen weiteren Unterhaltungseffekt: Die Neugierde und das Interesse des Lesers werden geweckt - oft mit der Frage im Hinterkopf: Wer ist der echte Autor?[55]

Das Interesse des Lesepublikums an der Person des Wochenschriftsjournalisten ist auch Resultat eines Autor-Leser-Verhältnisses, in dem der Leser und die Leserin nicht lediglich Rezipienten des Blattes sind, sondern vom Autor direkt und persönlich angesprochen und zum einen durch die Konzentration auf Themen der privaten Sphäre, zum anderen durch Leserbriefe in das unterhaltende Formspiel integriert werden. Es ist der individualisierte Bezug zwischen Leser und Journalist, der von den Moralischen Wochenschriften in den modernen Journalismus eingeführt wird, denn - so hat Paul Bensel herausgearbeitet - von ihnen "stammt das Bestreben, möglichst oft mit den Lesern unmittelbar zu plaudern und dadurch gewissermaßen in ein persönliches Verhältnis mit ihnen zu treten".[56] Das Anliegen des Wochenschriftsautoren, einen persönlichen Kontakt zu seinem Publikum herzustellen, stellt ihn vor eine schwierige Aufgabe: Der Autor wandert auf dem schmalen Grat zwischen der intellektuellen und privaten Integrität seiner Leserschaft, die um der zu schützenden Individualität willen nicht in Frage gestellt werden darf, und seiner Rolle als persönlicher Lehrer und Ratgeber[57] in privaten und intimen Angelegenheiten, die sein Eindringen in die häusliche Sphäre unvermeidbar machen. Gerade durch seine eigene Anonymität schafft der Wochen-

---

53 Der GLÜCKSELIGE, 42. Stück.
54 Der GREIS, 13. Stück.
55 Vgl. Martens (1968), S. 29.
56 Bensel, Die Moralischen Wochenschriften in Cleve (1912), S. 46.
57 Vgl. hierzu Martens, Die Geburt des Journalisten im Zeitalter der Aufklärung (1974), S. 91: "Der Journalist ist hier der Ratgeber, der redliche Nachbar, die praktische Tante, ein Menschenfreund und Helfer, und zwar stets unter dem aufklärerischen Ethos der Beförderung der allgemeinen Wohlfahrt, wie es der Bestimmung des Menschen nach der göttlichen Vorsehung entspricht ... "

schriftsautor die notwendige Distanz, um die Anonymität des Lesepublikums aufzuheben, das sich persönlich angesprochen, kritisiert oder auch veralbert fühlen darf und kann, weil der Autor unbekannt ist und bleibt. Die Nähe zur Intimsphäre der Leserschaft wird darüber hinaus durch einen zweiten Faktor möglich gemacht - der Autor bleibt nicht nur anonym, er steht auch in sozialer Distanz zu seinem Publikum: Die Figur des Verfassers steht dabei zumeist abgehoben über den von ihm beschriebenen Alltagsproblemen und Schwierigkeiten. Häufig fällt er in die Rolle des wohlmeinenden und gütigen, an Aufklärung und individueller Verantwortung interessierten, aber dennoch allmächtigen und allwissenden Hausvaters zurück.[58] Er ist materiell und geistig unabhängig, steht außerhalb der täglichen Mühen und über den Konflikten und Leidenschaften seines Publikums.[59] Die hier besprochenen Verfasserfiguren werden diesem Bild gerecht: Mit einem solchen Abstand zur tatsächlich vorhandenen Intimsphäre der Leser ist es den Moraljournalisten möglich, privaten Problemen und Geschehnissen ein öffentliches Forum zu schaffen. Mit den Moralischen Wochenschriften öffnet der Journalismus die Privatsphäre[60] erstmals der öffentlichen Diskussion.[61]

Die Fortsetzungserzählung:
Die Entdeckung der Serie und des Serienhelden

In der Spätphase des Moraljournalismus wendet sich besonders DER GREIS in seinen Ausführungen direkt den Themen der häuslichen Sphäre zu. Das Motiv der vielköpfigen Familie mit allen dazugehörigen Freunden und Verwandten bietet die Möglichkeit einer differenzierten Darstellung aller Familien- und Alltagsprobleme. Der Leser und die Leserin finden ihre eigenen Erfahrungen oder Fragen widergespiegelt in den Fortsetzungserzählungen über die junge Clelie, die Enke-

---

58 Das betont auch Hubert Lengauer (1975), S. 39f.
59 Vgl. Martens (1968), S. 41.
60 Das ist im engeren Sinne der intime Privatbereich, also die häusliche Sphäre, und im weiteren Sinne die Sphäre, in der der Bürger bzw. die Bürgerin als privater Mensch agiert, also etwa auf privat, aber auch öffentlich organisierten Festlichkeiten, in Leseklubs oder Nähzirkeln etc. Die Privatsphäre grenzt sich ab von der öffentlichen Sphäre, in der der Bürger etwa als beruflich tätiger oder als politisch agierender Mensch auftritt. In der Praxis ist eine solche theoretische Kontrastierung von privater und öffentlicher Sphäre natürlich an keiner Stelle möglich, vielmehr müssen beide Bereiche als interdependent betrachtet werden.
61 Vgl. Pamela Currie: "There was no journalistic tradition involving the discussion of everyday affairs", Currie (1968), S. 79.

lin des GREIS', deren Mädchenzeit bis zur Hochzeit dargestellt wird; das Publikum nimmt Anteil an der Familiengeschichte Corinnens, der Tochter des GREIS', die unter der Anleitung ihres Vaters zu einer vorbildlichen Mutter wird; und die Leserschaft lernt darüber hinaus die Freunde und Freundinnen der Familie mit ihren Vorzügen und Mängeln kennen. In den Wiener Blättern wird die Stilform der großangelegten Familienserie weniger betont. Die Themen der Privatsphäre werden zwar auch hier in Erzählungen wiedergegeben, die in einem privaten "setting" stattfinden, ohne aber zu einer kontinuierlichen Fortsetzungserzählung ausgeweitet zu werden. Darüber hinaus greifen die Autoren hier mehr als die Hallenser Wochenblattschreiber auf die tradierte Variante der zumeist unregelmäßig erscheinenden moralischen Erzählung zurück, wie sie für den Moraljournalismus seit seinen Anfängen in England prägend ist. Auch in diesen Erzählungen gibt es wiederkehrende Charaktere, die aber zum einen in größerer Zahl erscheinen und zum anderen eben nicht in einem verwandtschaftlichen Verhältnis zueinander stehen. Wie die Protagonisten der Familienserien wird z. B. Sonnenfels' Figur Capa Kaum für das Publikum zu einer wiedererkennbaren Größe, zu einem Vertrauten, dessen Berichte über die sozialen Verhältnisse mit Aufmerksamkeit gelesen werden. Der Grund für die Glaubwürdigkeit der Erzählerfigur ist die Korrelation zwischen ihr und dem dargestellten Thema: Denn sowohl in den Fortsetzungserzählungen aus dem Privatbereich als auch in den moralischen Erzählungen, die in unregelmäßigeren Abständen erscheinen, steht die Beschreibung der Erzählerfigur in einem direkten Zusammenhang zu dem von ihr zu vermittelnden Inhalten. Die Themenbetonung in den Moralblättern der Habsburger Monarchie, die sich tendenziell von der Privatsphäre wegentwickelt und sich mehr den Inhalten gesellschaftskritischer Betrachtungen zuwendet, spiegelt sich in der Wahl der Erzählerfiguren: Für den Serienhelden Capa Kaum ist das zentrale Merkmal, mit dem er beschrieben wird, seine gesellschaftliche Stellung: Er ist ein Ureinwohner Amerikas, entspringt also einem anderen Gesellschaftssystem, seine familiäre Einbindung ist für seine Funktion innerhalb des Moralblattes unerheblich. Durch die Einordnung Capa Kaums in die öffentliche Sphäre macht Sonnenfels seine Serienfigur zum Leitmotiv seiner Betrachtungen der gesellschaftlichen und sozialen Zustände in der Habsburger Monarchie. Sonnenfels greift damit allerdings an der Stelle, an der er inhaltlich Neuland betritt, auf die tradierten Vermittlungsformen des frühen Wochenschriftsjournalismus zurück. Die Familienserie dagegen ist in diesen Blättern von geringerer Bedeutung, weil die von ihr transportierten Themen aus dem Privatbereich in den Hintergrund treten. Eine Ausnahme ist die Wochenschrift THERESIE UND ELEONORE: Hier greift Sonnenfels auf die verwandtschaftlichen Beziehungen zurück, um in diesem Blatt das tugendhafte Privatleben zweier Frauen darzustellen. Die Familienserie oder die Familienerzählung bleibt besonders im Moraljournalismus der Spätphase zentraler stilistischer Ausdruck des innovativen Ansatzes der Moralblätter, sich mit Nachdruck dem neuen Themenbereich der Privatsphäre zuzuwenden.

Von tragischen Ereignissen war in den Familiengeschichten nicht die Rede, und auch die überschwengliche und traumhafte Liebe war den vernünftigen Wochenschriftsjournalisten suspekt.[62] Brachten die Wochenschriftsautoren die Liebe ins Spiel, drehten sich die Ausführungen zumeist um die Gestaltung alltäglicher Beziehungsangelegenheiten. Mit ihren Fortsetzungserzählungen, die den alltäglichen Familienkreis des Publikums widerspiegeln, nehmen die Moralischen Wochenschriften die moderne Familiensaga vorweg: Es ist gerade diese Alltäglichkeit der Themen, die bis zur Banalität reichen, die die Familiengeschichten in den Moralblättern zur fortschrittlichen Unterhaltung und zum effektiven Aufklärungsinstrument machen. Die Themen der Unterhaltung sind dem eigenen erlebten Alltag des Lesepublikums entnommen, sind also keine Phantasiekonstrukte und deshalb aus der lebensweltlichen Erfahrung der Rezipienten mühelos nachvollziehbar.

Die Familienerzählungen sind in den Moralblättern von besonderer Bedeutung, stellen sie doch mit der Privatsphäre einen Themenkreis in den Mittelpunkt einer öffentlichen Betrachtung, der zunächst durch die im 18. Jh. aufkommende Trennung von Erwerbs- und Haushaltsbereich[63] von der Öffentlichkeit ausgegrenzt war. Damit verdeutlichen sie gleichzeitig den Hauptakteuren dieser Sphäre, nämlich den Frauen, daß die Themen und Probleme ihres Wirkungskreises nicht nur von allgemeinem Interesse sind, sondern über den eigenen Familien- und Freun-

---

62 Die grausig-romantische Liebesgeschichte von Johann und Sara, die, vom Blitz getroffen - schwarz verbrannt, aber in inniger Umarmung - ihr tugendhaftes Leben lassen müssen, belegt eine für den Wochenschriftsjournalismus untypische Sensationsunterhaltung, Der GLÜCKSELIGE, 84. Stück.

63 S. hierzu "Der unterhaltende Wochenschriftsjournalismus: Der Nutzen für das weibliche Publikum", S. 174ff.

deskreis hinaus wichtig, ja gesellschaftsrelevant sind. Und mehr noch: Der GREIS erzählt nicht nur die Geschichte einer fiktiven Familienwelt in allen Facetten - von der Kleiderwahl der Freundinnen seiner Enkelin über deren Ängste, eine Ehe einzugehen, bis hin zur Darstellung höflicher Formen, einen unangenehmen Anstandsbesuch schnell und schmerzlos hinter sich zu bringen -, er ruft darüber hinaus - wie es in den Moralblättern üblich ist[64] - seine Leserschaft auf, sich an der Diskussion über ihre eigenen Themen - was wäre naheliegender! - zu beteiligen. Der Autor, der zunächst durch einen persönlichen Stil das Publikum direkt anspricht, zeigt durch die Darstellung privater Themen und durch deren Vermittlung - wiederkehrende, aktualisierte Fortsetzungsgeschichten, die zur ständigen Präsenz des Themas beitragen - die Relevanz der persönlichen Sphäre und der daraus erwachsenden individuellen Erfahrung auf und ermutigt schließlich in einem dritten Schritt zur Teilnahme an dieser Öffentlichkeit durch individuelle Meinungsäußerungen in Form von Leserbriefen. Der Leserbrief ist ein wesentliches Bindeglied zwischen Autor und Leser und gerade in dieser Funktion charakteristisch für den Wochenschriftsjournalismus der Spätphase.

Der Leserbrief:
Die Idee der Publikumseinbindung

Mit Recht verweist Wolfgang Martens darauf, daß die Leserbriefe der Wochenschriften zum größten Teil fiktiv, d.h. vom Absender bewußt als Phantasiebeiträge verfaßt sind,[65] was schon durch die originellen Namen der Briefschreiber angedeutet wird: So berichtet z.B. eine gewisse Eleonora Quecksilber dem GESELLIGEN begeistert von ihrer Klatschgesellschaft,[66] oder ein Herr Caspar Landfeind lobt das Stadtleben über alle Maßen, ohne dabei die dem GLÜCKSELIGEN offensichtlichen Vorzüge der Natur zu erkennen.[67] Die Mehrzahl dieser Briefe sind

---

64 Martens (1968), S. 57f.
65 Ebd. (1968), S. 58; daß die Leser sich zumeist mit großem Engagement als Briefschreiber betätigt haben, belegen die zahlreichen Hinweise der Wochenschriftsautoren, mit denen sie aufrufen, keine weiteren Briefe zu schreiben, oder sich dafür entschuldigen, daß die ihnen zugesandten nicht abgedruckt werden können. So z.B. der MENSCH: "Es sind sehr viele Briefe bey uns eingelaufen, und wenn wir sämtliche wolten drucken lassen, so würden wir einen halben Jahrgang damit anfüllen können", Vorrede zu Teil III.
66 Der GESELLIGE, 69. Stück.
67 Der GLÜCKSELIGE, 124. Stück.

vermutlich von den Verfassern der Moralblätter fingiert - jedoch wurden auch authentische Leserbriefe von den Herausgebern mit unterhaltenden Namensänderungen versehen, und Wolfgang Martens weist auch darauf hin, daß die Leser selbst, um sich an dem fiktiven Verfasserspiel zu beteiligen, ihre Briefe mit Phantasienamen versehen haben.[68] Der Leserbrief nimmt im Kanon der verschiedenen Stilmittel, die in den Moralblättern angewandt werden, wegen des direkten Autor-Leser-Kontaktes - sei er auch in vielen Fällen nur fingiert - einen besonderen Stellenwert ein. So ist es auch ein gängiger Topos, daß die Autoren immer wieder vermeintlich leidvoll mit der unüberschaubaren Flut der an sie gerichteten Leserbriefe kokettieren.[69]

Gerade diese Beitragsform macht den innovativen und popularisierenden Anspruch der Moraljournalisten deutlich. Die Briefe waren oft als Leserkritik konzipiert, regten also ganz aufklärerisch die Leser zum kritischen Mitdenken an. An den MANN OHNE VORURTHEIL richtet ein aufgebrachter Leser ein Schreiben, in dem er seinen Widerwillen gegen das andauernde Moralisieren kundtut:

> "Die ewigen Geschichten verfolgen meine Leser und mich. Kaum habe ich eine aus den Händen geleget, so kömmt ein Brief - denn ein Brief ist es doch, wenn **Mein Herr!** oben, und unten, tief unten: **ihr aufmerksamer Leser**, steht - und dieser Brief enthält abermal eine unnachahmliche Geschichte, welche sich zu großem Leidwesen der Tugend mitten im Angesichte der Bürger einer sittenvollen Stadt zugetragen zwischen Fräulein F. und ihrem sonst zärtlichgeliebten, nun aber spinnengehaßten Verführer R."[70]

Sicher dienten solche Leserbriefe auch der Beschwichtigung des Publikums oder anderer Leser. Der MANN OHNE VORURTHEIL druckte auch immer wieder Briefe "wütender" Leser ab, die das Gegenteil von dem behaupteten, was der Autor zuvor veröffentlicht hatte. Der Zweck solcher wohl fingierten Briefe war es, die Zensoren milde zu stimmen. Ihnen sollte vermittelt werden, daß entweder der Autor selbst dem modernen Anspruch der Ausgewogenheit gerecht geworden sei oder aber für das Publikum keine Gefahr bestehe, denn es schrieb ja selbst bereits die kritische Gegendarstellung.[71]

Insbesondere für die weiblichen Leser wurde durch die abgedruckten Briefe

---

680 Martens (1968), S. 58.
69 Vgl. z.B. Der MANN OHNE VORURTHEIL, Bd. 1, 18. Stück.
70 Ebd.
71 Ebd.; Bernard, Jesuits and Jacobins (1972), S. 38.

eine neue Dimension von Öffentlichkeit geschaffen. In den Moralischen Wochenschriften wurden mit den Themen aus der häuslichen Privatsphäre nicht nur Frauenthemen angesprochen, die Moraljournalisten machten es sich darüber hinaus zur Aufgabe, dem Lesepublikum generell, aber den Frauen insbesondere die Möglichkeit zu geben, entweder selbst - durch das Mittel des Leserbriefes - aus ihrem streng umgrenzten Privatbereich herauszutreten oder aber durch die Leserbriefbeiträge anderer Frauen zu erkennen, daß es - auch für Frauen - nicht unschicklich ist, den Privatbereich in dieser Form zu verlassen und an einer öffentlichen Diskussion - wenn auch nur über private Themen - zu partizipieren. Unabhängig davon, ob die Leserbriefe nun fingiert oder authentisch sind, ihren erzieherischen und aufklärerischen Auftrag erfüllten sie in jedem Fall, indem sie aufzeigten, daß die individuelle Meinungsäußerung einer einzelnen Privatperson von allgemeiner Bedeutung ist.

Die Leserbriefe haben neben der Integration der Leserschaft in den erzieherischen und aufklärerischen Prozeß auch einen Unterhaltungseffekt: In den Leserbriefen darf sich der Schreiber oder die Schreiberin, sei es nun der Verfasser oder tatsächlich eine Person aus der Leserschaft, austoben. Sittsame Ausdrucksformen und vernünftige Argumentation können vernachlässigt werden, statt dessen dürfen Emotionen und Spontaneität gezeigt werden. Zum gemeinsamen Vergnügen aller Leser lassen sich die Briefschreiber in lustiger Weise zu Droh- und Schimpfbriefen hinreißen. Eine junge Frau namens Korinne beschwert sich darüber, daß der GREIS "die Rechnung vom Aufwande eines eiteln Frauenzimmers übertrieben" habe:

> "Bis zu ihrem neunten Stück sind sie noch erträglich gewesen, ob sie gleich die runzelichte Stirne nicht ganz verbergen konnten, aber in ihrem neunten Blatte, sind sie mir und allen meinen guten Freundinnen unausstehlig geworden. Was soll ihr langweiliges Gespräch mit dem Sohne ihres Freundes, und mit dem alten Kauze selber, und die so listig herausgelockte Rechnung anders sagen, als daß sie uns eine Kleiderordnung predigen, und prophezeyen wollen, wir würden uns mit unserm Putze um einen Mann bringen? Wer hat ihnen denn die Sorge aufgetragen uns zu verheyrathen? Wir werden schon für uns selber sorgen ..."[72]

Moraljournalismus als Spiel: Diese Formbeispiele zeigen, daß der Autor in den Wochenschriften nicht nur Vermittler und Lehrer ist, der Leser nicht lediglich

---

72 Der GREIS, 15. Stück.

Rezipient und Schüler. Die Wochenschriftsautoren haben ihren Spaß am Rollenspiel, und die Leserschaft ist in Fragen der Privatsphäre selbst in gewissem Maße kompetent. Resultat: Die Verfasser sind als Vorbilder gerade deshalb überzeugend, da sie ihre Leserschaft zu mutigen sowie kreativen Meinungsäußerungen ermuntern und die Früchte dieser Erziehung sowohl zur allgemeinen Unterhaltung als auch zur Aufklärung ihres Publikums veröffentlichen.

Der Zweck der Moralunterhaltung:
Die moderne Präsentation eines Wertesystems

Der Moraljournalismus der Spätphase verbindet, basierend auf aufklärerischer Vernunft und weltzugewandter Religiosität, Unterhaltung mit praktischem Nutzen. Der Wochenblattjournalist liefert aber nicht, wie Wolfgang Martens sagt, *neben* der 'Unterhaltung allgemeine Belehrung und Moral, praktische Anweisungen, Ratschläge, Winke, Rezepte, die dem gemeinen Besten dienen',[73] sondern macht vielmehr die Unterhaltung zum Mittel, um aufklärerische, der Tugend und der Moral förderliche Inhalte zu transportieren. Warum ist eine solche Form des Journalismus erfolgreich? Hier stellt sich die Frage nach dem Nutzen und den Möglichkeiten der Unterhaltung: Für welche Themenbereiche werden die Unterhaltungsformen des Moraljournalismus nutzbar gemacht? Für wen oder für welche Gruppe sucht die Moralunterhaltung Bildungs- und Erziehungsaufgaben zu übernehmen?

Überblickt man die Faktoren, die die Moralischen Wochenschriften der Spätphase zu innovativen Unterhaltungsjournalen werden ließen, ergibt sich folgendes Bild:

1. Die popularisierte und unterhaltende Informationsvermittlung, wie sie in den Moralischen Wochenschriften dargeboten wird, richtet sich gemäß ihrem eigenen Aufklärungsanspruch an den vernunftbegabten und individuellen Leser. Deshalb kann sie mehr als Zerstreuung und bloßer Zeitvertreib sein: Sie ist an jeder Stelle Vehikel zur Vermittlung von Tugend und Moral - verbindet Vergnüglichkeit mit Belehrung und Erziehung.

---

73   Martens (1974), S. 91.

2. Die unterhaltende Aufklärung in den Moralblättern ist gefärbt durch eine persönliche Note: Der Autor wendet sich direkt an eine lernbereite und lernfähige Persönlichkeit, die ihrerseits dem aufgeklärten Verfasser vertrauen, ihm aber auch Kritikbereitschaft entgegenbringen kann und soll.

3. Die private oder gar intime Atmosphäre zwischen Autor und Leserschaft ist gleichzeitig Voraussetzung für die Erziehungs- und Bildungsziele, die sich das Genre setzt, und Lösungsansatz für eine neue Form der Vermittlung inhaltlicher Schwerpunkte: Für die Themen aus dem Bereich Religion und Gesellschaft erschließen die unterhaltenden Stilmittel neue Möglichkeiten der inhaltlichen Auseinandersetzung und damit neue Leserschaften. Die unterhaltende Vermittlungsform ist aber auch ein Resultat der thematischen Ausrichtung auf die persönlichen Belange des Individuums: Auf inhaltlicher Ebene wird ein für den Journalismus gänzlich neuer Themenbereich in den Mittelpunkt unterhaltender Aufklärungsvermittlung gestellt - Probleme aus dem Bereich der Privatsphäre werden zum öffentlichen Diskussionsthema.

4. Die in der Moralunterhaltung gewählten journalistischen Formen sind zum einen selbst unterhaltend, indem sie Abwechslung bieten, und spiegeln zum anderen die oben genannten Aspekte des erzieherischen Unterhaltungsanspruches der Moralblätter wider, als Instrument zur Vermittlung aufklärerischer Inhalte zu fungieren. Zwei Beispiele: Die Institution des Leserbriefes zeigt die intellektuelle Eigenständigkeit des Lesers auf und bringt die persönliche Autor-Leser-Beziehung zum Ausdruck, die Fortsetzungserzählungen aus dem fiktiven Familienkreis dienen als öffentliches Forum für Themen individueller, privater Belange.

Bei der vorangegangenen Analyse der Stilelemente ging es nicht darum, alle in den Moralblättern angewandten Stilelemente in ihrer Vollständigkeit zu erörtern. Vielmehr wurden diejenigen Elemente ausgewählt - 'Autor-Leser-Bindung', Leserbriefe, Familien- bzw. Fortsetzungserzählungen, die den oben aufgeführten Unterhaltungsaspekt des Wochenschriftsjournalismus besonders unterstreichen bzw. unterstützen. Grundsätzlich erhält sich die für die Moralischen Wochenschriften typische Stilvarianz konstant als Merkmal des gesamten Genres. Die von den englischen Ausgangsblättern kreierten Stilelemente übertragen sich auf die Magazine, als sie in den deutschsprachigen Gebieten erscheinen, und bleiben auch hier unverändert über den gesamten Zeitraum erhalten. Dabei hat der religiös-gesellschaftliche Hintergrund auf die Bandbreite der angewandten Stilmittel keinen Einfluß: Die Blätter der Hallenser Periode und diejenigen, die im Josephinischen Wien bzw. in Prag erschienen sind, unterscheiden sich in der Wahl ihrer stilistischen Mittel nicht voneinander. Der immer wieder betonte Schwund an literarischer Qualität zwischen den frühen deutschsprachigen Publikationen und denen nach 1740 setzt sich auch in den katholischen Erscheinungsgebieten durch.[74] Diese aus germanistischer Betrachtungsweise geprägte Sicht ist für die Fragen nach der Verbreitung und Wirksamkeit des Moraljournalismus und damit für die vorliegende Untersuchung nicht relevant.

Deutliche Unterschiede sind zu verzeichnen in der inhaltlichen Anwendung der Stilmittel, kommen also zum Tragen in der Entscheidung der Autoren, welche Themen mit den vorgegebenen Stilelementen vermittelt werden sollen.

Die Hauptpalette der Themen ist zunächst im protestantischen und katholischen Wochenschriftsjournalismus deckungsgleich; sie drehen sich um Tugend, Moral und Vernunft in allen Lebenslagen. Allerdings differieren die Hallensischen und die Josephinisch-katholischen Schriften in der Gewichtung einzelner Themen, und zwar hauptsächlich in drei Bereichen:

a) in der Darstellung religiöser Motive,

b) im Stellenwert politisch-gesellschaftlicher Inhalte und letztlich

c) in der Bearbeitung von Themen der Privatsphäre und im Zusammenhang mit allen drei Aspekten, aber besonders des letzteren in der Herangehensweise an das weibliche Publikum.

Eine Quantifizierung der einzelnen Themenschwerpunkte ist zum einen nur sehr bedingt möglich und zum anderen auch wenig sinnvoll. Neben dem Themenbereich 'Kultur' - insbesondere 'Theater' - sind die genannten Schwerpunkte - durchgängig und untereinander verzahnt - in allen Wochenschriften vorherrschend, wobei unterschiedliche Gewichtungen im Einzelfall zu verzeichnen sind. Der GLÜCKSELIGE etwa legt einen deutlichen Akzent auf die Darstellung religiöser Inhalte, während in den Ausgaben von THERESIE UND ELEONORE die The-

---

74 Ebd. S. 95.

men 'Privatsphäre' und 'Frauen' prädominieren.

Als grundsätzliche Tendenz läßt sich für den Wochenschriftsjournalismus festhalten, daß sich die Moralblätter von altvertrauten zu neuen Themen vorarbeiten:

a) Die Darstellung religiöser Themen bietet sowohl dem Autor als auch dem Leser zunächst ein vertrautes Terrain. Die aus der Rezeption der Erbauungsliteratur gewohnte Thematik erscheint als bekannter Lesestoff, allerdings mit neuer Zielsetzung und in neuer Umsetzung.

Dabei machen sich die Hallenser Blätter explizit zu Vertretern der säkularisierten pietistischen Glaubensmaxime, während sich die religiösen Motive in den Josephinischen Blättern zwar auch als durchgehende Thematik wiederfinden, ohne aber eine Vermittlungsinstanz katholischer Glaubensgrundsätze zu sein.

b) Die Vermittlung politisch-gesellschaftskritischer Themen ist für das nicht-gelehrte Publikum der Moralblätter zunächst neu, als journalistischer Stoff durch politisch-historische Blätter des achtzehnten Jahrhunderts aber durchaus bekannt.

Diese Thematik bleibt in den protestantischen Moralmagazinen weitgehend ausgeklammert oder findet nur eine sehr indirekte Umsetzung. Auch in den katholischen Blättern ist der Umgang mit dieser Thematik durchaus noch als vorsichtig und zurückhaltend zu beschreiben. Allerdings entwickelt sich hier besonders durch die Wochenschriften von Sonnenfels eine neue Tendenz. Auch in diesen Josephinischen Publikationen beziehen sich die explizit sozialkritischen Ausführungen, die einen wesentlichen Teil der betreffenden Moralblätter umfassen, zwar nicht auf tagespolitische, aber doch auf aktuell-relevante Probleme.

c) Schließlich werden die öffentliche Diskussion der Privatsphäre und damit auch das Thema "Frauen als Bildungspublikum" als gänzlich neue Aspekte von den Moralischen Wochenschriften in den Journalismus eingebracht.

Sowohl in den Blättern der Hallenser Periode als auch in denen der Josephinischen Jahre bleibt die Privatsphäre uneingeschränkt eines der vorherrschenden Themen. In der Behandlung der Frauenfrage - 'Frau' als Thema, 'Frau' als Publikum - setzt sich der fortschrittliche Impetus der frühen Moralischen Wochenschriften in den Hallenser Blättern fort, wenngleich der Nachdruck fehlt, mit dem die Vernunftfähigkeit der Frauen unterstrichen und deren Bildung gefordert wurde. In der Josephinischen Phase dann wird der aufklärerisch-fortschrittliche Ton weiter zurückgenommen: Die Frau als Thema, Publikum und Bildungsadressatin wird zwar noch explizit als Zielgruppe erwähnt, verliert aber an Stellenwert. Was sich bereits in den späten protestantischen Schriften angedeutet hat, setzt sich in den Josephinischen Moralblättern fort: Der Einfluß des aufkommenden Idealismus vertieft sich, das Thema 'Frau als neuentdeckte Aufklärungsgruppe' verliert an Bedeutung; das kommt in den Josephinischen Blättern besonders zum Tragen. In der Tendenz wird der Schwerpunkt 'Frau', der noch in den Hallenser Schriften prägend war, abgelöst durch gesellschaftliche, z.T. durch sozialkritische Betrachtungen, die in den Josephinischen Blättern einen deutlich höheren Stellenwert einnehmen als in ihren direkten protestantischen Vorläufern.

Die Versöhnung von Offenbarung und Vernunft:
Der Nutzen einer vernünftigen Religion

Den Wochenschriftsautoren ist - und so verfahren sie mit allen Themenbereichen - eine theoretische Diskussion theologischer Inhalte fremd. Besonders in den Moralblättern der Hallenser Einflußsphäre wird in der Diskussion darüber, wie die Religion der Wochenschriftsleser beschaffen sein sollte, die Nähe pietistischen und aufklärerischen Gedankengutes deutlich: Wann immer die Moralblätter sich des Themas Religion annehmen, ist es nahezu unweigerlich verknüpft mit Ausführungen über die Vernunft. Rudolf Vierhaus, der die Gemeinsamkeiten zwischen Aufklärungsphilosophie und Pietismus unterstreicht, nennt die 'vernünftige Religiosität' eine Besonderheit der deutschen Aufklärung. Er schreibt, "daß in der deutschen protestantischen Aufklärung die Auseinandersetzungen mit der christlichen Verkündigung, das Bemühen um deren vernünftiges Verstehen eine zentrale Stellung eingenommen haben ..."[1] Dabei nehmen die Ausführungen zur Religion in den Hallenser Blättern zwar einen bedeutenden Umfang an, doch zeigt sich in der Umsetzung auch die Furcht der Autoren, ihre Leserschaft allzusehr mit trockener Materie zu überfrachten. Um dieses zu vermeiden, verbinden die Autoren ihre Darstellung religiöser Werte mit praktischen Überlegungen, in welcher Weise der Bürger zu diesen Werten erzogen werden könne. Zwar zeigt sich auch in den Habsburger Blättern der Anspruch, durch Aufklärungsideale das Bild einer zeitgemäßen Religiosität zu kreieren, doch ist die Beschäftigung mit Themen aus dem Bereich der Religion und Theologie insgesamt von deutlich geringerem Umfang als in den Hallenser Blättern. Nehmen die Blätter der Habsburger Monarchie Stellung zur Religion, geht diese Stellungnahme über die bloße Versicherung hinaus, daß die Religion wichtig sei. Sie äußern sich vielmehr pointiert über den Nutzen der Religion zum Zwecke politischer Bewußtseinsbildung.

Das vorrangige Interesse der Wochenblätter aber ist es, aufzuzeigen, welchen Wert die Religion für die praktische Alltagsgestaltung ihrer Leser hat, wie die Religion Vernunft, Tugend und schließlich Glückseligkeit befördern kann.[2]

---

1 Vierhaus (1977), S. 50f.
2 Vgl. auch Martens (1968), S. 186ff.

Die natürliche und gesunde Religion:
Der Wert für eine vernünftige Alltagsgestaltung

Der GESELLIGE, ganz im Sinne seiner Erzählerfigur, sieht den höchsten Wert der Religion darin, den Menschen für das gesellschaftliche, für das "gesellige" Leben tauglich zu machen:

> "Es ist schon von anderen angemerkt worden, daß das Christenthum die demselben ergebenen Völker gesitteter, folglich geselliger gemacht habe. Alle Forderungen der heiligen Schrift, ihre Beyspiele, die sie uns gibt, ja selbst der Mittelpunkt unseres heiligen Glaubens, die große und ewig zu bewundernde Versöhnung der Menschen, gehen auf ein geselliges Leben ... GOtt schränket alle unsere Pflichten gegeneinander in das einzige Gebot ein, daß wir unsern Nächsten lieben sollen als uns selbst. "[3]

Weil es den Wochenschriftsjournalisten besonders der zweiten Hälfte des 18. Jahrunderts daran gelegen war, die weltlichen und geistigen Belange ihrer Leser in Einklang zu bringen, war es ihr erklärtes Ziel, Vernunft und Offenbarung miteinander zu versöhnen und in ein überschaubares System zu bringen:

> "Ich möchte so gern vernünftig seyn, als es möglich ist, und daher mit der Vernunft so weit gehen, als mir möglich. Ist das etwa so viel gesagt, als ob ich mich der Offenbarung so wenig bedienen wolle, als möglich? Nein. Ich habe meine Vernunft zu lieb, als daß ich sie dieses erhabenen, dieses der Vernunft so gemäßen, so wohlanständigen, so rühmlichen Führers berauben wolte ... Ich verliere die Offenbarung nicht aus den Augen. Was mir dieselbe als eine Wahrheit entdeckt, suche ich vernünftig zu ergründen. "[4]

Hier ist die also Offenbarung Regulativ für eine unverzichtbare Vernunft. Daraus folgt für den nach Tugend strebenden Leser: Weder der eine Pol, die Offenbarung, also Gefühle und Empfindungen, noch der Gegenpol, die Vernunft als mathematisch-logisches Konstrukt, sind für eine moralische Alltagsbewältigung ausreichend. Als Bindeglied zwischen dem Vernunftbegriff des Rationalismus und dem Gefühlskonzept des mystifizierenden Pietismus steht in den Moralischen Wochenschriften der Hallenser Einflußsphäre vermittelnd die Kategorie des 'Na-

---

3 Der GESELLIGE, 10. Stück; vgl. Christian Wolff, Vernünfftige Gedanken von dem gesellschaftlichen Leben der Menschen insonderheit dem gemeinen Wesen (1740), S. 322ff., § 366.

4 Der MENSCH, 431. Stück; im Vergleich dazu schreibt der TEUTSCHE SOCRATES (Erstausgabe 1725-26), der noch die alte gefühlsorientierte Position des Pietismus vertritt, die der Vernunft ablehnend gegenübersteht: "Mich deucht, alles, was man in philosophicis thun kann, ist stutzig machen ...", Der TEUTSCHE SOCRATES, 1. Stück.

türlichen', des 'Gesunden'.[5] Und auch in den katholischen Blättern wird durch ihre Anlehnung an Leibniz und Wolff die Vorstellung von einer Religion, die sich in der Natur äussert, zum Ausdruck gebracht.[6] Der HUNGRIGE GELEHRTE etwa empfiehlt, "die Religion in der Natur zu erkennen".[7] Grundsätzlich werden Vernunft und Offenbarung in den Moralischen Wochenschriften als partnerschaftlich agierende Kategorien gewertet, die eine bleibt ohne die andere inhaltsleer. Der HUNGRIGE GELEHRTE setzt darüber hinaus eine eindeutige Wertigkeit der beiden Elemente fest. Er bemängelt die "Thorheit der natürlichen Vernunft, wenn sie nicht durch Religion unterstützt wird."[8] Das 'Natürliche' löst das Empfinden von der mystischen, irrationalen Wahrnehmung ab, es steht im Kontrast zum Übernatürlichen, das als un-begreifbar akzeptiert werden muß, also nicht hinterfragt wird. Das 'Natürliche' bereichert die bloß-theoretische und damit lebensferne Vernunft ganz im Sinne des selbstformulierten Auftrags der Moralischen Wochenschriften um den Aspekt der Lebensnähe.

In der Vermittlung des Wertes der Religion sind Vernunft, Offenbarung, Tugend und Glückseligkeit die zentralen Begriffe, die die inhaltliche Gestaltung sowohl der protestantischen Moralischen Wochenblätter als auch jener der Habsburger Monarchie prägen.[9]

Daher findet sich in den Habsburger Moralblättern ebenso wie zuvor in den protestantischen Veröffentlichungen die Tendenz, die dem Leser vertrauten Begriffe Vernunft, Tugend und Moral durch alltagsbezogene Ausführungen nahezubringen, ohne dabei an jeder Stelle auf den Sinn der Religion zu rekurieren. Dabei werden die Begriffe, wie es der Intention der Wochenschriften entspricht, nicht im philosophisch-theoretischen Sinne angewandt, sondern erfahren eine Instrumentalisierung. In dem Prager Wochenblatt Die SICHTBARE etwa erteilt der Autor "die vornehmsten Rathschläge der Vernunft".[10] Dahinter verbergen sich aber tatsächlich keine theoretischen Erörterungen über Vernunft, Tugend oder

---

5   Vgl. Martens (1968), S. 209ff.; s. auch Peter Pütz, der von einer 'natürlichen Religion' spricht u. Hartmut Titze, der hervorhebt, daß den rationalistischen Wochenschriften eine 'natürliche Vernunft' zugrunde liegt, Pütz (1978), S. 23 u. Titze (1974), S. 27.
6   Vgl. Herrmann (1987), S. 346.
7   Der HUNGRIGE GELEHRTE, 6. Stück.
8   Ebd., 12. Stück.
9   Barton, Ignatius Aurelius Feßler (1965), S. 32.
10   Die SICHTBARE, 52. Stück.

Moral, sondern vielmehr biedere Anstandsregeln, Anleitungen zur Kontrolle der Leidenschaften, zur Gottesfurcht, zum Fleiß und Anstand gegenüber den Mitmenschen und dergleichen mehr. In der Diskussion um die Bedeutung der Religion nimmt die Rolle der Vernunft besonders in den Hallenser Blättern einen herausragenden Stellenwert ein. Dabei ist in der Kommunikation von Vernunftfähigkeit und tatsächlich vernünftigem, tugendhaft-moralischem Leben die Frage immer wieder von zentraler Bedeutung, ob der Verstand des Menschen über den Willen oder der Wille über den Verstand des Menschen herrscht. Der MENSCH schreibt dazu:

> "Aber woher komt denn das, was wir insgeheim für einen Streit des Willens und Verstandes halten? Ich will es gleich sagen. Unsere Seele empfängt ihre Vorstellungen entweder allein durch das Nachdenken, oder durch die äusserlichen Sinne und das Nachdenken zugleich. Nach dem Masse dieser Vorstellungen, die ohne die Sinne, allein durch das Nachdenken und Ueberlegungen werden, haben etwas Mattes und Dunkles in sich, und die Seele wird dadurch nicht so leicht zu einer Begierde geneigt gemacht. Alle Vorstellungen hingegen, welche die Seele durch die äusserlichen Sinne empfängt, oder nachdem sie dieselben empfangen hat, durch die Einbildungskraft wiederholet, sind viel stärker und lebhafter, wie in jenen Vorstellungen die Seele allein, in diesen aber der Leib und die Seele gemeinschaftlich gerühret werden. Es ist also kein Wunder, wenn durch solche sinnliche Vorstellungen die Seele viel stärker zu gewissen Begierden beweget wird."[11]

Ebenso wie die Offenbarung hat die Vernunft als theoretischer Begriff für die Wochenschriftsautoren keinen Wert, die Bedeutung der Vernunft läßt sich daher letztendlich nur aus der Erfahrung einer religiös-sittlich richtigen Handlung ableiten;[12] zwar ist dies auch von besonderer Relevanz für die katholische Sozialethik mit ihrem Einfluß auf die Wiener und Prager Blätter, doch bleibt dieser Aspekt in den entsprechenden Wochenschriften nahezu unbehandelt.

Die natürlich-vernünftige Religion ist diejenige, die mit Hilfe der Erfahrungen aus der Alltagswelt nachvollziehbar ist. Angewandt etwa auf Ehe und Kindeserziehung, Haushalt und Beruf, Geselligkeit oder auch politisch-gesellschaftliche Nützlichkeit, sind die Konturen der natürlichen und vernünftigen Religiosität durch den familialen, ökonomischen und gesellschaftlichen Rahmen bestimmt. Was bedeutet das für die Lebenspraxis der Wochenschriftsleser, die in allen diesen Bereichen noch wesentlich von religiösen Werten geprägt war? Gesunde Ver-

---

11 374. Stück.
12 Pribram, Die Entstehung der individualistischen Sozialphilosophie (1912), S. 45.

nunft, so wird ihnen nahegelegt, ist die Voraussetzung für die erstrebenswerte vernünftige Religion. Dazu der MENSCH, der seinen weisen Christen Menander sagen läßt:

> " ... er sey der Meinung, daß man auch bey der Auslegung der heiligen Schrift die gesunde Vernunft zu Hülfe nehmen müsse, damit man das Christentum nicht mit unvernünftigen Dingen untermenge, sondern damit es selbst nach der Aussage der heiligen Schrift, ein vernünftiger Gottesdienst sey."[13]

Ein 'vernünftiger Gottesdienst' ist, im Verständnis der Moralischen Wochenschriften, mehr als braver Kirchenbesuch und fromme Gottesfürchtigkeit: "Andacht und Devotion waren den Wochenschriften verpönt", schreibt Wolfgang Martens.[14]

Die Aufklärungsbewegung setzte auch neue Akzente in der Religionsausübung der Katholiken in der Habsburger Monarchie. Auch der Habsburger Reformkatholizismus wandte sich gegen die "Andächtelei" des Barockkatholizismus, die die wahre Andacht und damit vernünftige, zeitgemäße Formen der Religionsausübung verhindere.[15] In diesem Zusammenhang wird wie von den Pietisten auch von den Reformkatholiken der Habsburger Monarchie die Forderung erhoben, die äußeren Formen des Barockkatholizismus, den als glaubensentleerend empfundenen Prunk aus den Kirchen zu entfernen.[16] Der Gottesdienst sollte Formen annehmen, die dem Bürger verständlich und eingängig seien.[17] Dazu gehörte es auch, daß parallel zum pietistischen Religionsverständnis[18] eine Ausweitung der Seelsorge, der Sorge um den einzelnen, um das Individuum eine zentrale Bedeutung zugemessen wurde. Zwar trat auch in den Habsburger Ländern die von den Pietisten so sehr betonte Idee zutage, den Gottesdienst durch Laien zu unterstützen, doch gewann dieser Ansatz in der hierarchisch-klerikalen Struktur des Katholizismus trotz der Reformbemühungen keinen Boden.[19] Und auch in den Wiener und Prager Wochenschriften finden diese Überlegungen wenig Nieder-

---

13   Der MENSCH, 432. Stück.
14   Martens (1968), S. 254f.
15   Herrsche, Der Spätjansenismus (1977), S. 366.
16   Barton, Umstrittener "Reformkatholizismus" - Modellfall Josephinismus (1976), S. 27.
17   Hollerweger, Tendenzen der liturgischen Reformen unter Maria Theresia und Joseph II. (1979), S. 297.
18   Aretin, Die Unionsbewegung (1979), S. 207f.
19   Winter (1966), S. 94.

schlag, was allerdings nicht heißt, daß der Priesterstand in den Habsburger Blättern von der Kritik der Wochenschriftsjournalisten verschont bleibt. Der WELT-MANN wendet sich gegen die übermäßige Achtung, die nach seinem Verständnis dem Priestertum zu Unrecht gewährt wird. Diese Kritik verbindet er mit einer in allen Wochenschriften standardmäßig geäußerten Warnung vor dem nicht-vernunftorientierten und damit der Aufklärung zuwiderlaufenden Aberglauben:

> "Noch ein allgemeiner Zug des Aberglaubens ist die übertriebene Verehrung des Priesterthums: der Priester, als solcher, verdient einen höheren Grad der Achtung, als jeder Stand, dem auch die wichtigsten weltlichen Beschäftigungen obliegen: und ist er seinen Pflichten getreu, so wird ihm noch die Verehrung zuteil, welche man dem Verdienst allezeit schuldig ist. Der Aberglaube aber sich immer in den äussersten Grenzen verirrend, vergißt, daß Priester doch immer Menschen bleiben, und gewährt ihnen übergroße Ehren, die Menschen, nicht dem Menschen, sondern Gott allein gewähren sollten."[20]

Insgesamt bleibt aber die Beschäftigung mit dem Priestertum auch in den Blättern des protestantischen Nordens im Hintergrund. Die Wochenschriften kommen immer wieder auf ihr Anliegen zurück, der Vernunft als Leitfaden für den praktisch-religiösen Alltag das Wort zu reden. Was die Moralblätter an der Religion interessiert, ist ihre praktische Nützlichkeit für das tugendhafte Verhalten ihrer Leser, ihr Einfluß auf das reibungslose gesellschaftliche Leben ihres Publikums - oder wie Pütz es formuliert: Die Vernünftigkeit der Moralblätter "verbindet den Auftrag einer begründeten Verstandeserkenntnis mit den für lebensnotwendig erachteten Grundsätzen einer natürlichen Religion und einer Ordnung garantierenden Obrigkeit."[21]

> "Die Religion wirkt so stark auf die Gemüther, daß sie einen ungemeinen Einfluß in unser ganzes Betragen hat. Wir müssen daher diejenige Religion für die vollkommste halten, welche uns ein solches Verhalten auferlegt, das unserer Natur am gemäßesten und unserm Wohlseyn am dienlichsten ist. Wir mögen die christliche Religion auf welcher Seite wir wollen ansehen, so verdienet sie den höchsten Vorzug. Ich will mich jetzo weder bey ihren Wahrheiten, noch bey ihren göttlichen Kennzeichen, noch bey außerordentlichen Schicksalen aufhalten; Ich will sie nur in so fern sie zum geselligen Leben das nöthige beyträgt, betrachten."[22]

Das erläutert, naheliegenderweise, der GESELLIGE seiner Leserschaft und verdeut-

---

20 Der WELTMANN, 14. Stück.
21 Pütz (1978), S. 23.
22 Der GESELLIGE, 10. Stück.

licht damit, daß die Aufgaben der Religion, die im Rahmen der Wochenschrifts-unterhaltung von Bedeutung sind, mit theologisch-dogmatischen Erwägungen nichts gemein haben: Nicht "Wahrheiten" und "göttliche Kennzeichen" stehen zur Diskussion, sondern das 'gesellige Leben', das Leben in einer Gemeinschaft. 'Vernünftige Religion' dient als Instrument, um das "Betragen" und "Verhalten" des einzelnen für das "Wohlseyn" der Gemeinschaft zu formen.

Die vom GESELLIGEN immer wieder geforderte Fähigkeit zum gesell-schaftlichen Miteinander, also zur Geselligkeit, findet aber an keiner Stelle den Weg zu der Idee eines politisch relevanten Gemeinsinns. Das in diese Gesellig-keit mündende Religionsverständnis zeigt dagegen vielmehr Züge, die durchaus eine pietistische Weltfremdheit erkennen lassen:

> "Wir werden von dem Zeitlichen abgerufen; und da uns unser Glauben eine künftige Welt zeiget, so werden wir zu groß zu demjenigen, was von keiner ewigen Dauer und Vollkommenheit ist. Dadurch wird unser Gemüth in eine solche Stellung gebracht, daß wir die Dinge dieser Welt nach ihrem wahren Werth mit ganz anderen Augen ansehen."[23]

In dieser öffentlichkeitsscheuen Variante des Pietismus, die in den Moralblättern allerdings nicht vorherrschend ist, erkennt Herrmann Hettner bissig die unkri-tisch-staatstragenden Tendenzen des Glaubenbekenntnisses: "... der deutsche Pie-tismus (verkümmerte) ängstlich und thatsachscheu in sich selbst und kannte vom Leben nichts als die stille Betstube."[24]

Auch in den Habsburger Blättern kommen solche Anklänge weltabgewandter Innerlichkeit zum Ausdruck wie etwa in dem Prager Moralblatt die SICHTBARE, in dem der Autor die spirituellen Kräfte der Religion rühmt, denen er die Fähigkeit zuschreibt, eine Form von Unverletzlichkeit verleihen zu können:

> "Noch mehr. Die Religion macht uns wegen ihres Einflusses auf unsre Ge-sundheit, unsern guten Namen, unser Vermögen, und unser Leben auch noch in einem andern Sinne unverletzlich: in dem Sinne nehmlich, in wel-chem die Gottseligkeit auch die Verheißung dieses Lebens hat ... die Reli-gion, die uns dazu antreibt, züchtig, gerecht und gottselig zu seyn, macht unsern Namen zum Theil unverletzlich. Die Stille unserer Begierden, die Ruhe unserer Leidenschaften, die Mäßigung unsrer Wünsche, ist das größte

---

23   Der GESELLIGE, 10. Stück.
24   Hettner (1925), Teil I, S. 57.

Vergnügen. Die Religion, die, die Begierden und Leidenschaften beruhiget, macht unser wahres Vergnügen sehr unverletzlich. "[25]

Letztlich bleiben solche Formulierungen in den Moralblättern aber die Ausnahme. Sowohl die Habsburger als auch die Hallenser Blätter richten ihre Religionsüberlegungen auf weltliche Belange. Dabei bemühen sich die protestantischen Autoren besonders um die Frage, in welcher Weise die von ihnen unterstützten religiösen Werte durch Erziehung vermittelbar sind.

Die Erziehung zur praktischen Religiosität:
Der Weg zur allgemeinen Glückseligkeit

Die weltzugewandten Moralischen Wochenblätter fordern eine gelebte, praktische Religiosität,[26] erwarten von ihren Lesern soziales Engagement und machen so die allgemeine Glückseligkeit zur Verantwortung des einzelnen Gläubigen - individuelle Initiative ist gefordert. Individualismus - als Voraussetzung für diese Sozialverantwortung - wird gerade in den Moralischen Wochenschriften der Spätphase hervorgehoben.[27] Auch die Inhalte der Predigten pietistischer Pfarrer sind von dieser Individualisierung beeinflußt.[28] Diese Predigten, die die aktuellen Bedürfnisse der Gemeinde betonen, setzen auch eine neue Wertigkeit fest: Die Gemeindemitglieder sind - innerhalb der Gemeinde - bedeutender als die zentrale Gewalt der Kirche; dahinter steht auch der Vorwurf gegenüber der altlutherischen Orthodoxie, im Dogmatischen, d.h. im Theoretischen steckengeblieben und am Institutionellen statt am Persönlichen orientiert zu sein.[29] Ein Vorwurf, der in den Moralischen Wochenschriften der Hallenser Periode auch zu den wenigen kirchenkritischen Äußerungen führt, die in diesen Blättern zu finden sind. Werden in den Kirchen Predigten nach diesem alten Muster abgehalten, fühlen sich die Moralautoren frei, die Kirche der Dummheit zu bezichtigen, so zum Beispiel der

---

25 Die SICHTBARE, 45. Stück.
26 Die pietistische Idee knüpft besonders hier an die Lehren Martin Luthers an (s. Wallmann, Philipp Jacob Spener und die Anfänge des Pietismus, 1970, S. 252f., Hocks/Schmidt, 1975, S. 16ff. u. Kondylis, 1981, S. 563): "Leben gegen Lehre, Geist gegen Amt, Kraft gegen Schein" - das sind die Leitsätze des lebendigen Glaubens, wie er im Pietismus gefordert wird, s. auch Jannosch/Schmidt (1965), S. XVf.
27 Vgl. Martens (1968), S. 231.
28 Kantzenbach, Protestantismus im Zeitalter der Aufklärung (1965), S. 86.
29 Jannosch/Schmidt (1965), S. XV.

GREIS, der davon redet, daß der Intelligenzgrad in der Kirche selten auf dem höchsten Stand sei.[30] Gerade in der Betonung der Subjektivität treffen sich Aufklärungsphilosophie und Pietismus. Beide streben danach, den einzelnen Menschen, nicht eine gesellschaftliche Gruppe oder Institution zum Mittelpunkt ihrer Betrachtungen und Besserungsimpulse zu machen.[31] Für die Leserschaft der Moralischen Wochenschriften leitet sich aus diesem sozial-verantwortlichen Individualismus aber nicht nur ein Pflichtenkatalog ab: Nicht allein das Allgemeinwohl war von Interesse - auch das persönliche Glücksverlangen des einzelnen wurde ernst genommen, und folgerichtig sollte ein jeder seine subjektive Lebensauffassung, solange sie freilich vernünftig war und sich an die Regeln der anerkannten Moral hielt, umsetzen können.[32] Damit ist der aufgeklärte Pietismus, wie er in den Moralischen Wochenschriften zu finden ist, zwar sozial und individualistisch,[33] aber nicht, wie Peter Pütz sagt, 'egozentrisch',[34] denn es versteht sich von selbst, daß das Glück des Tugenhaften, wenn auch als wichtig definiert, dem Glück der Gemeinschaft nie antagonistisch oder auch nur gleichgültig gegenüberstehen kann.[35] Der GLÜCKSELIGE, darum bemüht, den religiösen Rahmen im Blickfeld zu behalten, relativiert den progressiven Ton der späten Moralischen Wochenschriften: Aus dem Dualismus von individuellem Recht auf Glück und sozialer Verantwortung gegenüber der allgemeinen Glückseligkeit wird bei ihm eine hierarchische Struktur - in christlicher Verantwortung dient privates Wohlbefinden nur dem Zweck der allgemeinen Glückseligkeit:

> "Unsere besondere Glückseligkeit stehet mit der allgemeinen Glückseligkeit
> in einer sehr genauen Verbindung. Wir würden zuviel verlangen, wenn wir
> fordern wollten, die Vorsicht solte in Ansehung der allgemeinen Glückselig-
> keit, um unseres Privatnutzens Willen, eine Ausnahme machen. Privatab-
> sichten sind nur bei Menschen, niemals aber bey Gott gewöhnlich."[36]

---

30 Der GREIS, 38. Stück; vgl. "Das Unterhaltungskonzept: Formen vermitteln Inhalte", S. 110f.
31 Vgl. Bäumler, Das Irrationalismusproblem in der Ästhetik und Logik des 18. Jhs. (1967), S. 1; Martens (1974), S. 97.
32 Vgl. Vierhaus (1982), S. 15.
33 Rudolf Vierhaus hebt diese individualistische Tendenz im Pietismus hervor: "Generell aber sollte die Verstärkung und Aktivierung des religiösen Gefühls eine verstärkte Aufmerksamkeit für den einzelnen Menschen und seine seelische Entwicklung bewirken", ebd., S. 28.
34 Pütz (1978), S. 69.
35 Vgl. hierzu auch Barton (1967), S. 20.
36 Der GLÜCKSELIGE, 32. Stück.

Es sollte die Pflicht eines jeden Lesers und einer jeden Leserin sein, ihr Privatleben vernünftig, moralisch-sittlich und beglückend zu führen, um zur Glückseligkeit der Gemeinschaft beizutragen. Hier sind die Moralischen Wochenschriften vom progressiven, nicht-weltabgewandten Pietismus beeinflußt. Diese säkulare Form des Glaubensbekenntnisses wird wegen seiner allgemein reformerischen Absicht häufig im sozialreformerischen Sinne interpretiert,[37] was aber für das Anliegen der Moralischen Wochenschriften zu weit gegriffen wäre. Den Moralblättern des aufgeklärten Pietismus war doch eher an den inneren Freiheiten ihrer Leser gelegen. Das bedeutet nun nicht, daß ein tugendhafter und vernünftiger Bürger darauf verzichten soll, seine öffentliche bzw. - wie der MENSCH es formuliert - 'seine äußerliche Freyheit zu vertheidigen, so lange er kan', aber

"göttlich gesinnte Menschen entfernen sich ... von der niederträchtigen Meynung, als wenn die Menge der Gesetze, Ermahnungen und Erinnerungen ihrer inneren Freyheit nachtheilig wäre."[38]

Und d.h., der tugendhafte Mensch zieht sich auf seine innere - also seine private - Freiheit zurück.[39] Und hier in der Privatsphäre ist Eigenständigkeit des Denkens durchaus auch bis zu dem Punkt gefragt, an dem Traditionen in Frage gestellt werden:

"Es ist nichts unserem moralischen Zustande nachtheiliger, als wenn wir uns von Gewohnheiten allein führen lassen, ohne die eigentlichen Führer eines vernünftigen Wesens, Vernunft und Religion, zu hören ... Die Erfahrung bestätigt genug, daß Menschen, die nur immer nach Gewohnheiten handeln, nie fragen: ist das gut? ist das vernünftig? sondern: das ist die Gewohnheit so, und so hat es mein Vater gemacht, und so handelt man hier, also wollen wir auch thun."[40]

Der brave Wochenschriftsleser und die ratsuchende Leserin waren vor die schwierige Aufgabe gestellt, auf dem schmalen Grad der Tugend zwischen eigenen und allgemeinen Interessen abzuwägen. Die Forderung nach Eigenverantwortung, die aus einer gesunden und vernünftigen Religiosität erwächst, findet sich in den pietistischen ebenso wie in den katholischen Moralblättern. Die Wochenschriftsautoren füllen hier eine Marktlücke: Sie übernehmen die Aufgabe,

---

37 Ritschel (1880-86), Teil I, S. 401 u. Kondylis (1981), S. 563.
38 Der GLÜCKSELIGE, 453. Stück.
39 Vgl. auch Martens (1968), S. 333.
40 Der GREIS, 87. Stück.

ihre Leser - die zwar vernunftbegabt sind, denen es aber an Erfahrung im tugendhaften Handeln mangelt - mit freundlich-anleitendem, nicht dirigistischem Rat zur Seite zu stehen, um ihren Lesern so vernünftige Religiosität in der praktischen Lebensführung zu ermöglichen. Dabei setzt der Moraljournalismus die Erziehungsidee um, die sowohl der Pietismus als auch die Aufklärungsphilosophie aus der Betonung der Individualität ableiten. Der GESELLIGE distanziert sich von der protestantischen Idee der grundsätzlichen Verderbtheit des Menschen. Er vertritt die Auffassung, die durchgehend im Wochenschriftsjournalismus zu finden ist: Erziehung kann einen Menschen dazu anleiten, vernünftig, moralisch, tugendhaft zu handeln. Mit den offiziellen Vertretern der Kirche setzt er sich dabei nicht auseinander, statt dessen schimpft er auf "Menschenverächter, bösartige Misanthropen und verwirrte Köpfe":

> "Es gibt gewisse Leute, die eine natürliche Geschicklichkeit besitzen, verworrenen Begriffen zu folgen. Die Offenbarung lehret uns, daß unsere Natur verderbt sey. Daher wollen sie diese verderbte Natur zerstören und abgeschafft wissen. Wir, die wir anders zu denken gewohnet sind, gestehen zwar ganz willig, daß die menschliche Natur in dem äußersten Verderben liege; aber wir glauben, daß dieser Natur geholfen werden könne."[41]

Elisabeth Heimpel-Michel macht die Idee von der 'Perfektibilität des Menschen' zum maßgeblichen Kriterium ihrer Aufklärungsdefinition. Sinn der Aufklärung ist für sie die "Besserung und Erweiterung des menschlichen Verstandes als Mittel zur Besserung und Erweiterung des Menschen und seines Lebenskreises überhaupt."[42]

In ihrem Bemühen, Vernunft und Religion zusammenzubringen, popularisieren die Wochenschriften in solcher Weise eine Erziehungsidee, die Christian Wolff bereits 1733 als seinen pädagogischen Grundsatz von der Erziehung mit Hilfe der Vernunft formulierte:

> "Wenn man ... den Menschen lencken will, so kan man es auf zweyerlei Weise angreiffen. Entweder man lencket ihn durch Zwang wie das Viehe; oder durch Hülffe der Vernunfft, wie eine vernünfftige Creatur. Mit dem ersten habe ich in der Moral nichts zu thun: denn dadurch bringet man niemanden zur Tugend, sondern bloß zu einer äusserlichen Gewohnheit im Guten, oder auch zu einem verstellten Wesen, dabey keine Wahrheit ist."[43]

---

41 Der GESELLIGE, 199. Stück; s. auch Martens (1968), S. 235.
42 Heimpel-Michel, Die Aufklärung (1928), S. 5.
43 Wolff, Ausführliche Nachrichten von seinen eigenen Schriften (1733), Vorrede; wie die Mo-

Durch vernünftige Erziehung soll der Mensch zum guten Christen werden. Vernunft ist für Christian Wolff das "sittliche Prinzip der Menschheit"[44], die einzige Möglichkeit, zu einer gesellschaftlich sinnvollen Religiosität zu finden - ein vernunft-orientiertes Handeln soll zur 'Befreiung' des Menschen von seinen spontanen und unreflektierten Bedürfnissen beitragen.[45] Wenngleich diese rationalistische Vorstellung von strenger Disziplin und letztlich Leidenschaftslosigkeit[46] auch in den Moralschriften wiederzufinden ist, so versuchen die Autoren der Moralschriften dennoch in ihrem Erziehungskonzept Vernunft und Sittlichkeit, Herzenswärme und Wohlbefinden miteinander zu verbinden. Die Leser der Moralischen Wochenschriften sollen zu tugendhaften Christen erzogen werden, sollen zu einem selbständigen, moralisch-sicheren und damit verantwortungsbewußten Urteil über alle Angelegenheiten ihres Alltags, seien es Pflichten oder Vergnüglichkeiten, finden:

> "Der Mensch ist, seiner Bestimmung nach, ein vernünftig freyes Wesen, und soll also durch sein eigenes Nachdenken, und durch einen der Natur gemäßen Gebrauch seiner Kräfte, sich selbst, die Welt und Gott richtig kennen lernen, und nach dieser Erkenntnis handeln und dadurch seine Glückseligkeit befördern."[47]

Eine Dualität zwischen Eigenverantwortung und Bestimmung bleibt allerdings auch in den späten Wochenschriften bestehen:

---

ralischen Wochenschriften ist auch Christian Wolff der englischen Geistestradition verpflichtet. Seine Vorstellung von einem vernünftigen Menschen, der angeleitet, aber nicht gezwungen werden soll, weisen auf John Lockes Ideen über die Kindeserziehung zurück, mit denen er sich gegen die Methoden gewaltsamer Aufzucht wendet: " ... a gentle persuasion in reasoning ... will most times do much better ... They understand it as early as they do language; and if I mis-understand not, they love to be treated as rational creatures, sooner than imagined", Locke, Some Thoughts Concerning Education (1794), §§ 80, 81; vgl. auch Brown (1952), S. 154.

44 Leiste, Der Humanitätsgedanke in der Popularphilosophie der Deutschen Aufklärung (1932), S. 38.

45 Vgl. auch Hirsch (1968), Bd. II, S. 347ff. u. Kondylis (1981), S. 569.

46 Martin Stecher führt die rationalistische Aufklärungsphilosophie auf die Lehren der Stoa zurück, woraus die Forderung nach der inneren Freiheit des sittlich Gereiften, die ohne Leidenschaft ist, resultiert, Stecher (1914), S. 49. Nach der Idee der stoischen Philosophen verwirrt die Leidenschaft das Denken und beeinträchtigt das vernünftige Handeln. Chrysipp, einer der Gründerväter der stoischen Philosophie, sagt (nach einer Notiz bei Plutarch) in seinem Werk "Über den Widerspruch", daß die Leidenschaft blind sei und häufig verhindere, das Naheliegende zu sehen, und auch oft das verdunkle, was man schon weiß; zitiert nach Arnim, Stoicorum veterum fragmenta (1903), 390.

47 Der MENSCH, 436. Stück.

142

"...das gütigste und weiseste Wesen kan nichts Unnöthiges, Überflüssiges und wahrhaft Schädliches verordnen."[48]

Das heißt aber letztlich im Sinne eigenverantwortlicher Moral, daß innerhalb des festgelegten Rahmens ein jeder seines eigenen Glückes Schmied ist, ein von Gott gewolltes ungerechtes Schicksal ist nicht denkbar. Wer tugendhaft und gläubig, ehrlich und fleißig seinen Dingen nachgeht, wird vom Schöpfer ohne Zweifel mit Glückseligkeit belohnt. Der GESELLIGE:

"Sollte Gott sich selbst so wiedersprechen können, und einen Menschen in solche äußerliche Zufälle verwickeln, die seine Tugend und Glückseligkeit schlechterdings verhinderten? Nein, das ist unmöglich."[49]

Im Sinne des aufklärerischen Moraljournalismus ist Gottesgläubigkeit ebenso gefragt wie Eigenverantwortung. In den Moralischen Wochenschriften der Hallenser Phase verbinden sich die Ideen des Pietismus und der rationalistischen Aufklärungsphilosophie. Der Wochenschriftsjournalismus zeigt, daß in diesem Zusammenhang der Pietismus keine Gegenbewegung, sondern eine Parallelbewegung zur rationalistischen Moralphilosophie ist. Beide haben besonders durch die popularisierenden Darstellungen in den Wochenschriften die Selbstvergewisserung des Menschen gefördert, indem sie seine individuellen Bedürfnisse ernst nahmen und ihn zu einem selbständigen Denken, Empfinden und Handeln ermutigten.[50]

Die Habsburger Blätter hingegen legen weniger Wert darauf, ihren Lesern und Leserinnen durch ihre Abhandlungen zum Thema Religion eine Sinnfindung zu ermöglichen bzw. eine Anleitung zum religiösen Leben zu geben. Ihre Ausführungen zu diesem Thema stellen sich über weite Strecken als bloß deskriptive Feststellung über die Wichtigkeit der Religion dar. Beispielhaft dafür erzählt der HUNGRIGE GELEHRTE, wie einem Knaben durch einen Weisen die Bedeutung der Religion nahegebracht wird:

"...er entdeckte mir den Ursprung, den Fortgang der Religion, und setzte mir gleich Anfangs die ersten Grundsätze derselben in das Gemüth. Täglich nahm ich mehr an der Kenntniß Gottes, seiner göttlichen Vollkommenheit, der Werke seiner Allmacht, seiner Weißheit, seiner Gerechtigkeit, seiner Barmherzigkeit zu. Ich lernte durch die Folge der Geschichte, daß die Religion so alt, als die Welt ist, daß der Gegenstand, auf dem alten, als in dem

---

48 Ebd., 417. Stück.
49 Der GLÜCKSELIGE, Stück 114.

neuen Bunde bezieht, Jesus Christus ist: ich studierte seine Geheimnisse, seine Lehren..."[51]

So fährt der HUNGRIGE GELEHRTE fort, und so sehen die Ausführungen zum Thema Religion in der großen Mehrzahl der Habsburger Wochenblätter hauptsächlich aus.

Der Einklang von Religion und Politik: Religiosität als Unterstützung für den Staat

Doch auch in den österreichischen Moralblättern war die Versöhnung von Glaube und Vernunft ein wichtiger Programmpunkt.[52] Alois Blumauer, österreichischer Aufklärer und Zeitgenosse Sonnenfels', faßt den Anspruch, Glaube und Vernunft im Sinne des Staates zusammenzubringen in der Forderung zusammen,

> "...daß der Zweck einer wahren Aufklärung darin bestehe, das eigene Wohl des Bürgers mit seinen Pflichten gegen Gott und den Staat in das engste und genaueste Verhältnis zu bringen."[53]

In den Josephinischen Moralblättern findet diese Haltung ihren Ausdruck vornehmlich in denjenigen Abhandlungen, in welchen die Religion als Instrument zur Erreichung politischer Ziele gesehen wird.[54] Wenngleich solche Textbeispiele im Umfang die Ausnahme bildeten, waren sie doch inhaltlich prägend, indem sie dem Wochenschriftsjournalismus auch an dieser Stelle ein neues Gesicht gaben. Für die Beurteilung des innovativen Charakters der Habsburger Blätter sind solche Ausführungen daher von größerer Bedeutung als diejenigen, welche etwa, wie oben aufgezeigt, im HUNGRIGEN GELEHRTEN zu finden sind. Auch hier tritt wiederum deutlich die Sonderstellung der Habsburger Blätter zutage: Von wenigen Ausnahmen abgesehen, findet zwar in diesen Blättern eine Auseinandersetzung mit den theologischen Fragen des Katholizismus nicht statt,[55] doch nehmen die Ausführungen um die Bedeutung der Religion eine für diese Blätter prägende Form an, wo es um den konkreten politischen Nutzen der Religion geht.

---

50 Vgl. auch Vierhaus (1982), S. 28.
51 Der HUNGRIGE GELEHRTE, 6. Stück.
52 Herrsche (1977), S. 292.
53 Blumauer, Beobachtungen über Österreichs Aufklärung und Litteratur (1782), S. 67.
54 Herrsche (1977), S. 389.
55 Vgl. auch Herrmann (1987), S. 353.

Während in den pietistischen Blättern jede Kritik am politischen und auch am kirchenpolitischen Geschehen vermieden wird, zögert etwa der WELTMANN nicht, der katholischen Kirchenleitung und dem Priestertum die Verantwortung für die Kirchenspaltung zuzuschreiben:

> "Waren es nicht Mißbräuche und Roms drückender Despotismus, was die Religionstrennung verursachte und beförderte, und sie, wie in jeder menschlichen Sache, über die entgegengesetzte Gränzen schreiten machte? und hätte das Priesterthum nur im geringsten nachgegeben, wir hätten diesen Schandflecken nicht in unserer Geschichte, wir beteten noch jetzt den gemeinschaftlichen Gott vereinigt an."[56]

Die Religion soll im MANN OHNE VORURTHEIL dazu führen, gesetzmäßige Handlungen zu wahren:

> "Und worauf gründet sich das Zutrauen der Wahrhaftigkeit, für eine beeidigte Sache? auf die Religion ohne die ein Eidschwur ein Spielwerk sein würde. Wo immer die Strafe nicht hinreicht, weil die Gewißheit des vergangenen Verbrechens mangelt, da der Richter diese Gewißheit durch keine Mittel erhalten kann; wo immer also der Handelnde den Gesetzgeber verlachen kann, weil er seine Rache nicht zu fürchten hat; da muß das Gesetz seine Kraft und Unverbrüchlichkeit nur von der Religion borgen, die mich lehret einen allgegenwärtigen Richter scheuen, dem keine Einöde, keine Finsterniß meine Mishandlung verbirgt."[57]

Der Staat muß es als seine Aufgabe betrachten, den Bürger zur Relgion anzuhalten, weil die Religion das beste Mittel für die Erziehung zu Sitte und Moral und somit für ein funktionstüchtiges Staatswesen ist.[58] Die Glückseligkeit eines Staates kann nur durch solcherart gute Bürger garantiert werden.[59] Die Beziehungen zwischen Staat und Kirche spielten für Sonnenfels eine wesentliche Rolle. Es war seine Grundüberzeugung, daß das Staatssystem zusammenbrechen würde, gäbe es keine religiöse Orientierung.[60] Die Instrumentalisierung der Religion bei Sonnenfels geht allerdings noch weiter. Die Religion soll nicht nur Garant der weltlichen Moral, sondern darüber hinaus ganz konkret Garant der weltlichen Gesetze sein:

---

56 Der WELTMANN, 14. Stück.
57 Der MANN OHNE VORURTHEIL, Bd. 3, 6. Stück.
58 Müller, P. (1937), S. 31.
59 Vgl. auch Peter F. Barton (1965), der den katholischen Aufklärer zitiert: "Man wird seinem Vaterland, seinem Landesfürsten, seinen Mitbürgern nicht lange getreu verbleiben, wenn man gegen den Schöpfer und sich selbst untreu ist; und man ist es, sobald man für den wahren Gottesdienst und die guten Sitten gleichgültig wird", S. 20.
60 Vgl. Kann (1962), S. 173.

"...so liegt dem wohl der Gesellschaft sehr daran, der Religion in dem Herzen ihrer Mitglieder einen Werth, und unauslöschliche Ehrerbietigkeit zu verschaffen, und sie zur untrennbaren Hüterinn der Gesetze jedem gleichsam an die Seite zu setzen."[61]

Religiosität in den Moralischen Wochenschriften ist vornehmlich orientiert an weltlichen Belangen. In den Moralblättern der Hallenser Periode findet aber die vom GESELLIGEN immer wieder geforderte Fähigkeit zum gesellschaftlichen Miteinander, zur "Geselligkeit" an keiner Stelle ihren Weg zu der Idee eines politisch relevanten Gemeinsinns. Da, wo die pietistischen Blätter einem auch politischen Gemeinsinn der Religion am nächsten kommen, gilt ihr Hauptaugenmerk praktisch-aufklärerischen Erziehungsüberlegungen. Wie in ihren Ausführungen zu den Themen der gesellschaftlich-politischen Sphäre vermeiden es die Hallenser Blätter auch hier, Kritik an der Obrigkeit, in diesem Falle an der Kirchenleitung zu üben. In den Habsburger Blättern erweisen sich die Autoren in der Diskussion um religiöse Inhalte im Vergleich zu anderen Themenbereichen - das betrifft den Umfang ihrer Ausführungen ebenso wie die Auseinandersetzung mit spezifischen Inhalten des Katholizismus - als sehr zurückhaltend: Größtenteils begnügen sie sich, wie das Beispiel des HUNGRIGEN GELEHRTEN zeigt, mit der bloßen Feststellung, daß Religiosität wichtig sei, oder beschränken sich wie die pietistischen Blätter darauf, die inneren Werte der Religion zu unterstreichen, so wie etwa das Prager Wochenblatt die SICHTBAREN verfährt. Eine neue Färbung des Wochenschriftsjournalismus ist jedoch in einer Reihe von Wiener Blättern zu erkennen: Die Kritik an der Kirchenobrigkeit wird nicht mehr ausgeklammert, das zeigt der WELTMANN. Und mehr noch, dies zeichnet Sonnenfels' Moralblatt der MANN OHNE VORURTHEIL aus, der Religion werden im Staatsgefüge konkrete politisch-nützliche Aufgaben zugeordnet.

---

61   Der MANN OHNE VORURTHEIL, Bd. 3, 6. Stück.

Das Politische im Wochenschriftsjournalismus:
Von der staatstragenden zur kritischen Moral

Über die ideelle Vorstellung des Verhältnisses von Kirche und Staat in der Habsburger Monarchie schreibt Georgine Holzknecht: "Das josephinische Kirchen- und Staatsrecht betrachtet Kirche und Staat als zwei voneinander absolut unabhängige, getrennte, in keiner Weise einander untergeordnete, unmittelbar von Gott eingesetzte, in ihrer Sphäre gleichberechtigte, höchste Institutionen."[1] Die Befreiung des Staates von der katholischen bzw. jesuitischen Lenkung hatte in der Praxis allerdings nicht dazu geführt, daß die beiden Machtpfeiler innerhalb der Habsburger Monarchie - Staat und Kirche - voneinander unabhängig waren. Tatsächlich setzte sich hier - ähnlich wie in den pietistisch geprägten Ländern - ein utilitaristisches Religionsverständnis durch. Im Sinne des aufgeklärt-absolutistischen Staates sollte dieser Staat sowohl die säkularen als auch die kirchlichen Belange lenken.[2] Und darüber hinaus sollte die 'wahre Religion', also diejenige, die den Maßstäben aufklärerischen Denkens standhielt, in ihrer Ausübung dem Allgemeinwohl und damit auch dem Staatswohl förderlich sein. Die Funktion, die die Religion im absolutistischen Staat - im protestantischen ebenso wie im katholischen - übernimmt, wird zu einer ideellen Grundlage, von der aus das Politikverständnis definiert wird. Christian Liberus schreibt 1742 über die Rolle der protestantischen Kirche:

> "...diese Religion, die das Wohl des Staates fördert, ist die wahre und muß von der göttlichen Offenbarung stammen."[3]

Die gleiche Entwicklung vollzieht sich in der Habsburger Monarchie. Der Staat wird zur eigentlich entscheidenden Instanz, dem gegenüber die Kirche mit ihren jenseitsbezogenen Funktionen in den Hintergrund tritt,[4] dient sie doch

> "...vom Standpunkt des Staates aus gesehen, der sittlichen Unterbauung der

---

1   Holzknecht, Ursprung und Herkunft der Reformideen Kaiser Josefs II. auf kirchlichem Gebiet (1914), S. 37.

2   Davis (1974), S. 29.

3   Liberus, Kurtze, doch gründliche Untersuchung der conventional- oder collegial-Rechte der evangelischen Kirchen und deren rechtmäßige Verwaltung (1742), 3. Cap., § 152, S. 46.

Gesellschaft und hat die Aufgabe, der menschlichen Wohlfahrt nach den Erkenntnissen der Vernunft zu dienen, deren Verbindlichkeit auch für den echten Josephiner außer Debatte steht."[5]

Sonnenfels formuliert die Bedeutung der Religion für den Staat präziser, indem er fordert,

" ... sie zur untrennbaren Hüterinn der Gesetze jedem gleichsam an die Seite zu setzen."[6]

Dabei treten sowohl im Habsburger Katholizismus wie auch im Pietismus utilitaristische Erziehungsideen in den Vordergrund. Sowohl von staatlicher Seite als auch von kirchlicher soll das Individuum in die Pflicht genommen werden: Durch die Reformierung des Bildungswesens und der damit einhergehenden Schaffung eines sozialen Verantwortungsbewußtseins unterstützen vor allem der Pietismus,[7] aber auch der Habsburger Katholizismus die staatliche Sozialdisziplinierung.

Als populäres Sprachrohr für dieses Bewußtsein fungierten die Moralischen Wochenschriften. Sie machten es sich zur Aufgabe, ihren Lesern ein politisches Gemeinschaftsbewußtsein zu vermitteln. Dabei darf das häufig als unpolitisch charakterisierte Erscheinungsbild besonders der Darstellungen in den pietistisch geprägten Blättern nicht über ihre eindeutige Position zu den angeschnittenen Themen hinwegtäuschen: Die Rolle des absolutistischen Herrschers, die Pflicht zum Patriotismus, die Funktion einer staatsbürgerlichen Erziehung, die Möglichkeiten einer polizeilichen Kontrolle bürgerlichen Wohlverhaltens, das Verhältnis zum Adel und schließlich die Beurteilung sozialer Mißstände sind Themen, die sowohl in den Hallenser Blättern als auch in ihren Habsburger Nachfolgern eine wesentliche Rolle spielen. Die Bearbeitung dieser Themen zeigt, daß die traditionelle Ansicht, bei den Moralblättern handele es sich um ein grundsätzlich unpolitisches Genre, unzutreffend ist. Dies gilt auch für die Hallenser Blätter, in denen diese Bereiche z.T. durch diplomatische Auslassungen bzw. durch die Vermeidung einer tiefschürfenden kritischen Betrachtung vermeintlich in den Hinter-

---

4   Valjavec (1945), S. 36.
5   Kropatschek, Kommentar des Buches für Kreisämter als vermehrter Leitfaden zur Landes-
     und Kreisbereisung (1779), B. 1, 2. Hälfte, S. 496.
6   Der MANN OHNE VORURTHEIL, Bd. 3, 6. Stück; vgl. auch "Der Einklang von Religion und
     Politik: Religiosität als Unterstützung für den Staat", S. 145f.
7   Vgl. Schulze, G. Oestreichs Begriff "Sozialdisziplinierung" in der frühen Neuzeit (1987),
     v.a. S. 273f.

grund gedrängt wurden. Als gänzlich unhaltbar erweist sich diese Beurteilung aber für die Moralischen Wochenschriften der Habsburger Monarchie. Schon die zeitgenössischen deutschen Leser waren überrascht über die Schärfe der politischen Äußerungen der Österreicher,[8] die auch im deutlichen Kontrast stand zu jenen Ausführungen, die in den Blättern des protestantischen Nordens zu finden sind.

Die Pflichten des absolutistischen Herrschers:
Wohlfahrt, Ruhe und Sicherheit

In seinem politischen Denken war das Bürgertum auf dem Kontinent - und da unterscheiden sich die protestantischen Territorien nicht wesentlich von den katholischen - weitaus zurückhaltender als die Bürger unter der englischen Krone. "Das angesichts seiner wirtschaftlichen Schwachbrüstigkeit politisch einflußarme und in Selbstbescheidung geübte Bürgertum des Festlands ging noch nicht auf Kollisionskurs mit seinen Stuarts", so die treffende Zustandsbeschreibung von Walter Markov.[9] Das spiegelt sich als durchgehendes Muster, als Handlungsmaxime in den Ausführungen der Moralischen Wochenschriften besonders der zweiten Jahrhunderthälfte wider. Politik als Thema fand vorrangig als schulmeisterliche Belehrung im staatstragenden Sinne statt. Die Herangehensweise des GLÜCKSELIGEN, Fragen nach dem Staatsverständnis - hier nach der Definition dessen, was eine Regierung bzw. eine Herrschaft sei - durch unverbindlich-lexikalische Sentenzen zu erörtern, ist besonders für den pietistisch geprägten Wochenblattjournalismus typisch:

> "Das Recht andre zu verbinden und zu nöthigen, daß sie ihre Handlungen nach einem gewissen Endzweck bestimmen und anordnen, nennt man die Regierung oder Herrschaft."[10]

Toposartig wird darüber hinaus immer wieder aufgelistet, welche Ziele die Regierung zu verfolgen habe, nämlich Wohlfahrt, Ruhe und Sicherheit zu bewahren. Um diese Ziele zu erreichen, plädiert der Autor ganz im Sinne absolutistischer Herrschaft für eine Machtkonzentration auf den Fürsten. Für die Vertrau-

---

8   Vgl. Wangermann, The Austrian Achievement (1979), S. 148.
9   Markov (1975), S. 217.
10   Der GLÜCKSELIGE, 305. Stück.

enswürdigkeit des Fürsten bürgt allein seine besondere Stellung im Staatsgefüge. Keine sachlich-vernünftigen Kriterien für die Fähigkeiten eines Fürsten werden genannt, es wird lediglich die "Liebe" als unangreifbares Qualifikationskriterium angeführt. Hier bewegt sich der Autor ganz im Sinne eines idealistischen Fürstenverständnisses, beschrieben wird ein Monarch, der sein Volk nicht betrügen würde, weil damit er - so die Sichtweise der Wochenschriftsautoren - vorrangig seiner Position Schaden zufügen würde, und der seine ultimative Loyalität dem Volk gegenüber durch seine Kriegsteilnahme beweist:

> "Wer ist nun derjenige, bey welchem man die allergrösseste und allerunbeweglichste Liebe der Republik vermuthen kan? Wer ist derjenige, dessen Glück mit dem Wohlergehen der Republik auf das allergenaueste verbunden ist, und dessen Untergang durch den Fall der Republik unfehlbar befördert wird? Man wird antworten müssen, daß solches kein anderer als der Landesfürst selber sey: Was brauchets also Beweise dieses Satzes! Wir wollen dennoch die Folge ziehen: Ein Fürst, wenn er anders das Glück seiner Unterthanen im Kriege zu Herzen nimt, muß als Feldherr seine Kriegsheere zu der Beschützung und Vertheidigung der Republik selbst anführen."[11]

Daß der Staat aus einer Gemeinschaft aller besteht, ist im Verständnis der Moralblätter Grundlage für die Pflicht des einzelnen, dem Ganzen zu dienen. Dabei hat die Bedeutung des Staates einen Stellenwert, der den Staatsdienst für den einzelnen zu einem obligatorischen Zwang macht:

> "Sie müssen ihre Gemüter und Kräfte vereinigen, wenn sie ihre Wohlfahrt, Ruhe und Sicherheit behaupten wollen. Die Vereinigung weniger und einzelner Menschen oder kleiner Gesellschaften sind nicht hierzu hinreichend: vielmehr wird durch die große Gesellschaft vieler Häuser und Familien, dieser mit der menschlichen Glückseligkeit so genau verbundene Zweck, weit eher, weit sicherer, weit besser erlangt. Man mag sich eine solche grosse Gesellschaft, so aus der Verbindung vieler Häuser und Familien entspringt, auf einer Seite vorstellen, auf welcher man will, so wird man sich allezeit eine bürgerliche Gesellschaft, oder im weitern Verstande, so genante Republik vorstellen. Und also ist klar, daß die Menschen anfangs durch ihre Wohlfahrt, Ruhe und Sicherheit, die sie in einem abgesonderten und einsamen Leben zu erhalten, durch ihre eigene Schwachheit und Bosheit gehindert wurden, in bürgerliche Gesellschaften und Republiken zusammen zu treten, sind genöthiget worden ... So wenig also eine bürgerliche Gesellschaft bestehen kan, wenn die Erhaltung der allgemeinen Wohlfahrt, Ruhe und Sicherheit wegfällt, so wenig kan auch eine bürgerliche Gesellschaft bestehen, wenn nicht alle und jede, die zu derselben gehören, verpflichtet und gezwungen werden können, ihre Handlungen zu der Erhaltung dieses Endzwecks einzurichten. Aus diesem Grunde sagt man, daß die blosse Vereini-

---

11 Ebd.

gung vieler Häuser und Familien und der darüber von ihnen eingegangene Vertrag, welchen man sonst den Vereinigungsvertrag zu nennen pflegt, nur Errichtung einer dauerhaften bürgerlichen Gesellschaft verspricht, seine Bestrebungen und Handlungen der allgemeinen Wohlfahrt aufzuopfern, und sich nicht nur dazu verbindlich machen, sondern dazu zwingen zu lassen."[12]

Freilich ist das Verständnis der harmonieträchtigen Wochenschriftsautoren ein solches, das die Untertanen ihre Pflichten aus Liebe erfüllen lassen. Nach ihrem Bild absolutistischer Führungsqualitäten ist die ausgeübte Staatsmacht dann akzeptabel, wenn sie als solche für den Bürger nicht zu erkennen ist:

"... und sehr wenige haben die Kunst verstanden, ihre Unterthanen mit einer entzückenden Gewalt zu einer Ehrfurcht zu zwingen, welche aus einer unwiderstehlichen Liebe und Zuneigung ihren Ursprung nimt."[13]

Zwar hantieren die Moralischen Wochenschriften mit den Begriffen, die später innerhalb der bürgerlichen Demokratien Anwendung finden werden, doch ist von einklagbaren bürgerlichen Rechten so gut wie nie die Rede.[14] In ihrem Weltbild war die Möglichkeit politischen Widerstandes selbst dann, wenn Führungsmängel offensichtlich waren, nicht verankert:

"Da nun einer jeden bürgerlichen Gesellschaft eine solche Herrschaft über ihre Bürger zukomt, so muß auch eine jede bürgerliche Gesellschaft eine bürgerliche Herrschaft oder eine Majestät haben. Allein gleichwie die Herrschaft einer jeden bürgerlichen Gesellschaft über ihre Bürger und Unterthanen nur aus dem Grunde zukomt, damit sie die Handlungen ihrer Bürger zu der allgemeinen Ruhe und Sicherheit wenden könne; so komt auch derselben die bürgerliche Herschaft und die Majestät nur in so ferne zu, als sie vermittelst derselben die Handlungen ihrer Bürger zu dem Endzweck der Republiken, das ist, zu der allgemeinen Ruhe und Sicherheit lenket. Man würde aber hieraus zu früh schliessen, daß die Bürger einer jeden bürgerlichen Gesellschaft sich der Herrschaft widersetzen könten, wenn dieselben nicht zu der allgemeinen Wohlfahrt, Ruhe und Sicherheit angewendet, sondern vielmehr zum Umsturz dieser Absichten gebrauchet werde. Die Frage: Ob solches geschehe? in welchen bürgerlichen Gesellschaften, wenn und wiefern dasselbe geschehen könne? setzt noch viele Gründe voraus, die hier nicht erörtert werden können. So wahr aber dieses ist: so wenig ist obiger Satz ein Schutz der Rebellen, und eine Vertheidigung derer, welche über das Verfahren ihrer Fürsten urtheilen und mit Erbitterung murren."[15]

Die Idee eines Bürgertums, das korrigierend, gestaltend oder gar lenkend am po-

---

12 Ebd., 293. Stück.
13 Der MENSCH, 326. Stück.
14 Vgl. auch Martens (1968), S. 332.
15 Der GLÜCKSELIGE, 293. Stück.

litischen Alltagsgeschehen teilnimmt und politische Strukturen beeinflußt, um auf diesem Wege zur erstrebten privaten Zufriedenheit zu finden, war den Wochenschriftsautoren fremd: Politische Partizipation oder auch nur öffentliche Kritik an unliebsamen Zuständen im Staatsgefüge mißbilligten sie. Ihr Ziel war es, ihr Publikum zu bravem Patriotismus,[16] nicht aber zu politischer Selbständigkeit zu erziehen, der "politische" Mensch war ihnen mehr als suspekt:

> "Unter dem Namen eines politischen Menschen verstehe ich hier den, der um seine ungerechten Absichten zu erreichen, Treue und Redlichkeit aus den Augen setzt; der meineidig, betriegerisch und verstellungsvoll ist, nicht um etwas Gutes geheim zu Stande zu bringen, sondern das Böse desto sicherer auszuüben."[17]

Explizite Ablehnung eines politisch denkenden Bürgers, Vorsicht in der Aufarbeitung politischer Themen und der allenthalben staatstragende Grundton sind typische Merkmale für die pietistischen Blätter im Umgang mit Fragen aus diesen Themenbereichen. Ansätze einer solchen Haltung finden sich auch in den Moralveröffentlichungen der Habsburger Monarchie, werden aber schnell relativiert. Das Prager Wochenblatt die SICHTBARE veröffentlicht eine typische Homage an den Kaiser Joseph II., in der er lobend dem Preußenkönig gegenübergestellt wird. Wie auch in den Ausführungen der Hallenser Blätter sind solche Lobeshymnen auf das Regierungsoberhaupt gleichzeitig als Zugeständnis an die Zensoren zu verstehen:

> "Der **Kaiser** kam, schon glüht
> Der Wunsch der treuen Bürger,
> Die bleiche Furcht entflieht;
> Ein **Held** - kein Menschenwürger
> Zeigt sich voll Majestät,
> Die unser Wohl erhöht.
> Der Jubel tönt von nahen Hügeln:
> Er ist **Theresiens** Sohn,
> Huld zieret **Seinen** Thron,
> Die Allmacht decket **Ihn** mit

---

16 Der GREIS beschreibt, wie ein anständiger Patriot seine Vaterlandsliebe alltäglich umzusetzen hat: "Sein Wunsch und sein Vergnügen ist die Glückseligkeit seiner Mitbürger, und er brennt vor Begierde, mit eine Ursache dazu zu seyn." (11. Stück); s. hierzu auch die Ausführungen von Rudolf Vierhaus, der Patriotismus gleichzeitig als moralische und politische Haltung beschreibt, Vierhaus, "Patriotismus" (1982).

17 Der MENSCH, 226. Stück.

ausgespannten Flügeln ..."[18]

Der Ton, den Joseph von Sonnenfels dagegen in seiner Essaysamlung der MANN OHNE VORURTHEIL IN DER NEUEN REGIERUNG anschneidet, setzt neue Akzente im Wochenschriftsjournalismus. Erstmals wird hier eine kritische Distanz zum Souverän deutlich, indem eine erstrebenswerte, wenngleich nicht reale Begrenztheit seiner Macht aufgezeigt wird:

> "Der Souverän hat Nichts; das Geld, was man sein heißet, gehöret der Monarchie. Sein charaktermäßiger Gehalt ist ihm allein frey gelassen; über den Rest hat er nur die oberste Verwaltung."[19]

Zunächst jedoch gehört es auch zum Standardprogramm aller Habsburger Blätter - da unterscheiden sie sich nicht von ihren Hallenser Vorläufern, die Pflichten des Regenten bzw. des Staates und der Untertanen aufzuzeigen. Der MANN OHNE VORURTHEIL beschreibt sie folgendermaßen:

> "Um den Gesellschaftsgeist unter den Gliedern der Gesellschaft anzufachen, was hat nun also der Staat zu thun? ... Er hat die Vortheile derselben zu vermehren; das ist: er hat die Verhältnisse, unter denen sie mit ihm zusammenhängen können, zu vervielfältigen."[20]

Darüber hinaus allerdings wählt Sonnenfels neue Motive in der Darstellung der bürgerlichen Pflichten. Der Sozialpflicht des Regenten stellt er den Sozialmißbrauch der Bürger gegenüber.

> "Der Regent soll keinen Armen verlassen; warum nicht, wenn ihm der Staat nicht Geld für jeden Armen giebt. Gesetz aber, daß die Armuth ein hinlänglicher Grund sey sich besolden zu lassen: was entstehet daraus? - daß, wie es leicht zu ersehen ist, daß Staaten, und Regenten in dem Bestreben alle Armuth abschaffen zu wollen, zu Bettlern werden müßten. Man lacht dem Regenten ins Gesicht, wenn man sein Geld erschmeichelt hat: zu hause aber lachet man seiner, und spottet derjenigen Güte, welche man zu erschleichen so viel niederträchtige Mittel angewendet hat."[21]

In der Gesamtdarstellung seines Gesellschaftsentwurfes wird dann aber auch die taktische Ebene dieser Argumentation deutlich. Das Ziel des Autors, den Regenten in seinen Funktionen kritisch zu beleuchten, wird durch den Entwurf über den Mißbrauch sozialer Leistungen und die damit einhergehende Lobesrede auf den

---

18 Die SICHTBARE, 18. Stück.
19 Der MANN OHNE VORURTHEIL IN DER NEUEN REGIERUNG, 1. Auftritt.
20 Der MANN OHNE VORURTHEIL, Bd. 3, 4. Stück.
21 Der MANN OHNE VORURTHEIL IN DER NEUEN REGIERUNG, 2. Auftritt.

Regenten zunächst abgemildert, wenngleich nicht aufgehoben:

"Ein Vater seines Volkes überzeuge durch die einleuchtende Güte seiner Gesetze! Ueberzeugung dieser Güte sey in seiner Weisheit; und der Grund unsrer Folgsamkeit in unserm Herzen - Man sieht daher auch Gesetze auf Schrauben, Umwege, Kunstgriffe desto häufiger, je mehr sich eine Regierung von ihrer Bestimmung, die Wohlfahrt seiner Bürger aufrecht zu erhalten, entfernt."[22]

Sonnenfels' Betrachtungen über diejenigen Aspekte der Habsburger Politik, die in sozialen Unruhen münden könnten, kulminiert in der theoretischen Überlegung eines Volksaufstandes. Damit legitimiert er zwar nicht die Mittel bürgerlichen Widerstandes, geht aber deutlich weiter als die Blätter pietistischer Prägung, indem er eine dezidierte Warnung an die Träger der politischen Verantwortung formuliert:

"Will man ein Volk zu Maschinen machen, das seine Handlungen nach einem blinden Triebe einrichtet, so ist es gut, die Religion mit Vorurtheilen zu verfälschen: So ist es gut, den Gehorsam auf erbettelte Gründe zu erbauen; so ist es gut, die bürgerlichen Tugenden Ränken zu verdanken. Aber wie, wenn dieses Volk, durch was immer für einen Zufall, den Schleyer, der seine Blindheit verursacht, von den Augen reißt? Wenn es den Betrug, den man ihm mitgespielet, einsieht? Einsieht, daß man es nicht geleitet, sondern an Ketten geschleppt? - Und früher oder spät wird die Epoche einer solchen Erleuchtung erscheinen."[23]

Diese Zeit der Erleuchtung ist für Sonnenfels die Aufklärung, die Regenten und Volk zu einem vernünftigen Miteinander führen kann. Sonnenfels' Appell

"Höret Monarchen und wählet - zwischen der Liebe eurer Unterthanen und ihrer Furcht"[24]

ist mehr als eine Aufforderung, Sanftmut walten zu lassen:

"Ein aufgeklärtes Volk gehorcht, weil es will; ein durch Vorurtheile geblendetes, weil es muß ... ein gefesselter Löwe versucht seine Kräfte von Zeit zu Zeit, die Ketten zu zerreissen: endlich zerreißt er sie, und wütet am ersten gegen seinen Führer."[25]

Herrmanns Ansicht von der Bedeutung der politischen Äußerungen im MANN

---

22 Der MANN OHNE VORURTHEIL, Bd. 3, 1. Stück.
23 Ebd.
24 Sonnenfels, Rede auf Maria Theresia; abgedr. in Allgemeine deutsche Bibliothek (1765-1769), Bd. 9, S. 82ff.
25 Der MANN OHNE VORURTHEIL, Bd. 2, 1. Stück.

OHNE VORURTHEIL ist von Zurückhaltung geprägt. Er kommt resümierend zu dem Schluß, daß 'es nur wenig am Herrscher zu kritisieren gab'.[26] Dabei erkennt Herrmann nicht, daß der Wochenschriftsjournalismus besonders im MANN OHNE VORURTHEIL eine politisch völlig neue Dimension gewinnt: Die Ausführungen Sonnenfels' zu den Aufgaben und Pflichten eines Regenten und zu den Gefahren, die entstehen können, wenn ein Volk sich schlecht regiert sieht, gipfeln zwar nicht in der offenen Forderungen nach Demokratie, Gleichheit der Stände oder gar nach einem bürgerlichen Widerstand, doch die pointierte politische Androhung, die verbalisierte Zuspitzung auf mögliche, sich gegen den Regenten richtende Konsequenzen, zeigen eine im Wochenschriftsjournalismus einmalige Bereitschaft, die Konfrontation mit den Herrschenden zu suchen. Ungeachtet dessen bemühen sich die Habsburger Blätter ebenso wie ihre Vorläufer um die Förderung und Etablierung eines patriotischen Wohlverhaltens der Bürger, ohne welches nach ihrem Verständnis das Staatswesen nicht florieren könnte.

Der staatstragende Patriotismus:
Die Pflicht des Bürgers zur Unterwerfung

Das politische Wohlverhalten, das die Wochenschriften ihren Lesern vermitteln wollen, bezeichnen sie selbst mit dem Begriff Patriotismus. Martens sagt von der Zielsetzung der Moraljournalisten, für sie sei Patriotismus "ein unpolitischer Gemeinsinn", der jede Teilhabe an politischen Entscheidungsprozessen ausklammere.[27] Ganz im absolutistischen Denken verwoben, findet sich die Vorstellung des dienenden, staatstragenden und in kritischen Momenten schweigenden Bürgers tatsächlich so in den Wochenschriften widergespiegelt. "Unpolitisch" ist diese Form des geforderten Bürgerverhaltens allerdings nicht. Gerade in der Darstellung patriotischer Verhaltensmuster greifen die Moralblätter immer wieder auf Bilder der Kriegsthematik zurück. In ihren Ausführungen wird ohne Umschweife die politisch orientierte Zielsetzung der Wochenschriftsautoren dargelegt. Am 23. März 1763 veröffentlicht der GREIS eine patriotische Huldigung an Friedrich II.

---

26 Herrmann (1987), S. 419; auch Martens, der auf die sozialkritischen Beiträge Sonnenfels' eingeht, verkennt letztlich die Schärfe der politischen Äußerungen im MANN OHNE VORURTHEIL, Martens (1968), S. 339.

27 Martens (1968), S. 325.

Anlaß ist das Ende des 7jährigen Krieges.

> "... Er trat näher zu dem, der wie ein Kriegsgott unter uns stand, besahe sei-
> ne Narben im Gesichte und an der Hand, und mit enthusiastischem Feuer
> fieng er an zu murren, daß der Krieg nicht sechs Jahre später angegangen,
> und daß er nun keine Gelegenheit habe, mit solchen ruhmvollen Wunden zu
> prangen; und rief: Er wolle die Nachricht, es ist Krieg mit größern Freuden
> hören, als wie die Nachricht : Es ist Friede. Einige von meinen Töchtern
> weihten mit einem Kusse ihre kleinen Söhne dem Könige und dem Vaterlan-
> de, wünschten ihr Blut für den König verspritzen zu können, und da sie es
> nicht könnten, setzten sie hinzu - und so mögen es unsere Söhne tun.
> Dieser Enthusiasmus gefiel mir; Friedrich, die Seele seines Staates, scheint
> ihn in seinen ganzen Staatskörper getrieben zu haben, und ich hoffe, wenn
> dieses noch nicht der allgemeine Geist der ganzen Nation ist, so wird er es
> doch bald werden." [28]

Der Bezug auf eine aktuelle Thematik ist für die Wochenschriftsjournalisten untypisch, zieht sich aber hinsichtlich der Kriegsthematik auch weiter durch die Moralveröffentlichungen. Der Opfer-Patriotismus färbt auch die nachfolgenden Ausführungen. Am 25. Mai 1763 erzählt der GREIS von der Rückkehr eines Gre-nadiers:

> "Gott donnerte, da floh der Feind!
> Singt, Brüder, singet Gott,
> Denn Friedrich, der Menschenfreund
> hat obsiegt mit Gott.
>
> Wir waren neugierig dieses Schauspiel in der Nähe zu sehen, und giengen
> darauf zu. Indem wir herankamen, sahen wir einen gemeinen Soldaten mit-
> ten unter der versammelten männlichen Jugend des Dorfs stehen, einen Gre-
> nadier, der mit seines Kameraden Kriegslied auf die Schlacht bey Lowositz,
> alle Knaben und Jünglinge von sieben bis sechzehn Jahren belebte. Man sah
> auf ihren Gesichtern den Heroismus, der einem Preussen so natürlich ist,
> mit den Empfindungen, welche das Lied ausdrückte, entstehen. Sie waren
> alle Ohr wie er vom König sang:
>
> Auf einer Trommel saß der Held
> und dachte seiner Schlacht,
> Den Himmel über sich zum Zelt,
> Und um sich her die Macht." [29]

Auch die Überlegungen Martens', der Patriotismus der Hallenser Moralblätter sei weder politisch noch zeige er zu diesem Zeitpunkt eine nationale Prägung auf,[30]

---

28   Der GREIS, 11. Stück.
29   Ebd., 20. Stück.
30   Martens (1968), S. 340f.

findet sich in diesen Ausführungen der pietistischen Blätter nicht bestätigt.

Kritischere Töne zum Thema Patriotismus finden sich in den Prager Blättern. Ihre Ausführungen sind weitgehend gekennzeichnet von der Stellung der Prager Bürger - der deutschstämmigen ebenso wie der tschechischen - als Zankapfel zwischen der Habsburger und der Preußischen Monarchie:

> "Die Liebe zum Vaterland kann Reiche gründen, oder unterdrückte Staaten in Freiheit setzen; aber so bald dieses geschehen ist, mus sie aufhören der Stift der Nation zu seyn. Ich bin es zufrieden, daß das heisse Libyen Löwen zeuget - das bringt der Erdstrich so mit sich; und auf diese Art ohngefähr, wurden auch in dem unterdrückten Korsika die Patrioten geboren. Friede und Wohlstand verlangen ruhigere und stillere Tugenden.
> Der Patriotismus ist nur für kriegerische Nationen - nichts aber scheinet der Absicht der Natur mehr entgegen, als eine Nation die blos kriegerisch ist. Die Grösse, welche ihr der Eroberungsgeist giebt, ist nie dauerhaft. Er kann, wenn Glük und Stärke sich mit ihm verbinden, die benachbarten Staaten zerstören, oder unterwerfen; aber man hat doch immer gesehen, daß er durch die bürgerlichen Kriege geendiget hat. Sie waren immer die unausweichlichen Folgen der unnatürlichen Grösse, zu welchen diese Kolosse anwuchsen, und eben diese mächtige Triebfeder welche sie gründete, ist auch zu ihrem Untergange wirksam geworden."[31]

Eine der absolutistischen Kriegsführung gegenüber tatsächlich kritische Haltung im Sinne eines verbalisierten Widerstandes erscheint aber weder in den pietistischen noch in den katholischen Wochenblättern. Sie bleibt aus diesem Genre ausgeklammert und gewinnt auch erst in den übrigen literarischen Veröffentlichungen einen nachhaltigen Einfluß, als die preußisch-österreichische Armee auszog, die Revolution in Frankreich zu beenden. Mit seinem 1792 veröffentlichten Gedicht definiert Gottfried August Bürger einen Patriotismus, der den Moralischen Wochenschriften fremd blieb:[32]

> "Für wen, du gutes deutsches Volk,
> behängt man dich mit Waffen?
> Für wen läßt du von Weib und Kind
> und Herd hinweg dich raffen?
> Für Fürsten- und für Adelsbrut
> und fürs Geschmeiß der Pfaffen.
>
> War's nicht genug, ihr Sklavenjoch
> mit stillem Sinn zu tragen?
> Für sie im Schweiß des Angesichts

---

31 MEINE EINSAMKEITEN, 10. Stück.
32 Vgl. auch Reinalter, Jakobiner in Mitteleuropa (1977), S. 77.

mit Fronen dich zu plagen?
für ihre Geißel sollst du nun
auch Gut und Leben wagen?

Sie nennen's Streit fürs Vaterland,
in welchen sie dich treiben.
O Volk, wie lange willst du blind
beim Spiel der Gaukler bleiben?
Sie selber sind das Vaterland
und wollen's gerne bleiben."[33]

In den Wiener Moralblättern allerdings spielt die Kriegsthematik in den Ausführungen zum Thema Patriotismus eine deutlich untergeordnete Rolle. Aber wie in den pietistischen Blättern findet sich auch in den Wiener Moralveröffentlichungen die Vorstellung, daß der Patriotismus - oder der hier vom WELTMANN mit gleicher Bedeutung angewandte Begriff der Vaterlandsliebe - eine uneingeschränkte Unterwerfung unter die Interessen des Staates sei.[34]

> "Vaterlandsliebe im monarchischen Staate ist vollkommene Unterwerfung unter den Willen des Herrschenden: selbst auch gegen eigene Überzeugung und mit eigenem Schaden; ja, wenn es auch ein schlechter Fürst ist, der falsche Grundsätze hat."[35]

Eine Ausnahmeposition nimmt auch hier Sonnenfels mit seinen Ausführungen im MANN OHNE VORURTHEIL ein. Der Autor formuliert auch hier eine für das Genre unabhängige Position. Wie schon in seinen Ausführungen über die Sozialpflichten und den Sozialmißbrauch richtet sich seine Kritik nicht nur gegen die Regenten, sondern auch gegen den als Vorwand zum Krieg mißbrauchten Patriotismus der Bürger:

> "... und die prächtig tönenden Wörter, **gemeines Wohl, Staat, Vaterland** sind eitler Vorwand, eigennützige Absichten zu verkleiden, vielleicht Kunstgriffe, desto größere Belohnungen zu fordern, je weniger man das Ansehen hat, nach einer geringeren zu streben."[36]

Schließlich stehen Sonnenfels' Ausführungen zum Thema 'Patriotismus' im deutlichen Kontrast zu den nahezu propagandaartigen Beiträgen pietistischer Blätter. In einer differenzierenden Beschreibung des Patriotismus der verschiedenen Stände gewinnt seine Analyse sogar eine soziologische Qualität:

---

33   Bürger, Sämtliche Werke, Deutsche Klassiker Bibliothek (o.J.), 2. Teil, S. 33.
34   Vgl. auch Herrmann (1987), S. 382.
35   Der WELTMANN, 11. Stück.
36   Der MANN OHNE VORURTHEIL, Bd. 3, 15. Stück.

Der Landmann:

"Mein Freund! sagen sie zu dem Landmanne, was ist dein Vaterland? - Er wird vielleicht mit genauer Noth das Wort verstehen, das er in seinem Leben nie gehört hat ... Vaterland ist, wo er geboren ist, Land und eine Hütte hat."

Der Arbeiter:

"Sagen sie dem Arbeiter! wolltest du dein Vaterland verlassen? heute noch, wird er fertig antworten, wenn ich Vortheile dabey finde: ich hänge an nichts; und wo ich Arbeit und Nahrung finde, da ist mein Vaterland."

Der Handelsmann:

"Ohne Zweifel, die sie ihr Vaterland vor allen anderen lieben? Eh! sollten wir es nicht thun, dieses Vaterland, das uns so viele Vortheile verschaft, wo wir reich, angesehen, glücklich sind, hat es nicht ein Recht auf unsre vorzügliche Liebe."

Der Gelehrte:

"Himmel, was für Vorzüge enthält nicht schon das Vaterland selbst. Er liebt sein Vaterland, weil es ihm die Muße der Forschung ermöglicht."[37]

Das auseinanderlaufende Nationalempfinden der einzelnen Stände wird zwar als natürliche Gegebenheit verstanden, durchaus aber nicht als Idealzustand akzeptiert. In dem Jahrhundert, in dem Bildung zum abgrenzenden Standesmerkmal der Bürgertums wird, hoffen die Autoren der Moralischen Wochenschriften, daß Erziehung die Bürger zum rechten, den Staat stützenden Patriotismus führen könne.

Bildung als gesellschaftliches Interesse:
Die Erziehung zum nützlichen Staatsbürger

Der Mangel an einheitlicher Bildung, die zu einem uniformen Patriotismus führt, wird in den Wochenschriften allgemein beklagt. Die in den Moralblättern beschriebenen Bildungsideen richten sich immer nach dem Nutzen für das Staatswohl.[38] In den pietistisch-geprägten Blättern hatten sich die Autoren besonders die sittliche Erziehung des Menschen in ihr Programm geschrieben. Ihr erklärtes Ziel war es, lebenstüchtige Staatsbürger zu erziehen, die die sozialen und wirt-

---

37 Ebd., Bd. 3, 16. Stück.
38 Das beschreibt für die Wiener Moralblätter auch Herrmann (1987), S. 442.

schaftlichen Bedürfnisse des Staates erfüllen konnten. Ausgehend von den Ideen August Hermann Franckes, sollte die Erziehung zum Wohle des Staates besonders die sittliche Reife fördern:

> "... insbesondere drey Tugenden ... welche man vor allen suchen muß denen Kindern bey noch zarten Jahren einzupflanzen, so sie anders zu einer gründlichen und beständigen Gottseligkeit sollen angeführet werden, nehmlich: Liebe, Wahrheit, Gehorsam und Fleiß."[39]

Aber auch im josephinischen Wien war der Tenor der Erziehungsbestrebungen die Bildung des Verstandes und des Herzens. Grundbegriffe der Elementarbildung waren die Tugend und die Moral, und zwar genau wie bei den pietistischen Pendants immer mit der dezidierten Zielsetzung einer Erziehung zum nützlichen Staatsbürger.[40] In Wien schreibt der MANN OHNE VORURTHEIL über die Erziehung zu bürgerlichen Pflichten und zur Vaterlandsliebe:

> "Ich will meine Söhne mir, und meiner Familie, aber ich will sie auch den Mitbürgern, ich will sie dem gemeinen Wesen erziehen: meinem Wunsche gemäß, sollen sie dereinst nicht für sich allein, auch für den Staat sollen sie leben, und in der Kette, darin sie die Vorsicht gereiht, kein unnützes Glied seyn. Ihr Satz: daß die Erziehung dem Staate nicht gleichgültig seyn könne, leuchtet zu sehr ein, als daß ich den Mangel einer Nationalerziehung nicht sollte bedauret haben."[41]

Gleichzeitig damit geht besonders in der Habsburger Monarchie eine Kritik an der kirchlich-zentrierten Erziehung einher. Die Moralblätter fordern - ganz im Trend des Josephinismus - eine Säkularisierung der Erziehung. Bildungsvermittlung mit dem Ziel einer Erziehung zum Staatswohl, und daran mußte sich jedes Erziehungskonzept messen lassen, sollte nicht länger eine Domäne des Klerus sein:

> "Endlich warum immer Geistlichen die Erziehung anvertrauen? Ich ehre diesen Stand, kenne die Wichtigkeit seines Berufs, aber zu Erziehern sind sie einmal nicht tauglich; denn entweder sind sie gute Geistliche, oder sie sind es nicht."[42]

Die staatsbürgerlich taugliche Bildung sollte sich nach weltzugewandten, nach le-

---

39 Peschke, August Herrmann Francke, Werke in Auswahl: Pädagogische Schriften und Schriften zur Lebensführung (1969), S. 117ff.
40 Vgl. Wangermann, Aufklärung und staatsbürgerliche Erziehung (1978), S. 62ff.
41 Der MANN OHNE VORURTHEIL, Bd. 3, 23. Stück.
42 Der WELTMANN, 16. Stück.

bens- und alltagsorientierten Themenkreisen richten, die Vermittlung von Glaubensinhalten sollte in den Hintergrund treten. Der gute Staatsbürger sollte vor allem nicht durch gelehrte Inhalte verdorben werden:

> "Die Welt ist das grosse Buch, in dem wir eigentlich studieren müssen. Ein einziger Lehrsatz, den wir entweder aus der physischen oder moralischen Welt herholen, wirtschaftet ungleich größeren Vortheil, als man von allen Spitzfindigkeiten oder vielmehr gelehrten Unsinn, den man öfters in den Schulen höret, nicht erwarten kann. Die Schönheit der Natur - und welch ein weitschichtiges Feld zur Betrachtung für einen forschenden Geist ihren Urheber, und die mannigfaltigen Gattungen der Geschöpfe überzeugen uns von der Allmacht desjenigen, dem alle Wesen ihr Dasein zu verdanken haben."[43]

Dabei bildet sich vor allem in den späten Wochenschriften die Überzeugung heraus, daß eine solche auch "naturbelassene" Bildung dem Bürger die einzig mögliche Freiheit verschaffen kann:

> "Lange giebt sich schon die gelehrte Welt Mühe, um vollkommen entscheiden zu können, wie die Natur derjenigen Freyheit solle beschaffen seyn, für welche wir Menschen gebohren werden. Rousseau, von einem brennenden Gefühl, und entflammten Geiste geführt, breitet die Stärke seiner Seele bis an die äussersten Gränzen der Einbildungskraft hinaus, um zu beweisen, daß wir unsere natürliche Freyheit durch die Eigenthumsrechte verdorben haben. Er gabe sich Mühe noch zu zeigen, daß die Wissenschaften, und Künste die wahren Tugenden in uns vernichten, von welchen wir nichts mehr, als nur den Schein haben. Jedoch alles was man ihm in diesem Fall antwortete, scheinet mir seiner Grösse zu unterliegen."[44]

Vor allem in den Moralischen Wochenschriften der zweiten Hälfte des 18. Jahrhunderts war die kritische Distanz gegenüber der universitären Gelehrsamkeit so groß, die Furcht, daß von ihr unvorteilhafte Einflüsse auf das staatsunterstützende Empfinden und Verhalten der Bürger ausgehen könnte, so manifest, daß neben einer Kritik an ihren Inhalten und Auswirkungen auch immer wieder konkrete Überlegungen zu ihrer Einschränkung zum Ausdruck gebracht wurden.

---

43 MEINE EINSAMKEITEN, 12. Stück.
44 Der MANN OHNE VORURTHEIL IN DER NEUEN REGIERUNG, 3. Auftritt.

Die staatliche Kontrolle:

Die kontinuierliche Präsenz der Polizei

Das Josephinische Bildungsideal war populäraufklärerisch mit der Ablehnung des klassischen Gelehrtentums.[45] Dabei gipfelten die Josephinischen Maßnahmen gegen das Gelehrtentum in der Schließung der Universitäten und damit in der Rücknahme bzw. Verhinderung der akademischen Bildung.[46] In dem Prager Wochenblatt MEINE EINSAMKEITEN entwirft der Autor ein Szenario, wie sich Gelehrte verhalten dürfen und schlägt darüber hinaus vor, eine Polizei einzurichten, die über die Selbstdarstellung der Gelehrten wacht:

> "Wäre es nicht gut in diese Betrachtungen eine eigene gelehrte Polizei anzuordnen, und wenigstens einige allgemeine Gesätze zu bestimmen, dadurch die Monopolien und der Schleichhandel in der gelehrten Republik eingeschränkt, oder wo möglich gar ausgeschlossen würden?
> Man könnte, um sich von dem Nutzen einer solchen Anstalt zu überzeugen, nur einige vorläufige Artikel festsetzen. Z.B. müßte ein für allemal bestimmt werden, wie oft ein Professor das Jahr hindurch auf der Katheder von sich selbst sprechen, oder seine Schüler citiren dürfe? Ob, und wie weit er seine gelehrten Streitigkeiten dort vorbringen könne? Die Journalisten müsten sich legitimieren, daß sie weder von dem Verfasser, noch von dem Verleger, mit einem Exemplar in grösserem Format auf Schreibpapier beschenkt worden sind, in keiner Korrespondenz mit ihm stehen ... "[47]

In dieser Verquickung von staatspatriotischer Bildung und Gelehrtenfeindlichkeit auf der einen Seite und polizeilicher Kontrolle auf der anderen Seite kommen zwei zentrale Elemente moraljournalistischen Denkens zusammen: Zum einen die Einsicht, daß der Leser zum besseren Bürger gebildet werden kann und zum anderen die Überzeugung, daß vermeintlich schädliche Einflüsse bzw. der in seiner Vernunft noch nicht perfektionierte Bürger zum Wohle des Staates kontrolliert werden müsse. Sein 229. Stück überschreibt der GLÜCKSELIGE :

> "Eine Betrachtung über die neuesten Anstalten unserer Zeiten, ganze Länder und Völker glücklich zu machen."

Charakteristisch für den pietistisch geprägten Wochenschriftsjournalismus macht das Wochenblatt die weltliche Ordnung zur Aufgabe der Kirche. Wegen des vom Autor als "verfallener Polizey" charakterisierten staatlichen Kontrollsystems, ent-

---

45 Gutkas, Kaiser Joseph II. (1989), S. 341.
46 Wangermann (1978), S. 19.
47 MEINE EINSAMKEITEN, 31. Stück.

wickelt der GLÜCKSELIGE ein Szenario, in dem Ordnung und sittliches Wohlverhalten durch Zivilaufpasser - vorgeschlagen werden Geistliche - gesichert
werden sollen:

"... Durch die Beyhülfe rechtschaffener und gewissenhafter Seelsorger würde man die besten Leute eines Ortes ohne viele Mühe ausfindig machen.
Diese könnten auf gewisse Obachtspunde besonders verpflichtet und autori-
siert werden, herrschen Unordnung und bösen Gewohnheiten durch Zwangs-
mittel Einhalt zu thun, die einem jedweden Gebrechen angemessen wären.
Es würde auch nicht unschicklich sein, daß man selbst geistliche Personen in
ein solches Geschäfte der Aufsicht über das gemeine Wesen mit hineinzöge.
Es ist schon ein Theil ihrer Pflicht, daß sie bey öffentlichen Gastereyen, auf
Kindtaufen und Hochzeiten um deswillen gegenwärtig seyn müssen, damit
ihre Gegenwart die Ungezogenen und Lasterhaften von gesetzwidrigen Reden und Handlungen abschrecken soll ... würde nicht die pflichtmäßige
Amtsführung derer Geistlichen von weit ausgebreiteten Nutzen seyn, wenn
sie durch Specialbefehlen zu allen Unterhandlungen im gemeinen Wesen in
und ausser Gericht zugelassen und als verpflichtete Aufseher respectiret werden müßten? ... Schön ausgenommen, wird hier mancher Politicus antworten! Das hieße nichts anders, wird er sagen, als ein neues Papsthum errich-
ten und die Herren Geistlichen in die weltlichen Händel der Gerichtsbarkeit
und derer Staatsgeschäfte mit einflechten wollen. Nein, nein, so weit muß es
nicht kommen, wie es in einigen catholischen Landen die Herren Jesuiten
gemacht haben. Wir wollen uns hierauf redliche Männer erklären, die unpar-
theyisch sind und der Geistlichkeit weder zu viel einräumen, noch zu wenig
zutrauen. Ein anders sind Rechtsprüche, Klugheit und Gottesfurcht zu führende Aufsicht über das Sittliche bey weltlichen Geschäften."[48]

Solche Vorstellungen subversiver Bürgerkontrolle sind den Wiener Moralblättern
fremd. In der Habsburger Monarchie hatten Sonnenfels und andere Verfechter
der Aufklärung immer wieder gefordert, daß die Organisation und die Kompeten-
zen jeder Behörde veröffentlicht werden müßten, um ein rechtmäßiges Vorgehen
und Rekursmöglichkeiten zu gewährleisten.[49] Über das Polizeiengagement in der
Josephinischen Ära sagt Felderer, daß der Einsatz der Polizei als Allheilmittel in
allen Problembereichen lediglich eine "Sondermeinung" gewesen sei.[50] Dem widersprechen die Forschungsergebnisse Bradler-Rottmanns, die darstellt, daß die
Josephinische Politik eine kontinuierliche Überwachung ihrer Bevölkerung durch
die Polizei für notwendig hielt.[51] Dies findet sich auch bestätigt in der Kritik der

---

48 Der GLÜCKSELIGE, 229. Stück.
49 S. Wangermann, From Joseph II. to the Jacobian Trails (1959); der Autor führt hier
   Beispiele für die Verfolgung der Bürger an, S. 51-56.
50 Felderer (1953), S. 287.
51 Bradler-Rottmann (1973), S. 76. Eigens zur Einhaltung von Ordnung, Sitte und Sicherheit

Vertreter einer liberaleren Politik. In seiner anonymen Broschüre "Warum wird der Kaiser Joseph von seinem Volke nicht geliebt?" bemerkt Joseph Richter:

> "Die Edlen im Volke wünschen: Kaiser Joseph möge nicht mit allzugroßer Bereitwilligkeit Denuncianten anhören. Es ist weniger schädlich für den Staat, wenn hie und da ein Verbrecher verborgen bleibt, als wenn Freund gegen Freund, Familie gegen Familie mißtrauisch gemacht, und das Band der menschlichen Gesellschaft dadurch zerstört wird."[52]

Das Verhältnis zum Adel:
Die Attitüden des unzeitgemäßen Standes

Während die absolutistischen Herrscher von der Kritik der Moraljournalisten weitgehend verschont bleiben, sind sich alle Autoren des Genres einig, daß der Adel in seinem Verhalten und seinen Attitüden unzeitgemäß agiert. Da unterscheiden sich weder die frühen von den späten Moralblättern, noch gibt es nennenswerte Unterschiede zwischen den Veröffentlichungen des protestantischen Nordens und denjenigen des katholischen Südens. Grundsätzlich ist auch allen gemeinsam, daß sie nicht an der Existenzberechtigung des adeligen Standes rütteln. Den Moralischen Wochenschriften ging es an keiner Stelle darum, ein neues Gesellschaftssystem zu entwerfen, in dem die privilegierte Klasse des Adels keinen Platz mehr haben sollte. Zwar vertreten die Moralblätter mit ihrem tugend- und vernunftbezogenen Leistungsideal ein "bürgerliches Konzept"[53], doch untermauern sie in ihrer Grundhaltung die Aufteilung der Gesellschaft in einzelne Stände. Denn, so schreibt der Gesellige:

> "Die Verschiedenheit der Gemüter, des Berufs und des Standes, dienen zum besten unsere Welt."[54]

---

wurde 1749 eine Polizeikommission eingerichtet, vgl. Zöllner, Geschichte Österreichs (1979), S. 327.

52 Richter, Warum wird der Kaiser Joseph von seinem Volke nicht geliebt? (1787).

53 Martens (1968), S. 371.

54 Der GESELLIGE, 46. Stück. Die euphorischen Darstellungen des politisch-reformerischen Pietismus, der am Ziel einer gesellschaftlichen Umstrukturierung orientiert sei, wie sie sich bei Hocks und Schmidt oder Jannasch und Schmidt finden, spiegeln sich im Wochenschrifts-journalismus nicht wider: Hocks und Schmidt beschreiben die Ziele des radikalen Pietismus als Steigerung der Sozialkritik zum "Kommunismus der Liebe" nach dem großen Vorbild der christlichen Urgemeinde, Hocks/Schmidt (1975), S. 123; Jannasch und Schmidt formulieren:

In den Moralischen Wochenschriften äußert sich die Kritik am Adel nicht, weil im Bürgertum die Unzufriedenheit mit dem eigenen Stand geschürt werden soll. Dezidiert wenden sich die Wochenschriftsautoren gegen alle Überlegungen, die ständische Ordnung laufe dem Gemeinwohl zuwider. Auch die philosophischen Ausführungen eines Platon und der ihm anhängenden Denker weisen sie zurück, erklären diese, wie der MENSCH, zu Irrläufern,

> "wenn sie die Ungleichheit der Stände der Herrschsucht, der Tyrannei, der Gewaltthätigkeit und der Üppigkeit zuschreiben. Sie irren, wenn sie behaupten, diese Einrichtungen der Stände sey der gesunden Vernunft entgegen: Sie machen einen falschen Schluß, wenn sie daraus schließen, man müsse auf alle mögliche Art suchen, die Menschen wieder in ihre vormalige Gleichheit zu setzen, und einem jeden zu seinem Antheil seines Rechts zu verhelfen. Dergleichen Sätze sind allemal schädlich. Denn ob sie zwar in wohlgeordneten Staaten durch Obrigkeiten gehindert werden, keine Zerrüttung anzurichten, und andere Bürger aus der Ursache elend zu machen, daß keiner glücklicher als der andere sey; so ernähren sie doch im Busen ihrer Anhänger einen heimlichen Verdruß, welcher dieselben zu Mißvergnügten in der Stadt Gottes macht."[55]

Die Kritik der Moralblätter am Adel wendet sich vielmehr gegen Standesdünkel, Arroganz, oberflächliche Galanterie, kurz: gegen ein unzeitgemäßes, im Sinne der Moraljournalisten nicht staatsförderndes, da fehlgeleitetes Ehrempfinden.[56] Dabei ist die Kritik gegenüber dem Adel ganz im Stile der Moralischen Wochenschriften an vielen Stellen durchaus freundlich. Der WELTMANN etwa appelliert mit eleganter Zurückhaltung an die Einsicht seiner adeligen Leser, sich bessern zu wollen:

> "Behagt Ihnen all das, mein Herr, so will ich Hand an das Werk legen: wie glücklich wäre ich, wenn ich einige Steine zum großen Gebäude beytragen könnte, das unser Kaiser zu errichten beginnt; er, der, wie ich hoffe, von der Nachwelt den Beynamen des Großen nicht mit Menschenblut, sondern durch Güte und Weisheit erkaufen soll. Wie glücklich, wenn ich unserm Adel deutschen Sinn und deutsches Gefühl beybringen könnte; sie erröthen machte über ihre einstige Thorheiten; sie dahin bringen könnte, daß sie, ohne ihre angebohrnen Vortheile zu verkennen, **Mensch seyn** höher schätzen als **adlich seyn**; wenn sie auf ihrer ihnen eingeräumten Höhe durch jede gute

---

"Der Pietismus entwirft eine neue christliche Soziallehre und bereitet die Überwindung der Standesunterschiede vor, indem er in seinen kleinen Kreisen, den Konventikeln, Gelehrte und Ungelehrte, Adelige, Bürger und Bauern, Männer und Frauen gleichberechtigt zusammenbringt", Jannasch/Schmidt, Das Zeitalter des Pietismus (1965), S. XVI.

55 Der MENSCH, 231. Stück.
56 Vgl. Martens (1968), S. 374, Herrmann (1987), S. 419ff.

Kenntniß und Handlung so zu glänzen suchten; wie sie einst durch ihr Bey-
spiel jede andre Klasse vergifteten und bethörten.
Leben Sie wohl u.s.w."[57]

Das Bestreben, den Adel nicht in scharfer Kritik abzukanzeln, liegt natürlich
auch begründet in der Herkunft vieler Wochenschriftsherausgeber, die selber adeliger Abstammung waren. Eine in fast allen Wochenschriften übliche Lösung
besteht darin, verschiedene Adelsklassen zu unterscheiden:

> **"Der adeliche Bürger**, ein Mittelding zwischen Bürger und Adel, rächt sich
> wegen der Unachtsamkeit, die er von den beiden erdulden muß, an dem ge-
> meinen Haufen der Arbeiter, unter dem er doch so manche Tante, und On-
> keln zählet.
>
> **Der große Adel** - Aber ich bin ungerecht, wenn ich Menschen unter den
> großen Adel zähle, die nur der Zufall der Geburt erhebet, die Ursache sind,
> daß man dem Stücke Ungerechtigkeit vorwirft, weil es unwürdigen einen
> Platz angewiesen, den sie stündlich schänden, die, wenn man ihnen Kutsche
> und Gefolge, Kleidung, und Wappen, und diese beleidigende, nicht hohe,
> sondern hochmüthige Mine, und manche unterscheidend ruchlose That,
> raubt, worinnen sie ihre ganze Größe bestehen lassen, vielleicht die verächt-
> lichsten unter allen Menschen seyn würden.
>
> **Der wahre Adel** bedarf dieser äußerlichen erborgten Vorzüge nicht: er
> strahlt in eigenem Glanze. Ein Herz, großer Empfindungen fähig, ein Herz,
> zu stolz, eine unredliche, eine kleine That zu thun, ein Herz, fühlbar bey der
> Noth der Tugend, strenge, unbiegsam gegen das Laster; eine Hand, ausge-
> streckt zu helfen, ausgestreckt das Verdienst zu umfassen und zu unterflü-
> gen. Wo ich diese finde, da ist Adel, oder da sollte er seyn."[58]

Im MANN OHNE VORURTHEIL bleibt es allerdings nicht bei dieser zurückhaltenden
Einordnung adeliger Schwächen. An anderer Stelle formuliert Sonnenfels seine
Adelskritik schärfer. Seine Metapher verdeutlicht, daß das Ansehen, welches die
einzelnen Stände in Relation zu ihren Funktionen und Leistungen genießen, un-
gleich verteilt ist. Die Metapher verschließt sich auch nicht der Interpretation,
daß daraus abgeleitet die Machtverteilung in der Habsburger Monarchie unzeitgemäß ist:

> "Diese Bildsäule war die Gestalt eines ungeheuren Kopfes. Was soll mir die-
> ser Kopf? - fragte der Fürst - das ist eine menschliche Gestalt; sagte der
> Bildhauer - Der Unverschämte! schrien alle Umstehenden. Man, sprach er,
> so ist wenigstens dieses eine! und es wurden zwo ungeheure Hände hinein-
> gebracht. Er erkühnet sich deiner zu spotten, o Fürst: er verdienet bestraft
> zu werden! wiederholten alle Anwesenden - Der Bildhauer, war das nicht,
> wofür er sich ausgab: er war ein Weiser, der unter den anderen Mitbewer-

---

57 Der WELTMANN, Einleitung.

bern angekommen war, nicht um die Stelle zu erhalten, sondern dem Fürsten seinen Rath dabei zu ertheilen. Er wendete sich zu demselben, und sprach: Wie dieser Kopf, diese Hände, und so weiter alle einzelnen Glieder, keinen Menschen machen, so machet ein Stand allein auch keinen Staat aus. Es sind alle Glieder zur Gestalt eines Menschen, und alle Stände zur Bestellung einer bürgerlichen Gesellschaft erforderlich."[59]

Eine ähnliche Kritik findet sich auch in den Hallenser Blättern: eine Mißachtung der adeligen Attitüde, die eine Verachtung der unteren Stände zum Ausdruck bringt, denn die Prämisse, daß alle Stände - neben dem Adel also auch die unteren Stände - ihre Berechtigung haben, mündet in der Forderung nach gegenseitiger Akzeptanz. Der GESELLIGE bringt das in einem satirischen Exkurs zum Ausdruck:

"Stachius von Von nennet seinen Schneider und Barbier eine Bürgercanaille, und danket seinen Schuster nicht, wenn er ihn grüßet. Er glaubet, daß, wenn er diese Leute bezahlet, er ihnen Ehre genug erweise. Indessen ist er selbst nicht im Stande, durch seinen Verstand und Geschicklichkeit einen Dreyer zu erwerben, und nur so viel zu erzählen, als erfordert wird, die Zahl der Leute zu bestimmen, die an seinem Dreyer gearbeitet haben, bis er in seine Hände gekommen ist. Es ist gut, daß ich auf Stachius von Von komme, um von den Kaufleuten zu reden, die mir immer noch so lieb sind. Es ist kein größerer Verächter derselben, als er. Er hat sich sagen lassen, daß ein Edelmann keinen Kaufhandel treiben müsse: daher hält er einen Kaufmann für ein besudeltes Ding. Er bedenkt nicht, daß uns ein einziger Kaufmann nützlicher, nöthiger und unentbehrlicher sey, als er, seine Frau, seine Kinder, und seine 32 Ahnen zusammen genommen."[60]

So einhellig die Bewertung des Adels in den protestantischen und katholischen Moralblättern der zweiten Jahrhunderthälfte ist, so sehr unterscheiden sich wiederum die Ausführungen zu den unteren Ständen, insbesondere zu deren Lebens- und Arbeitsbedingungen.

Soziale Mißstände in den unteren Ständen: Anfänge einer Kritik am Gottgegebenen

Wenngleich den Kaufleuten, stellvertretend für alle Stände, die dem Adel untergeordnet waren, Nützlichkeit attestiert wurde, unterstützten die Moraljournalisten in keiner Weise den Ehrgeiz der Unzufriedenen, ihr Los durch einen Aufstieg in

---

58   Der MANN OHNE VORURTHEIL, Bd. 1, 9. Stück.
59   Ebd., Bd. 3, 5. Stück.
60   Der GESELLIGE, 26. Stück.

einen höheren Stand zu verbessern. In der ständischen Struktur sahen sie die Stabilität des sozialen Gefüges gewährleistet, ein Aufstieg war im Sinne der Moralischen Wochenschriften daher nicht erwünscht:

> "Ein Kaufmann wird selten etwas mehr, als ein Kaufmann, ein Handwerker selten etwas mehr, als ein Handwerker, und ein Bauer selten etwas mehr, als ein Bauer werden ... werden meine Leser selbst das Urtheil fällen können, was man von denjenigen Leuten halten solle, die ihren Stand unaufhörlich verändern, um sich zu einer Höhe zu schwingen, die sie nimmermehr erreichen können; die alles unternehmen, was ihnen Aberwitz und Torheit befihlt; die sich verpflichtet, ungeheure Laster zu tragen, da ihre Kräfte kaum auf einige Pfunde zulangen; die sich als Weise und Beständige brüsten, und doch in ihrer Wissenschaft sich noch nicht allzuviel über den Pöbel erhoben haben."[61]

Die Moralischen Wochenschriften, die im Bereich der Hallenser Einflußsphäre erschienen sind, beschäftigten sich wenig mit den Ständen, die dem Bürgertum untergeordnet waren. Da, wo die Blätter sich der Bauern und Handwerker annahmen, ist den Äußerungen eine große Distanz zu deren Lebens- und Arbeitsbedingungen zu entnehmen. Aus der Perspektive bürgerlicher Aufklärungsideale betrachteten die Wochenschriftsautoren die unteren Stände vornehmlich unter der Fragestellung, wie vernunftfähig, wie tugendhaft, wie moralisch diese Menschen sein konnten. Die Antwort auf diese Fragen zeigte zwar, daß auch der Bauer und der Handwerker durchaus einen tugendhaft-moralischen Lebenswandel haben konnten, jedoch ohne daß eine höhere, quasi intellektuelle Einsicht sein Handeln bestimmte. Die vom Individuum selbst zu lenkende Fähigkeit zur Vernunft meinten die Wochenschriftsautoren bei diesen Menschen nicht zu finden, weshalb auch ihre Moral und ihre Tugend von geringerem ideellen Wert seien.[62]

> "Ich habe mich sehr viel mit solchen Leuten in Unterredung eingelassen, um zu erfahren, wie es mit ihrer Seele stehe. Ich glaubte, sie müßten doch etwas Würdiges denken: ich hoffte, die edle Menschheit würde insgeheim arbeiten, oder doch dann und wann das Cörperliche durchbrechen. Allein ich habe mit großer Bestürzung sehr Viele angetroffen, die nichts anders denken können, als was ihren thierischen Theil betrifft ... Wenn diese Leute nicht durch eine christliche Erziehung den Catechismus gelernet hätten, und zur Kirche giengen, blos weil sie am Sonntag nicht arbeiten dürfen, so würde ihnen, so viel an ihnen selbst lieget, auch der Name GOttes unbekannt seyn, von welchem sie auch größtentheils nichts mehr wissen, als den bloßen Namen ... Meine Leser werden mir eingestehen, daß 9 Zehntheile der Menschen also le-

---

61   Der GLÜCKSELIGE, 85. Stück.
62   Vgl. auch Martens (1968), S. 383.

ben."[63]

Diesen Teil der Bevölkerung betrachten die pietistisch geprägten Wochenschriftsautoren nicht als ihre Klientel, war er doch ganz praktisch betrachtet auch nicht
ihre Leserschaft, und klammern ihn daher auch explizit weitgehend aus.

> "Ich will jetzo dieser unglückseligen 9 Zehntheile des menschlichen Ge-
> schlechts nicht weiter gedenken; ich will den übrigen zehnten Theil untersu-
> chen. Dieser bestehet aus Leuten, die durch die äußerste Noth nicht in die
> betrübten Umstände gesetzet sind, daß sie nicht denken können und nicht
> Zeit haben, menschlich zu denken." [64]

Schon der Seelenzustand der unteren Schichten ist für die Moralblätter von sehr
peripherem Interesse, die sozialen Mißstände, in denen die Bauern und Handwerker lebten, finden in den Moralischen Wochenschriften des protestantischen Nordens fast überhaupt keine Beachtung. Dies gilt für die hier untersuchten Blätter
der zweiten Jahrhunderthälfte ebenso wie für ihre Vorläufer. Da, wo sich die
Autoren der protestantischen Moralblätter überhaupt mit den "unteren Schichten"
befassen, zeigen sie lediglich Interesse an den Lebensverhältnissen eines Berufsstandes, nämlich dem ihrer Dienstboten,[65] einer sozialen Gruppe, die den bürgerlichen Haushalten schon deshalb vertraut war, weil sie ihr räumlich eng verbunden war. Aber auch hier gingen die Betrachtungen, wenngleich sie durchaus die
Lebens- und Arbeitsprobleme der Bediensteten ansprachen, an keiner Stelle über
eine bloß deskriptive Darstellung hinaus. Eine kritische Betrachtung, etwa mit
dem Ziel, die Arbeitsbedingungen zu verbessern, wie sie später in den Habsburger Blättern zu finden ist, fehlt in den protestantischen Publikationen noch.

Auch in den Habsburger Blättern ist zunächst die Akzeptanz der Stände auch
mit ihren unterschiedlichen Lebensbedingungen und Privilegien vorrangig.[66] Der
MANN OHNE VORURTHEIL macht sich explizit für die Erhaltung einer geistigen Elite
stark, die notwendig sei, um im Staate herausragende Leistungen zu gewährleisten.[67] Aber anders als in den Veröffentlichungen der Hallenser Einflußsphäre ist
das Thema "soziale Mißstände" regelmäßiger Programmbestandteil der Habsburger Moralblätter und beschränkt sich nicht, wie Martens meint, lediglich auf den

---

63 Der MENSCH, 29. Stück.
64 Ebd.
65 Vgl. auch Martens (1968), S. 386ff.
66 Vgl. auch Kann (1962), S. 168.
67 Der MANN OHNE VORURTHEIL, Bd. 2, 22. Stück.

MANN OHNE VORURTHEIL.[68] Der HUNGRIGE GELEHRTE etwa kritisiert in scharfer Weise die Kinderarbeit, indem er anschaulich beschreibt, wie das Leben eines Jungen aussieht, der für seinen und den Lebensunterhalt seiner Familie arbeiten muß.[69] Allerdings nimmt die Kritik Sonnenfels' an den sozialen Mißständen noch über seine Äußerungen zum absolutistischen Herrschaftsgefüge hinaus eine nicht nur in den Moralblättern bislang unbekannte Schärfe an. Seine Auseinandersetzung bezieht sich zunächst auf die Mißstände in der Zünfteordnung. Diese war zwar bereits unter Josephs Koregentschaft Ziel von Reformen, doch verschloß sich das traditionsbewußte System zunächst einer Öffnung.[70] Sonnenfels' Kritik richtet sich daher gegen die Gefahr einer Kriminalisierung solcher Handwerker, die aufgrund überkommener Zunfttraditionen keiner standesgemäßen Arbeit nachgehen konnten.[71]

> "Man sollte in der Gesellschaft nichts weiters wünschen, als daß jeder Bürger arbeiten wollte! und man verhindert, daß er es könne. Das Befügniß zu arbeiten ist in Zünfte eingeschlossen: wer nicht aus der Zunft ist, muß ein Schurke werden. Die Wege, sich auf eine ehrbare Art zu nähren, sind ihm verschränket."[72]

Seine Schlußfolgerung, daß Gesetzesbrecher auch solche Leute seien, die keine Gelegenheit haben, ihren Unterhalt auf ehrliche Art zu verdienen, weil sie in den Zünften nicht arbeiten können, ist ein deutlicher Appell zum einen an die Zünfte, sich der Modernisierung zu öffnen, und zum anderen an die gesetzgebende Macht, die Reformen im Interesse des Staatswohles auch praktikabel zu machen.

Sonnenfels' Betrachtungen über die sozialen Mißstände finden ihren anschaulichsten Ausdruck dort, wo er über die ungerechte Bezahlung niederer aber wichtiger Arbeiten spricht. In einem Dialog mit seinem fiktiven Charakter Capa Kaum führt der Autor vor, wie die Arbeit eines Nachtwächters beurteilt wird. Neben der schlechten Entlohnung, so Sonnenfels, führe vor allem die Mißachtung dieses Berufsstandes dazu, daß die Tätigkeit der Nachtwächter in einem kriminellen und damit gesellschaftsgefährdenden Zustand münden könnte.[73]

---

68 Martens (1968). 393.
69 Der HUNGRIGE GELEHRTE, 15. Stück.
70 Vgl. auch Herrmann (1987), S. 452.
71 Vgl. auch Bernard (1962), S. 36ff.
72 Der MANN OHNE VORURTHEIL, Bd. 2, 6. Stück.
73 Bernard (1962), S. 36ff.

"**Capa Kaum**. Sie sind also sehr wichtige Leute, diese Wächter, und wegen
so vieler Dienste, die sie euch leisten, auch sehr geehrt?

Geehrt nicht so eben. Die Lebensart ist etwas zu unbequem, als daß Leute,
die sonst zu leben haben, hierzu einen starken Beruf fühlen sollten. Sie sind
aus dem gemeinen Pöbel genommen, und die Niedrigkeit bleibt ihnen auch
bey ihrem neuen Stande.

Capa Kaum. Ich finde mich so ganz nicht darein, was Ehre verdienet, wenn
es ein Stand nicht ist, der euch allen so sehr nützet. Doch diesen Leuten
wird ihre Mühe durch einen überflüßigen Unterhalt belohnet werden?

Sie bekommen ungefähr so viel, daß sie sich da zur Noth sättigen können.

Capa Kaum. Und Leuten, die ungefähr so viel bekommen, daß sie sich sättigen können, vertraut ihr eure Sicherheit? und diese sollen den Dieben weh-
ren? Es scheint sehr wahrscheinlich, daß sie lieber selbst mit Hand anlegen
werden.

Ich gestehe es dir, ich habe mich nicht selten über einen Grundsatz gewun-
dert, den man in allen Ländern angenommen hat: die Beschäftigungen, welche das größte Zutrauen fordern, am schlechtesten zu belohnen. Hier ist die
Sparsamkeit gewiß nicht am rechten Orte angebracht. Man stellet den Hungrigen Speisen vor, und spricht: bewache sie, ohne sie zu berühren! Aber der
unbefriedigte Magen ruft ihm zu: sättige dich, weil du kannst! Wer da, wo
ihm die Gelegenheit jeden Augenblick lacht, nach fremden Gute nicht lü-
stern werden soll, der muß desselben gar nicht bedürfen. Die Ehrlichkeit
solcher Leute wird nur dadurch über die Versuchung hinweggesetzt, wenn
sie nicht nöthig haben Schelme zu werden - doch die Wächter haben auch
den ganzen Tag für sich, und da können sie ihre Handgewerbe frey üben,
und, ausser des Soldes, den sie durch nächtliches Wachen erwerben, sich
noch etwas gewinnen.

Capa Kaum. Diese Freyheit muß ziemlich überflüssig seyn. Arbeiten sie
des Tages, so wird es mit ihrer Munterkeit bey Nacht nicht bestens aussehen: oder sind sie die Nacht über wachsam, so mögen sie den Tag darauf
nicht sehr sich nach Arbeit sehnen."[74]

Der MANN OHNE VORURTHEIL geht noch weiter. In seiner Ehrung der Arbeit der

unteren Stände nimmt Sonnenfels eine Position ein, die sich deutlich von der der

Hallenser Blätter abhebt. In seinen Bemühungen, den unterprivilegierten Ständen

die ihnen zustehende Achtung zu verschaffen, entwirft Sonnenfels ein Bild, in

dem er das Handgewerbe, die Bauern und die Handwerker als Künstler bezeich-

net, ihre Arbeit als Kunst betrachtet. Sein Appell an diese Stände, für ihre Rechte

einzustehen, kommt einem Aufruf zur Revolution, zum Aufstand, zum Wider-

stand gleich:[75]

---

74   Der MANN OHNE VORURTHEIL, Bd. 1, 4. Stück.
75   Vgl. auch Herrmann (1987), S. 454.

"Ihr Künste, errichtet unter euch ein Bündniß, versagt euren Verächtern euren Beystand und seht bald den Fürsten, den Prälaten, den Helden, den Gelehrten, den Adelichen, den Reichen, die Welt, zu unsren Füssen! Aber ihr genüget euch, wohlthätig zu seyn und lasset die Last, euch verbindlich zu bleiben, ihnen über!"[76]

In der Gegenüberstellung der Quellenauszüge aus den Moralischen Wochenschriften, die im Umfeld der Hallenser Einflußsphäre erschienen, mit denjenigen der Habsburger Monarchie relativiert sich das Bild Walter Markovs von den "unangetasteten Stuarts" des Kontinents.[77] Die Ausführungen des GESELLIGEN, des GLÜCKSELIGEN, des GREISES und des MENSCHEN zeigen, wie weit die pietistisch geprägten Blätter von einer kritischen Distanz gegenüber ihrem Herrschaftssystem entfernt waren. Es war ihr explizites Interesse, das bestehende System nicht nur in seinen Grundzügen zu tragen, sondern darüber hinaus die offensichtlich existenten sozialen Probleme nicht zu ihrem Thema zu machen und somit auch auf diese Weise staatstragend zu wirken. Ganz anders das Bild in den Moralischen Wochenschriften der Habsburger Monarchie und insbesondere in den Veröffentlichungen Joseph von Sonnenfels'. Wenngleich auch Sonnenfels kein politischer Utopist mit den Idealen einer neuen Staatsform war, ging es ihm doch entschieden darum, die Verhältnisse in dem bestehenden System zu optimieren. Angeleitet von diesem Ziel, gehört auch eine scharfe Kritik an den bestehenden politischen Verhältnissen zu seinem Standardrepertoire. Anknüpfend an das Bild Markovs, hat Sonnenfels und haben mit ihm andere Habsburger Wochenschriftsautoren die Konfrontation mit ihren "Habsburger Stuarts" nicht gescheut. Besonders Sonnenfels hat sich dieser Auseinandersetzung im Rahmen seiner publizistischen Tätigkeit unkonventionell und mutig gestellt. Ohne Frage gewinnt die politische Auseinandersetzung in den Moralischen Wochenschriften durch Sonnenfels eine neue Dimension.

---

76 Der MANN OHNE VORURTHEIL, Bd. 1, 7. Stück.
77 Markov (1965), S. 217.

Das neu entdeckte Lesepublikum:
Die zur Bildung unterhaltenen Leserinnen

Die Bildung ihrer Leserinnen war den Moralischen Wochenschriften ein Grundanliegen, das in allen Blättern betont wird. Hier unterscheiden sich die frühen Veröffentlichungen der 20er und 30er Jahre nicht von denen der zweiten Jahrhunderthälfte, und die Moralblätter der Habsburger Monarchie übernehmen das Anliegen von ihren Vorläufern aus der Hallenser Periode. Während in den Darstellungen zu den Themen aus Religion und Politik deutliche Differenzierungen zwischen den Ausführungen der pietistisch geprägten Magazine und jenen des Josephinismus erkennbar sind, ist die eingeschlagene Linie in der Frage, welchen Zugang die Moraljournalisten zu ihrem weiblichen Publikum wählen, weitgehend homogen. Dabei behalten alle Blätter ihren fortschrittlichen Impetus besonders im Hinblick auf einen Aspekt bei: Die Privatsphäre als Thema journalistischer Diskussion bleibt in allen Moralischen Wochenschriften ein Feld, das die Autoren in ihrem Genre erstmals in den Mittelpunkt einer öffentlichen Betrachtung rücken. Dieser innovative Programmpunkt der Moralischen Wochenschriften findet in der Literatur kaum besondere Beachtung, lediglich Robert Herrmann widmet diesem Aspekt ein eigenes Kapitel in seiner Arbeit über Wiener Moralblätter.[1]

In der Behandlung der miteinander verknüpften Themenbereiche "Privatsphäre" und "Frau" kommen allerdings trotz weitgehend homogener Zielsetzungen unterschiedliche Gewichtungen zum Tragen, die zwischen den Hallenser und Habsburger Blättern zu konstatieren sind. Dabei bleibt der innovative Ansatz der Wochenblattautoren, Themen aus dem Bereich der Privatsphäre erstmals als Vermittlungsinstrument ihrer aufklärerischen Ideen zu nutzen, bestehen. Allerdings wird deutlich, daß da, wo die Moralblätter die Frauenbildung thematisieren, sich die aufklärerischen Ziele verschieben: Von den frühen, über die Hallenser, hin zu den Habsburger Wochenschriften ist eine tendenzielle Rücknahme des fortschrittlichen Frauenbildungskonzeptes zu konstatieren.

---

1   Dabei bezieht er sich auf Habermas, Strukturwandel der Öffentlichkeit (1962), S. 63f.; Herrmann (1987), S. 520.

Der unterhaltende Wochenschriftsjournalismus:
Der Nutzen für das weibliche Publikum

Das Programm der Wochenschriften wendet sich mit besonderem Nachdruck auch an die weibliche Leserschaft, der durch das Unterhaltungskonzept ein Zugang zum Moraljournalismus - und damit zu einer Form der Persönlichkeits-Bildung - erleichtert oder überhaupt erst ermöglicht werden soll. Die spezifische Hervorhebung der weiblichen Leserschaft kommt nicht als unabhängige Fortschrittsidee zu den Aufklärungsbemühungen und zum modernen Unterhaltungskonzept der Moralischen Wochenschriften hinzu, sondern sie ist vielmehr das Ergebnis von fünf aufeinandertreffenden Faktoren, die in einem funktionalen Zusammenhang stehen, dies sind

a) die Zielsetzung des Moraljournalismus, gleichzeitig erzieherisch-bildend und unterhaltend zu wirken,

b) die Orientierung dieser Moralunterhaltung an den Belangen und Bedürfnissen des Individuums in seiner Privatsphäre,

c) das Unterhaltungsbedürfnis der Leser und Leserinnen und der neu enstehende Anspruch der Frauen auf Bildung,

d) die besonders für Frauen gegebene Norwendigkeit, Bildung mittels unterhaltender und kurzweiliger Darbietungen zu erlangen, und schließlich

e) die Zielsetzung des Moraljournalismus, sich für die Bildbarkeit und Bildung der Frauen einzusetzen und ihnen Fähigkeiten zu vermitteln, die sie für ihre Aufgabe - unterhaltend zu repräsentieren - nutzbar machen können.

Leserinnen finden in den Moralblättern Themen aus dem Lebens- und Arbeitsbereich, der ihnen vertraut ist. Die Darstellung und Aufarbeitung dieser Inhalte geschieht in einer Weise, die es auch einem Publikum möglich macht, sich mit lehrreichen Themen auseinanderzusetzen, dem für die Lektüre gelehrter Schriften die (Aus-)Bildung fehlt.

Moralblätter sind weder von ihrer Themenpalette her als Frauenzeitschriften zu klassifizieren, noch sind sie von weiblichen Autoren verfaßt worden. Dennoch hat der Moraljournalismus für sein weibliches Lesepublikum eine grundlegendere Bedeutung als für seine männlichen Leser: Offeriert er auch seinem Publikum als ganzem eine Horizonterweiterung in Fragen der Moral und Ansätze zur Standortbestimmung für ihr entstehendes Bürgerbewußtsein, so bietet er besonders den Frauen **zusätzlich** eine Dimensionsveränderung ihres Lebenskreises: Ihre speziellen Themen und Belange macht er zum Inhalt einer journalistischen Diskussion. Dadurch bieten die Wochenschriften den Frauen eine - wenngleich indirekte - Form der Öffentlichkeit und können gleichzeitig einflußreich für ihre Vernunft, ihre Individualität und dann konsequenterweise auch für ihre Erziehung und Bildung eintreten.

Die Leserinnen waren auf die Moralischen Wochenschriften als Bildungsträger oder -vermittler weit mehr als das männliche Lesepublikum angewiesen. Sie waren von Bildungsinstitutionen fast gänzlich, von privater Bildung weitgehend ausgeschlossen. Es fehlte die formalisierte Bildung, etwa die Kenntnis der lateinischen Sprache, die die Lektüre theoretischer Schriften aus dem Bereich der Theologie oder Philosophie möglich gemacht hätte. Hinzu kommt, daß durch diese mangelnde Ausbildung besonders die Leserinnen der Moralblätter weitgehend leseungeübt waren: Sie waren es gewohnt, etwa die Bibel oder die Erbauungsschriften als Wiederholungslektüre zu rezipieren oder - wie oft von den Wochenschriftsautoren kritisiert - seichte Romanunterhaltung zu konsumieren. Die regelmäßige Lektüre neuer, unbekannter Texte, die einen Lehr- und Erziehungsanspruch für sich erhoben, war der großen Mehrzahl der Frauen zunächst eine ungewohnte Übung. Das Heranführen an regelmäßiges "anspruchsvolles" Lesen auch neuer Texte war auch durch das Unterhaltungskonzept der Moralblätter möglich geworden.[2]

Doch das Engagement des Moraljournalismus für seine Leserinnen hatte keineswegs nur positive Auswirkungen. Gerade mit Hilfe seiner Möglichkeiten, Ideen, Werte und Vorstellungen einem großen Publikum zu unterbreiten, leistet der Moraljournalismus graduell zunehmend auch Geburtshilfe für die Idee der schönen und sanftmütigen Frau und half dadurch, die Rolle der Frau auf lange

---

2 Über die Neuformierung der Lesegewohnheiten schreibt Rolf Engelsing: "Bis zum Ende des 18. Jhs. war der typische Gewohnheitsleser ein intensiver Leser, der eine kleine Auswahl von Büchern oder ein einziges Buch immer wieder las, seit dem Ende des 18. Jhs. ein extensiver Leser, der zahlreiche Bücher las und ein einzelnes selten oder überhaupt nicht wieder vornahm", Engelsing, Zur Soziologie deutscher Mittel- und Unterschichten (1973), S. 122; vgl. auch Erning, Das Lesen und die Lesewut (1974), S. 56; Dann, Die Anfänge politischer Vereinsbildung in Deutschland (1976), S. 100; Wilke, Literarische Zeitschriften des 18. Jhs. (1978), S. 108.

Zeit festzulegen.

Mit Witz und Listigkeit begabt, zu Scherzen und gefälligen Schmeicheleien aufgelegt, dabei schwach und furchtsam - das sind typische Eigenschaften, wie sie der Frau seit dem 18. Jahrhundert zugeschrieben werden. Darüber hinaus werden ihr soziale Interessen, gütige Teilnahme und wohlwollende Empfindungen bescheinigt. Von Vernunft ist seltener die Rede. Diese Fähigkeit wird - wie auch ein analytischer Verstand sowie Körper- und Geistesstärke - in der Regel den Männern zugeschrieben.[3] Aus dieser dualistischen Konzeption der als natürlich angenommenen "Geschlechtscharaktere"[4] wird eine geschlechtsspezifische Aufgaben- und Arbeitsteilung abgleitet: Die emotional-geleitete "schwache Frau" findet in der häuslichen Sphäre ihren Verantwortungsbereich, während der rational-geleitete "starke Mann" auf den außerhäuslichen Erwerbsbereich festgelegt wird.[5] Dabei gilt die "Gleichrangigkeit und Gleichwertigkeit von Mann und Frau"[6] in deren spezifischen Arbeitsbereichen zumeist als unbestritten. Auch die

---

3   Auf eine detaillierte Diskussion der Entwicklung männlicher und weiblicher Rollenmuster im 18. Jahrhundert wird hier verzichtet. Für die vorliegende Arbeit sollen lediglich die Randpunkte der "Geschlechterpolarisierung" kurz skizziert werden. "Die Polarisierung der 'Geschlechtscharaktere'" bildet den Hintergrund, vor dem sich Frauenbildung und im Zusammenhang damit der Tätigkeitsbereich der Frauen im 18. Jh. entwickelte, s. hierzu bes. die Untersuchung von Karin Hausen, Die Polarisierung der 'Geschlechtscharaktere'. Eine Spiegelung der Dissoziation von Erwerbs- und Familienleben (1976).

4   Der Begriff "Geschlechtscharakter" bildet sich im 18. Jahrhundert heraus "und wurde im 19. Jahrhundert allgemein dazu verwandt, die mit den physiologisch korrespondierend gedachten psychologischen Geschlechtsmerkmale zu bezeichnen", ebd., S. 363; vgl. hierzu die Ausführungen zum Stichwort "Frau" in Zedlers Universallexikon: "Ihr Humeur, Geist, Eigenschaften, Inclination und Wesen scheinet nach jeder Landes-Art und Beschaffenheit von einander unterschieden zu seyn" (1735, Bd. 9/Sp. 1767), sozialen Bedingungen, im weitesten Sinne, wird hier für die Charakterbildung der Frau größere Bedeutung eingeräumt als naturgegebenen Voraussetzungen.

5   Vgl. hierzu das in der Hausväterliteratur (s. "Die Ursprünge und Vorläufer: Die Anfänge des Wochenschriftsjournalismus", S. 40, Anm. 37) dargestellte Rollenschema: Grundsätzlich hatte hier die Frau Anteil an allen Arbeits- und Produktionsbereichen, war aber gleichzeitig in allen Sektoren der Leitungsbefugnis ihres Mannes untergeordnet, Tornieporth, Studien zur Frauenbildung (1977), S. 24. Dem widerspricht die These von Julius Hoffmann nicht, mit der er aufzuzeigen versucht, daß sich die Ausprägung der "Geschlechtscharaktere" bereits in der Hausväterliteratur abzeichnet, dort also bereits ansatzweise belegbar ist, Hoffmann (1959), S. 110, wo er auf Hohberg, Georgica Curiosa (1682), verweist. Wenngleich die Hausväterliteratur vorhandene Charakterdifferenzierungen belegt und dabei insbesondere die negativen Eigenschaften der Frauen wie Putzlust, Neugierde und Vergnügungssucht heraushebt (so auch Tornieporth, 1977, S. 19), so werden die Charaktereigenschaften der Frau insgesamt jedoch als variabel und nicht-festgelegt verstanden.

6   Hausen (1976), S. 373.

Moralischen Wochenschriften spiegeln diese Polarität der Geschlechter wider. Mit dem Vorurteil, daß der weibliche Verstand so schwach wie der Körper der Frau sei, gingen die Wochenschriftsautoren allerdings nicht konform. Dennoch ist in den Blättern der zweiten Jahrhunderthälfte der Einfluß Jean Jacques Rousseaus und Immanuel Kants spürbar. Besonders in den Moralischen Wochenschriften der Habsburger Monarchie kommt die bei Rousseau und Kant festgeschriebene Idee der polarisierten "Geschlechtscharaktere" zum Tragen und resultiert deutlicher noch als in den Hallenser Vorläufern aus einem Konzept rudimentärer Frauenbildung.[7]

In diesem Kontext hatten es sich die Wochenschriftsautoren zum Ziel gesetzt, ihren Leserinnen ein neues Selbstbewußtsein zu vermitteln und sie anzuleiten, ihre spezifisch weiblichen Fähigkeiten nutzbringend einzusetzen:

> "Es ist eine Hauptabsicht dieses Wochenblats, die Würde und Hoheit der Menschinnen zu retten und in ihr rechtes Licht zu setzen, und das Frauenzimmer anzuführen, die ihnen eigenthümlichen Vorzüge zu erkennen, und recht anzuwenden."[8]

Die Erziehung und Besserung der in Bildungsangelegenheiten benachteiligten Frauen ist eine der Lieblingsvorstellungen des Moraljournalismus. Mit didaktischem Geschick ermutigen die Wochenschriftsautoren - wie hier der GREIS - ihre Leserinnen zur regelmäßigen Lektüre ihrer Blätter:

> " ... meine Mitbürger werden mir gern wöchentlich einen Zutritt in ihre Gesellschaften, in ihre Frühstücksstunden, oder zu ihren Caffeevisiten erlauben ... Mein altes Herz wird noch einmal jugendlich schlagen, und mein abgelebter Körper noch einmal die Freuden des Jünglings empfinden, wenn mich auch meine schönen Mitbürgerinnen annehmen, und wöchentlich ein halbes Stündchen einen Greis ertragen wollen."[9]

Kein ernsthaftes Lesen im Studierzimmer war gefragt oder gefordert, sondern angenehme Gemeinschaftslektüre, zu der die Bürgerinnen von den Wochenschriftsautoren angehalten werden. Diese sollten sich besonders in der Vorstellung der Habsburger Magazinautoren jedoch nicht zu größeren gesellschaftlichen Ereignis-

---

7   S. hierzu "Die Idealisierung der Weiblichkeit: Gefällige Bildung für die schöne Frau", S. 182f., Anm. 26 u. 27; vgl. Garbe, Sophie oder die Heimliche Macht der Frauen (1983), S. 65.
8   Der MENSCH, 41. Stück.
9   Der GREIS, 1. Stück.

sen ausdehnen.[10] Ein Lesepensum von 30 Minuten pro Woche scheint dem GREIS angemessen, zum einen, um seine Leserinnen nicht von ihren Haushaltspflichten abzulenken, zum anderen, um seinen Unterhaltungsanspruch zu unterstreichen: Die Lektüre der Wochenschriften sollte nicht zu einer zeitaufwendigen, für Frauen unangemessenen Lesearbeit ausufern, denn trotz allen Erziehungseifers sollte die Wochenschriftslektüre Spaß machen. Die Verbindung von Wochenschriftsbildung, Haushalt und Vergnügen betont auch das Wiener Blatt THERESIE UND ELEONORE gleich in seinem ersten Stück und macht dabei auch deutlich, daß es in der Frauenbildung nicht so sehr um die Bildung der intellektuellen Fähigkeiten geht:

> "Dieses liebe, liebste Kind, das meine Sorgfalt durch ihre voreilende Aufmerksamkeit so sehr verdienet, beschäftiget sich den Tag über mit der Wirthschaft, und Sachen, die zu ihrem Unterrichte gehören. Ich wollte also, daß die Lektur zu ihrer Erholung diente. Könnte diese Erholung nicht zugleich mit einem Unterrichte, wenn nicht für den Verstand, doch für das Herz verbunden seyn."[11]

Den bürgerlichen Frauen war die gemeinschaftliche Unterhaltung bei der Lektüre der Wochenschriften fast ausschließlich im häuslichen Rahmen möglich. Männliche Bürger hatten die Möglichkeit, sich in Aufklärungs- und Lesegesellschaften, die in der zweiten Jahrhunderthälfte vermehrt gegründet wurden und an Bedeutung gewannen, zusammenzufinden. Ein Zugang zu diesen öffentlichen Vereinigungen, in denen Journale und Zeitungen gelesen, besprochen und diskutiert wurden, war den Frauen erst gegen Ende des Jahrhunderts möglich und auch dann blieb er die Ausnahme.[12] Zutritt hatten die Frauen zu dieser Medienöffentlichkeit lediglich indirekt: Die Moralischen Wochenschriften boten ihren Leserinnen die Möglichkeit, an öffentlichen Diskussionen zu partizipieren: Zum einen sollte

---

10 Vgl. Herrmann (1987), S. 538ff.

11 THERESIE UND ELEONORE, 1. Stück.

12 "Einzelne Frauen als Mittelpunkt geselliger Kreise - Elisa van der Recke, Rahel Varnhagen, Henriette Herz, die Fürstin Gallitzin, die Frauen des Kreises Reimarus in Hamburg und diejenigen im Kreise der Romantiker - bestätigen die Ausnahme von der Regel", Herrmann, Pädagogische Anthropologie und die "Entdeckung" des Kindes im Zeitalter der Aufklärung (1982), S. 190; s. auch Dülmen, Die Aufklärungsgesellschaften in Deutschland als Forschungsproblem (1982) S. 93; Bödeker, Prozesse und Strukturen politischer Bewußtseinsbildung der deutschen Aufklärung (1987), S. 20-23, u. Prüsener, Lesegesellschaften im 18. Jh. (1972), Spp. 369ff.; zur Geschichte und Bedeutung der Lesegesellschaften s. besonders Dann (1976) u. ders., Lesegesellschaften und bürgerliche Emanzipation (1981).

'durch den Mund des Herausgebers ... das Publikum selbst zu Worte kommen'[13] - in diesem Fall durch die Darbietung von Frauenthemen, zum anderen sollten die Leserinnen die Möglichkeit erhalten, die Ausführungen des Verfassers in Form von Leserbriefen zu kommentieren. Ihre Rolle als passive Adressatinnen konnten die Frauen in diesem Gefüge verlassen, denn sie waren selbst Teil des "sozialen und geistigen Raum(es), innerhalb dessen sich Öffentlichkeit zum Medium rationaler Kommunikation ausbildete."[14] Allerdings entpuppt sich der Leserbrief als Partizipationsmöglichkeit an einer publizistischen Öffentlichkeit hauptsächlich als "Abdruck der Seele",[15] und es verwundert deshalb nicht, daß die Inhalte der Briefe zu einem großen Teil mit Themen der Gefühlswelt befaßt waren.[16]

Dennoch beinhalten diese Ansätze der jungen Medienöffentlichkeit neue Möglichkeiten besonders für die Leserinnen. Schreibt man sie fort, dann eröffnet eine solche Struktur weitere Perspektiven: Erziehung und Bildung liegt nicht mehr lediglich in der Kontrolle des vermittelnden Lehrers - im Idealfall würde das Publikum **durch** das Publikum erzogen und gebildet und daraus folgte, nach den Worten Immanuel Kants, eine unvermeidliche Aufklärung - also genau das, was der Moraljournalismus anstrebt:

> "Es ist also für jeden einzelnen Menschen schwer, sich aus der beinahe zur Natur gewordenen Unmündigkeit herauszuarbeiten ... Daß aber ein Publikum sich selbst aufkläre, ist eher möglich, ja es ist wenn man ihm nur Freiheit läßt, beinahe unausweichlich."[17]

Im Idealfall hätte also auch das optimistische Konzept des Moraljournalismus den Leserinnen der Wochenschriften ein Spielfeld bieten können, auf dem sie selbst ihre Aufklärung und Besserung hätten fördern können. Eine solche emanzipierte Partnerschaft zwischen den Magazinherausgebern, die sich damit begnügen, einem gänzlich selbständig gewordenen Publikum einen offenen Kommunikationsraum zu eröffnen, war aber in der Vorstellung der Wochenschriftsautoren Zukunftsmusik. Zwar schaffen die Autoren der Moralblätter ihren Leserinnen ein

---

13 Hölscher, Öffentlichkeit (1978), S. 433.
14 Ebd., S. 463.
15 Habermas (1962), S. 63.
16 Zur Bedeutung des Leserbriefes in den Moralischen Wochenschriften vgl. auch Herrmann (1987), S. 522.
17 Kant, Beantwortung der Frage: Was ist Aufklärung? (1784), S. 36.

öffentliches Forum für deren Belange, doch die Partizipation der Frauen an dieser Medienöffentlichkeit war den Moraljournalisten nur unter ihrer Anleitung denkbar: Sie verstanden es als ihre Aufgabe, "das Frauenzimmer anzuführen", ihre Vernunft und Individualität (und damit ihre grundsätzliche Bildbarkeit), in die richtigen Bahnen zu lenken: Korrespondierend mit ihrem Unterhaltungsanspruch, entwickeln die Moralischen Wochenschriften der Spätphase ein Bildungskonzept für Frauen, das nicht an der wissenschaftlich gelehrten und nicht an der öffentlich agierenden Frau orientiert ist. Sie vermitteln eine repräsentationsfähige "schöne Bildung", deren alltäglicher Bezugsrahmen die Privatsphäre und die eingeschränkte Öffentlichkeit geselliger Anlässe ist:

> "Man verlangt von ihm (einem Frauenzimmer) nichts weiter, als daß es so gelehrt sey, als nöthig ist, wenn man recht gesellig sein will."[18]

Diese von den Wochenschriften entworfene Bildung soll gefällig und schön sein und gerade dadurch der Persönlichkeitsreifung der Leserin dienen. Außerdem - so die Überzeugung der Wochenschriftsautoren - müsse alles Tiefschürfende von den Leserinnen ferngehalten werden, um der Empfindsamkeit ihrer Seelen nicht zu schaden. Das Unterhaltungskonzept der Moralischen Wochenschriften scheint mit seiner Zielsetzung, Tugend und Moral gefällig und vergnüglich zu vermitteln, wie geschaffen für die weibliche Bildung. Wo eigene Einflußmöglichkeiten nicht ausreichen, achten die Autoren der Moralblätter darauf, ihrem weiblichen Publikum Leseempfehlungen zu geben, die ihrem Konzept einer angenehmen Bildung entsprechen. Bildung für Frauen, das sollte gewährleistet sein, mußte gefällig und unterhaltend sein.

Während dieses Konzept im Verlauf der Entwicklung des Moraljournalismus zunehmend zu einer Idealisierung weiblich-ästhetischer Bildungsinhalte führt, verlieren die Moraljournalisten jedoch die praktischen Aspekte schöner Frauenbildung nicht aus den Augen: Das utilitaristische Bestreben, ein Frauenbildungskonzept zum familialen und damit gesellschaftlichen Nutzen zu entwicklen, ist prägnantes Bindeglied zwischen den Schriften der Hallenser Periode und denjenigen der Josephinischen Ära: In der Familie, das vermitteln die Moralblätter ihren Leserinnen anhand zahlreicher anschaulicher Erzählungen, setzen die Frauen die Früchte ihrer Bildung um, gestalten den privaten Bereich der Familie zur ange-

---

18 Der GESELLIGE, 43. Stück.

nehm-ausgleichenden Rekreationssphäre und setzen ihre Konversationsbildung zu unterhaltenden Repräsentationszwecken ein. Die von den Moralischen Wochenschriften für Frauen geforderte und geförderte gefällige Bildung dient der Selbstbesserung ebenso wie der Verbesserung der ökonomischen Alltagssituation der Familie.

Die Idealisierung der Weiblichkeit:
Gefällige Bildung für die schöne Frau

Die Moraljournalisten sind sich bewußt, mit ihrem Konzept von Frauenbildung Pionierarbeit zu leisten.[19] Allen Moralblättern ist dabei allerdings eine gewisse Ambivalenz eigen: Sie betonen zwar immer wieder die Gleichwertigkeit - nicht die Gleichheit - männlicher und weiblicher Tugenden, doch finden sich dann in den gleichen Blättern, geschrieben von den gleichen Autoren, Einschränkungen zu diesem Bekenntnis. Grundsätzlich jedoch proklamieren sie selbstbewußt und zum Teil vehement das intellektuelle Vermögen ihrer Leserinnen:

> " ... das Vorurtheil, daß das Frauenzimmer von Natur dummer, und nur zu Kleinigkeiten und Tändeleyen aufgelegt sey. Welch ein elendes Vorurtheil: Die Kräfte des Geistes sind nicht an die Gestalt des Körpers gebunden, und der Unterschied zwischen beyderley Geschlecht gehet nicht bis auf die Seele. Das Frauenzimmer führet den Namen des schwachen Werkzeuges nicht wegen ihres Geistes, sondern wegen ihres Leibes. Der Bau desselben und die Glieder des weiblichen Geschlechts sind nicht zu starker und anhaltender Arbeit ausgerichtet, als welches der Beruf des männlichen Geschlechtes ist. Ihre Seele hat im übrigen eben die Kräfte, die unsere Seele hat;[20] sie können eben so gut denken, nachsinnen, begreifen und erfinden, wie die Männer."[21]

---

19 Martens (1975), S. 1146.
20 Die Kräfte der Seele - gemeint ist ihre Fähigkeit zur Tugendhaftigkeit und zu moralischem Handeln - werden in den Moralischen Wochenschriften den Frauen ebenso zugesprochen wie den Männern. Im Rahmen seiner einflußreichen polaristischen Geschlechterphilosophie weist Immanuel Kant diesen fortschrittlichen Gleichheitsgrundsatz zurück: In seiner 1764 erschienenen Schrift "Beobachtungen über das Schöne und Erhabene" bezweifelt er, ob die "schöne Tugend" der Frau auch eine "wahrhaftige" sein könne; in der "Metaphysik der Sitten", erschienen 1785, verschärft er den Kontrast zwischen der weiblichen und der männlichen Tugend - die 'pflichtmotivierte' Handlung des Mannes definiert er als einzigen Ausdruck wahrer Tugend, die 'neigungsmotivierte' Handlung der Frau dagegen sei zu einer 'wahren Tugendhaftigkeit' nicht fähig, Kant (1764), S. 232 u. (1785), S. 39f.
21 Der MENSCH, 41. Stück.

Eine solche nachdrückliche Parteinahme für die Ebenbürtigkeit des weiblichen Verstandes ist für das Genre der Moralblätter typisch. Wenngleich die Wochenschriften der 20er und 30er Jahre - wie noch zu zeigen sein wird - ein Bildungs- und Erziehungskonzept entwickeln, das sich von den Vorstellungen der Moralblätter in der Spätphase unterscheidet, so bleibt die Kritik an den (Aus-)Bildungsmöglichkeiten für Frauen und die Forderung, Erziehung und Bildung der Frauen zu verbessern, ein charakteristischer Programmpunkt aller Moralblätter. Der GREIS gibt der Bildungsmisere seiner Leserinnen einen persönlichen Anstrich, indem er die Erziehung der Freundinnen seines Enkelkindes Clelie beschreibt:

> "Cäcilie, Catharina und Elise, so heißen diese drey Freundinnen, haben keine bessere Erziehung gehabt, als viele Töchter bekommen, das ist, sie haben fast gar keine gehabt."[22]

Eine formalisierte Erziehung und Bildung für Frauen war weitgehend unüblich.[23] 1777 beschreibt Michael Conrad Curtius die Infrastruktur für Mädchenbildungseinrichtungen:

> " ... für die männliche Jugend gab es Universitäten, Ritterakademien, Gymnasien, lateinische, Real- und Kriegsschulen, Philanthropien usw., für Mädchen Klöster und Pensionen, die in der Regel nichts taugten."[24]

Ein offizieller Leitfaden oder Normenkatalog für die Erziehung und Bildung bürgerlicher Mädchen und Frauen war noch nicht entwickelt. Erst Johann Heinrich Campe veröffentlichte 1789 in Anlehnung an die pädagogischen Ideen des Philantropismus[25] einen detaillierten Zielkatalog für die Mädchenerziehung. In seinem Buch "Väterlicher Rath für meine Tochter" werden die Einflüsse zweier Quellen der zweiten Jahrhunderthälfte deutlich: 1. die Idee Jean-Jacques Rousseaus von der empfindsamen, dabei weitgehend unbelesenen, doch gleichzeitig in Haushaltsfragen lebenstüchtigen Frau[26] und 2. die durch Rousseau beeinflußte dualistische Geschlechterphilosophie Immanuel Kants, die der Frau vor allem

---

22   Der GREIS, 24. Stück.
23   Eine institutionalisierte Bildung für bürgerliche Mädchen, die über eine Grundbildung hinausführte, beginnt erst mit dem Ende des 18. Jahrhunderts, Tornieporth (1977), S. 42.
24   Curtius, Von der Erziehung des weiblichen Geschlechts (1777), S. 4.
25   Die pädagogische Reformbewegung des späten 18. Jhds. nahm ihren Ausgang von J. B. Basedows Werk "Das in Dessau errichtete Philantropin" (1774), in dem er für die freie Entfaltung der natürlichen Kräfte des Kindes eintrat.
26   Siehe Rousseau, Émile ou de l'éducation (1763), Fünftes Buch "Sophie ou la Fêmme", bes. S. 621 - hier beschreibt Rousseau Sophie als eine "l'aimable ignorante".

emotionale Stärke zuspricht und sie deshalb für ungeeignet hält, einem sachbezogen Unterricht zu folgen.[27] In seinem Ratgeber legt Campe fest, daß die Erziehung seiner Tochter

> "nicht in schimmernden Talenten und Kunstfertigkeiten, nicht in Gelehrsamkeit und Schriftstellerei, nicht in körperlicher Schönheit, nicht in Putz, sondern in solchen Eigenschaften Fertigkeiten und Geschicklichkeiten, welche der dreifachen Bestimmung des Weibes - der zur Gattin, zur Mutter und zur Vorsteherin des Hauswesens - entsprechen,"

bestehen solle.[28] Die daraus abgeleiteten Erziehungsziele waren "Menschenkenntnis, Reinigkeit des Herzens, Keuschheit und Schamhaftigkeit, Freundlichkeit und immer gleiche Herzensgüte."[29] Besonders in den Habsburger Blättern wirkt sich der Einfluß Rousseaus aus. Im MANN OHNE VORURTHEIL wendet sich eine Briefschreiberin an den Autor und erzählt, daß sie ihre Kinder ganz wie Capa Kaum, den fiktiven Beobachter in dieser Wochenschrift, erziehen möchte. Er solle, so schreibt sie, im Sinne Rousseaus ohne die "Irrungen der Zivilisation" heranwachsen.[30] Deutlicher noch wird die Vorstellung des "naturbelassenen" Kindes in den Ausführungen zur Mädchenerziehung sichtbar. Der WELTMANN druckt einen Leserbrief ab, in dem der Schreiber formuliert, welche Eigenschaften ein rechtschaffenes Mädchen haben solle:

> "Schüchternheit gegen die Gefahren der Welt mus man im jugendlichen Busen nähren, damit das Mädchen, wie Emilie, glaube, daß sie über jedes Laster, aber nie über jede Gefahr der Verführung erhaben seye.
> Mit nichten muß man das junge Mädchen die Kunst der Verstellung lehren; wohl aber wie sie durch Anstand selbst jede Annäherung des Lasterhaften entfernen könne.
> Man muß sie lehren ihren Körper so einfach und sittsam zu schmücken, als ihre Seele ist, damit jener immer das Gepräge von dieser an sich habe. Sie muß Sauberkeit und Ordnung, nicht Seidenwaren und Flitterwesen für Putz halten.
> Fern sey vom Mädchen Gelehrsamkeit und Vielwisserey; aber beschäftigen muß sie sich können außer ihren Arbeiten noch mit irgend einer Kenntnis,

---

27 Über die Frauenerziehung schreibt Kant: "Niemals ein kalter speculativer Unterricht, jederzeit Empfinden, und zwar die so nahe, wie möglich bei ihrem Geschlechtsverhältnis bleiben", Kant, Beobachtungen über das Schöne und Erhabene (1764), S. 231; zur Geschlechterphilosophie s. auch "Die Metaphysik der Sitten" (1785).

28 Campe, Väterlicher Rath für meine Tochter (1789), Inhaltsverzeichnis; vgl. hierzu auch Herrmann, Pädagogische Anthropologie (1982), S. 189 u. Blochmann, Das "Frauenzimmer" und die "Gelehrsamkeit" (1966), S. 31ff.

29 Campe (1789), S. 24.

30 Der MANN OHNE VORURTHEIL, Bd. 1, 7. Stück.

die ihr Vergnügen verschaft: seltner artet ein beschäftigter Geist aus.
Auf immer sey Empfindeley verbannt, es ist die schwächste Seite, welche
der Verführer am leichtesten mißbraucht.
Lehrt sie eine gute Haushälterin zu werden: nur seitdem dieses für unadlich
gehalten wird, haben wir so viele untreue Weiber und wird fast jeder Familie Vermögen untergraben."[31]

So und ähnlich beschreiben auch andere Wochenschriften das Idealbild der Frau.
Auch der MANN OHNE VORURTHEIL, der in anderen Themenbereichen fortschrittliche Ideen formuliert, hält sich an ein Raster, in dem Schönheit, Anmut und sanfte Tugendhaftigkeit vorherrschen, mit denen die Frau die Kindererziehung lenken
und den Haushalt führen soll.[32]

Das praktische Denken, das hier zum Ausdruck kommt, ist auch in den pietistischen Blättern zu finden. Und auch in Campes Überlegungen sind später die
Unterrichtsinhalte auf die praktische Haushaltsführung abgestimmt. Darüber hinaus sieht Campe ebenso für die "Kenntnis, die ihr Vergnügen verschaft" Anweisungen vor, nämlich in der "schönen", also nicht-gelehrten Literatur und den
"schönen" Künsten, z.B. der Musik und der Malerei.[33] Von akademischen Bil-
dungszielen war kaum die Rede: Gefordert wurde ein "aufgeklärter Religionsbe-
griff" und eine "allgemeine Uebersicht der Geographie und Geschichte."[34] Campes Ratgeber, orientiert an einer praxisnahen, schöngeistigen und unakademi-
schen Ausbildung,[35] schreibt die Erziehungsvorstellungen für Mädchen der "ge-
sitteten Stände", des bürgerlichen Mittelstandes fest.[36] Gleichzeitig eröffnet sich
im ausgehenden 18. Jahrhundert ein Ausblick auf die "höhere" Mädchenbildung:
Die Töchter wohlhabender Familien sollten im Sinne des pädagogischen Ideals
des Neuhumanismus ihre Persönlichkeit durch Bildung entfalten:[37] Die Vorberei-

---

31 Der WELTMANN, 7. Stück.
32 Der MANN OHNE VORURTHEIL, Bd. 1, 25 Stück; vgl. dazu auch Herrmann (1987), S. 528-
    31.
33 Campe (1789), Inhaltsverzeichnis.
34 Ebd.
35 Vgl. Herrmann, Erziehung und Schulunterricht für Mädchen im 18. Jahrhundert (1976), S.
    102.
36 Zwei Charakteristika sind für die so bezeichnete Gruppe wesentlich: 1. Der Erziehungs- und
    Bildungswunsch setzt auf der einen Seite gesicherte "Wohlstandsverhältnisse" (Tornieporth,
    1977, S. 59) voraus, 2. die praxisorientierte (Aus)-Bildung macht auf der anderen Seite die
    ökonomische Notwendigkeit weiblicher Haushaltsarbeit deutlich; auch Herrmann zeigt auf,
    in welcher Weise sich die Ideen Campes bereits in den Wiener Moralblättern finden, Herr-
    mann (1987), S. 534f.
37 Herrmann (1976), S. 113f.

tung auf ihre späteren Aufgabenbereiche als Mutter, Gattin und Hausfrau war Teil der Ausbildung, nicht jedoch ihr primäres Ziel. Jean Paul schreibt 1806 über die Bestimmung der Frau:

" ... bevor und nachdem man Mutter ist, ist man Mensch; die mütterliche Bestimmung aber, oder gar die eheliche, kann nicht die menschliche überwiegen oder ersetzen, sondern sie muß das Mittel, nicht der Zweck sein."[38]

Durch Bildung sollte die Frau zum guten Menschen werden und somit ihren Aufgaben und Pflichten in Familie und Gesellschaft gerecht werden können.

In der Spätphase des Moraljournalismus waren die Ideen und Vorstellungen, wie die weibliche Ausbildung aussehen und welche Ziele sie verfolgen sollte, noch nicht - wie später bei Campe - festgeschrieben. Sie entwickelt vielmehr erst Ansätze, wie Formen der Frauenausbildung strukturiert sein könnten. So gab es Bestrebungen, Mädchen am Unterricht für Jungen teilnehmen zu lassen, wenngleich sich diese Bemühungen zumeist auf einen gemeinsamen Basisunterricht beschränkten, der für Mädchen dann wieder mit den typischen Unterweisungen für die Haushaltsführung fortgesetzt wurde.[39]

Obschon der progressive Ton zum Thema Frauenbildung in den Habsburger Blättern unter dem Einfluß Rousseaus und Kants deutlich zurückgenommen wurde, waren auch hier Ansätze eines anderen Denkens nicht gänzlich ausgeklammert. Das Prager Wochenblatt MEINE EINSAMKEITEN macht sich Gedanken darüber, welche Beschäftigungsmöglichkeiten ältere Frauen haben:

"Ein Frauenzimmer, welches sich über den Verlust ihrer jugendlichen Reizungen trösten - sich über das Alter der Papeurs und der Langenweile glücklich hinwegsetzen soll - mus Eigenschaften haben, die sie zu der Zeit da sie berechtigt war, diese Vorzüge anzusehen, doch ohne sie hätten liebenswürdig machen müssen. Kurz, sie mus sich beschäftigen - und ernsthaft beschäftigen können, wenn sie Zerstreuungen, die sich nicht mehr für sie schiken, mit Anstand vergessen soll.
Es ist dieses bei dem schönen Geschlechte nicht ohne Schwierigkeiten, da selbst diese ernsthafteren Beschäftigungen ihrer reifern Jahre, oft nichts mehr, als bei uns ein wohl angewendetes Jünglingsalter sind. Das Alter des Mannes schliesset überdas die Begierden nicht aus, sondern verwechselt sie nur. Die Matrone hingegen sieht kein neues Feld - nur einen öden Winter, den kein Frühling abwechseln wird, vor sich - sie mus mit ihren Wünschen Stillstand machen, und herzhaft mit der Welt brechen, wenn sie sich nicht ihrer Verachtung ausstellen will. Unglückliche Schönen, deren ganzes Ver-

---

38   Jean Paul, Levan oder die Erziehlehre (1807), S. 146.
39   Herrmann (1976), S.113.

dienst dann mit ihren Reizen dahinstirbt - die in ihrer unangebauten Seele nichts finden, dem sie den Vorzug über diese Reize geben, und dadurch über den Verlust derselben hinwegsehen können.

Deswegen solte man die Wissenschaften nicht so sehr von dem Erziehungs-plane der Töchter ausschließen, und einem Frauenzimmer nicht so sehr die Mittel benehmen, in dem schlüpfrigen Zeitpunkt, da sie aufhört die Geliebte ihres Gatten zu seyn, seine Freundin zu werden, und der Jugend, die so gerne über eine leere, runzlichte Stirne lacht, eben diese Runzeln durch Weisheit ehrwürdig zu machen."[40]

Die Vorstellung von der älter gewordenen Frau, die sich der Lächerlichkeit preisgibt, weil sie sich nicht altersgemäß verhält, ist den Wochenschriftsautoren eine Lieblingswarnung an ihre Leserinnen. Der MANN OHNE VORURTHEIL zeigt eine untugendhafte Entwicklung auf:

"Zuerst dürfen wir sie mit Schönheit, und Anmuth geschmücket, und mit jeder Grazie umringet, so wie von jeder sanfteren Tugend bestralet, vorstellen. Sie ist die schüchterne Braut und halb die Mutter eines Kindes ... "[41]

Wer diese kostbare Ausgangssituation nicht zu nutzen weiß, kann, so warnt der Autor, im Alter als verdienstloses Geschöpf enden:

"Sieh! wie die Welt ihre bejährten Streiterinnen belohnet!
Eine Jugend voll Lustbarkeit, und für das Alter, Karten.
Ihre Schönheit ist ihnen unnütze, ihre Ränke vergeblich;
Jung ohne Liebhaber, und alt ohne Freund, Ein Geck ist ihr Wunsch, aber ihr Loos ein Thor. Im Leben lächerlich, und im Grabe vergessen."[42]

Dies droht Mädchen, die zu bloßen Schauobjekten bürgerlichen Wohlstandes erzogen wurden. Davor warnen ebenso die pietistischen Blätter: Cäcilie, Catharina und Elise, die drei Mädchen, deren Bildung der GREIS als Negativbeispiel vorstellt, haben eine für Bürgerstöchter wohl weit verbreitete Bildung erhalten: Erzogen in teuren Pensionaten, brachte man den jungen Frauen z.B. das Tanzen bei, gab ihnen Französischunterricht und lehrte sie die Grundzüge des Zeichnens. Die so vermittelten Attribute waren an sehenswerten Äußerlichkeiten orientiert und nicht an einer Bildung für vernunftbegabte Frauen.[43] In ihrer Studie "The image of women in selected moral weeklies" bringt Ruthann Richards treffend auf den Punkt, von welchen Faktoren weibliche Bildung primär abhängig war:

---

40 MEINE EINSAMKEITEN, 36. Stück.
41 Der MANN OHNE VORURTHEIL, Bd. 1, 24. Stück.
42 Ebd., und an anderer Stelle läßt der MANN OHNE VORURTHEIL auch keinen Zweifel daran, daß es für eine Frau unschicklich ist, einen jüngeren Geliebten zu haben, Bd. 1, 6. Stück.
43 Der GREIS, 24. Stück.

"The whim of the parents and the ignorance or sagacity of the mother normally determined how much a girl would learn."[44] Den weiblichen Leserinnen ist es durchaus bewußt, daß ihre Bildung und Erziehung von geringem allgemeinem Interesse ist. Um ihre Situation zu verbessern, nutzen sie die Möglichkeiten der Wochenschriften, ihren Anliegen und Forderungen öffentlich Nachdruck zu verleihen. In einem Leserbrief beschwert sich Sylvia bei dem MENSCHEN über die Mangelhaftigkeit und Einseitigkeit weiblicher Erziehung und Bildung:

"Die Ausbesserung unserer Seelenkräfte wird beinahe gänzlich aus der Acht gelassen. Alles was man in Absicht auf dieselben thut, ist, daß wir ein wenig lesen lernen, damit wir im Gesangbuch, und zur höchsten Noth einige Capitel aus der Bibel, lesen können. Alles übrige, was zur Aufklärung des Verstandes und Ausbesserung des Willens nützlich wäre, wird von uns verachtet ... Wenn wir schreiben lernen, so geschieht es deswegen, damit wir die Stücke der Wäsche, oder andere häusliche Kleinigkeiten, aufschreiben können; und diejenige unter uns müßte es weit gebracht haben, welche zehn Perioden in einem leserlichen und verständlichem Zusammenhange aufsetzen könnte."[45]

Das Ziel der Moralblätter, die Lese- und Schreibfähigkeit ihrer Leserinnen zu verbessern, bringt der MANN OHNE VORURTHEIL zum Ausdruck, indem er einen fiktiven Leserbrief der Livia Sorgfalt abdruckt:

"Vergeben sie die Fehler, welche sich in der Schreibart finden werden! Wir lesen erst seit acht Wochen ihre Blätter."[46]

Die Unzufriedenheit mit dem eigenen (Aus-)Bildungsstand und die Forderung, nicht lediglich auf Haushaltsangelegenheiten vorbereitet zu werden, äußert eine andere - anonyme - Briefschreiberin, indem sie fordert:

"Könnten nicht zur Erziehung der Töchter ... eben solche Anstalten getroffen werden, wie man zur Erziehung der Söhne Gymnasia, Schulen und Cadettenhäuser hat."[47]

Der GREIS, Adressat des Schreibens, weist diese Forderung zurück. Die formale, institutionalisierte Bildung in Schulen und vergleichbaren Einrichtungen wird in den Wochenschriften nur sehr selten thematisiert;[48] wo Mädchenpensionate und

---

44 Richards (1984), S. 106.
45 Der MENSCH, 125. Stück.
46 Der MANN OHNE VORURTHEIL, Bd. 1, 21. Stück.
47 Der GREIS, 54. Stück.
48 Vgl. auch Richards (1984), S. 419. Der Bereich der öffentlichen Bildung gehörte nach dem Verständnis der Moraljournalisten nicht zu ihrem Interessenbereich, der Privatsphäre. Ihre

privater Hausunterricht angesprochen werden, gehen die Formulierungen über eine pauschale Kritik an der oberflächlichen Erziehung nicht hinaus.[49] Während sich für die Diskussion um die institutionalisierte Erziehung der Jungen in den Wochenschriften durchgehend Beispiele finden,[50] klammern gerade die Moralblätter der Spätphase eine Diskussion um die Gestaltung von Lehrplänen für Frauen aus ihren Schriften weitgehend aus. In den Habsburger Blättern findet die Auseinandersetzung mit der institutionalisierten Bildung nur als Abgrenzung zur kirchlichen Erziehung statt; kritisiert wird der schädliche Einfluß, den die Ausbildung durch Nonnen auf die Entwicklung der Mädchen hat.[51]

In den protestantischen Moralblättern der 20er und 30er Jahre war die Idee nicht unüblich, daß nicht nur Männer, sondern auch Frauen in den nützlichen Wissenschaften ausgebildet werden sollten. So beschwert sich etwa Phyllis, eine der VERNÜNFTIGEN TADLERINNEN, über die Bildungsarroganz der Männer: Sie fände es "abgeschmackt" zu fragen, "ob das weibliche Geschlecht auch zum Studieren geeignet sey?"[52] Um die Verbesserung der weiblichen Bildung voranzutreiben, hatte bereits der Hamburger PATRIOT 1724 in seinem 3. Stück das Konzept einer Mädchenakademie entworfen: Der Curriculumsvorschlag sah Unterrichtsfächer wie Mathematik, Naturwissenschaften, Architektur und Politik ebenso vor wie Fremdsprachen, Redekunst und Poesie. Auch sollten Metaphysik und Ethik gelehrt werden, um den Mädchen die Philosophie nahezubringen. Der vorgeschlagene Unterrichtsplan verdeutlichte die Forderung, den Mädchen das gesamte Spektrum der Bildungsinhalte zu eröffnen. Daß Mathematik, Naturwissenschaften oder andere gelehrte Fächer für den schönen weiblichen Geist zu anstrengend seien, weisen die Autoren des PATRIOTEN damit zurück. Die Idee einer solchen Mädchenbildung steht nicht im Widerspruch zu der gleichzeitig proklamierten Bestimmung der Frau, Gattin, Hausfrau und Mutter zu sein:[53] Das ange-

---

Zurückhaltung in der Diskussion um die institutionalisierte Frauenbildung entspricht der Haltung pietistischer Moralblätter, nicht an die bestehende Ordnung zu rühren, denn eine engagierte Stellungnahme hätte letztlich als öffentliches, wenn nicht gar politisches Engagement verstanden werden können.

49 S. das oben angeführte Beispiel der Erziehung von Cäcilie, Catharina und Elise, Der GREIS, 54 Stück.
50 Vgl. z.B. der MANN OHNE VORURTHEIL, Bd. 3, 7. Stück.
51 Vgl. z.B. ebd. Bd. 3, 10. Stück.
52 Die VERNÜNFTIGEN TADLERINNEN, 50. Stück (1725).
53 Vgl. Richards (1984), S. 421-30.

strebte Studium Generale beabsichtigte nicht, die Frauenbildung der Männerbildung gleichzustellen.[54] Die Töchter sollten nicht zu Gelehrten erzogen oder auf ein Erwerbsleben vorbereitet, sie sollten vielmehr durch Bildung "auf eine dem Manne ebenbürtige Ebene"[55] gehoben werden. In diesem Sinne war es die Intention des Curriculums, den Mädchen durch ein möglichst weitgefächertes Wissen gleichzeitig eine vernünftige Aufklärung und die Besserung ihrer feinen Sitten zu ermöglichen.[56]

Die Argumentation Ruthann Richards, es seien hauptsächlich die Moralischen Wochenschriften der 20er Jahre gewesen, die sich für die Innovation der weiblichen Bildung eingesetzt hätten,[57] ist jedoch nicht haltbar. Feststellbar ist vielmehr eine Tendenz der Bildungsrücknahme von den frühen protestantischen Blättern über jene der Hallenser Periode zu den Veröffentlichungen der Habsburger Monarchie. Die Moralischen Wochenschriften der Spätphase vertreten allerdings nicht einfach ein zurückgenommenes, sondern vielmehr ein anderes Erziehungskonzept. Erziehung zur Aufklärung und zur Besserung der Moral und Tugend war auch das Ziel des Moraljournalismus nach der Jahrhundertmitte: Das Bildungskonzept, mit dem diese Vorstellungen realisiert werden sollten, orientierte sich aber zunehmend an schöngeistigen Inhalten: Bildung selbst sollte, wie die Seele der Frau, schön sein und in ihrer Anwendung ästhetischen Zwecken dienen. In diesem Rahmen gehörten Unterrichtsbereiche wie Mathematik und Naturwissenschaften nicht mehr zu den Inhalten weiblicher Erziehung.[58] Im Rahmen ihrer erzieherischen Intention begreifen es die Wochenblattautoren als ihre Aufgabe, Lehrbereiche wie Gedächtnis- und Willensbildung, deutsche Sprache und schön-

---

54   Am Ende des 18. Jahrhunderts hätten die Überlegungen Friedrich Schleiermachers ein neues Denken einleiten können: Er veröffentlichte 1798 im Athenäum die "Idee zu einem Katechismus der Vernunft für edle Frauen"; in diesem Katechismus äußert er sich nicht nur unorthodox über die Ehe, indem er die Scheidungsmöglichkeit proklamiert, sondern auch über Frauenbildung. Im zehnten Gebot heißt es: "Laß dich gelüsten nach der Männer Kunst, Weisheit und Ehre." Dieser Ansatz für eine neue Struktur der Mädchenbildung lief jedoch der Praxis des 18. Jahrhunderts und den relevanten Theorien des 19. Jahrhunderts diametral entgegen. 1818 widerruft Schleiermacher die Ideen seines Katechismus in den "Predigten über den Christlichen Hausstand", vgl. Kantzenbach, Schleiermacher (1977), S. 74 u. Tornieporth (1977), S. 53.

55   Schulz Madhyasta (1984), S. 5.

56   Martens (1968), S. 530f.

57   Richards (1984), S. 399.

58   Vgl. auch Hermann (1976), S. 102.

geistige Lektüre sowie Themen aus den Bereichen der Religion und Geschichte vergnüglich zurechtgemacht, an ihre Leserinnen zu vermitteln.[59] Im Kontrast zu Ruthann Richards stellt Martens die These auf, die Vorstellung von einer gebildeten Frau sei gerade eine Besonderheit der Moralischen Wochenschriften nach der Jahrhundertmitte.[60] Das ist richtig, wenn man wie Wolfgang Martens Bildung grundsätzlich als ästhetische Persönlichkeitsentfaltung - losgelöst von den Notwendigkeiten der Alltagspflichten - versteht. Die Definition des Bildungsbegriffes bei Ernst Lichtenstein kommt dem Bildungskonzept der Moralischen Wochenschriften allerdings näher. Er stellt gleichwertig zwei Kategorien nebeneinander: In der einen ist Bildung, wie bei Martens, Verbesserung und Verschönerung des Geistes, intellektuelle Vervollkommnung und Erleuchtung und damit auch Aufklärung, in der anderen ist Bildung zweckorientierte praktische Erziehung.[61] Beide Momente bestimmen die Bildungsidee der Moralischen Wochenschriften, werden hier aber in einen kausalen Zusammenhang gebracht: Der durch tugendhafte Belesenheit schöne und erleuchtete Verstand macht die Anwendung der durch praktische Erziehung erlernten Tätigkeiten wie Haushaltsführung, Handarbeiten und Musizieren in moralischer und ästhetischer Weise möglich. Damit ist auch eine Hierarchie festgelegt: Die Vervollkommnung und Verschönerung des weiblichen Verstandes ist der umfassende Rahmen des Frauenbildungskonzeptes in den Moralischen Wochenschriften, in dem die Erziehung zu den alltäglichen Haushaltätigkeiten ein wichtiger Bestandteil ist. Folglich wird in den Moralblättern immer wieder kritisiert, daß die Bildung der Frau zur Haushaltsvorbereitung herabgemindert wird:[62] Silvia, eine Leserin des MENSCHEN, beschwert sich über

---

59 Lehmann (1893), S. 54.
60 Martens (1968), S. 527f.; in jedem Fall ist der Begriff "Bildung" den Moralischen Wochenschriften der 20er und 30er Jahre noch fremd (Martens, 1968, S. 528); auch in den Wochenblättern der Spätphase ist das Wort "Gelehrsamkeit" der üblichere Ausdruck für das, was später unter "Bildung" verstanden werden wird, wenngleich, wie das Beispiel des GESELLIGEN zeigt, das Wort "Bildung" nicht unbekannt ist (vgl. z.B. der GESELLIGE, 43. Stück, folgende Seite); erst im letzten Drittel des Jahrhunderts ist der Begriff allgemein gebräuchlich, Ernst Lichtenstein schreibt: "Bilden, Bildung ist im letzten Drittel des 18. Jahrhunderts Modewort geworden", Lichtenstein, Die Entwicklung des Bildungsbegriffs im 18. Jahrhundert (1982), S. 168.
61 Lichtenstein (1982), S. 168; dabei ist die Definition Lichtensteins allerdings so umfassend, daß er auch die "mystische Religionserfahrung" (ebd.), die für das Bildungskonzept der Moralblätter keine Bedeutung hat, als Teil der Bildung begreift.
62 Zu einer antithetischen Gegenüberstellung der Begriffe Bildung (als intellektuelle Unterweisung; bei Heinz-Joachim Heydorn zur "entbundenen Selbsttätigkeit" idealisiert) und Erzie-

die mangelnde "Aussbesserung" der weiblichen "Seelenkräfte" und kritisiert den Grundsatz ihrer Erziehung, nach dem es

> " ... einem Frauenzimmer vollkommen genug sey, wenn es nähen, stricken, spinnen, und die nöthigsten Hausgeschäfte besorgen kann."[63]

Die Frauenbildungsidee in den späten Moralischen Wochenschriften war orientiert am Ästhetischen und bemüht, praktische Erziehung sinnvoll zu integrieren. Ein Ansatz akademischer Gelehrsamkeit, wie er in den Wochenblättern der 20er und 30er Jahre zu finden ist, paßt nicht in dieses Konzept. In einem 8-Punkte-Katalog beschreibt der GESELLIGE seinen Lesern und Leserinnen präzise die Kriterien für die angestrebte Frauenbildung:

> 1. Die Bildung muß der Wahrheit entsprechen, denn eine "irrige Erkenntnis ist ein blosser Schein, und noch dazu überaus gefährlich."
>
> 2. "Die logischen Definitionen sind zu trocken und zu mager ... Die Gelehrsamkeit eines so schönen Kindes, als ein Frauenzimmer ist, muß schön seyn."
>
> 3. " ... die Gelehrsamkeit eines Frauenzimmers (muß) durchaus nicht mathematisch gewiß seyn."
>
> 4. " ... ein Frauenzimmer (muß) die Kunstwörter der Gelehrten gar nicht wissen, oder wenigstens niemals brauchen."
>
> 5. " ... ein gelehrtes Frauenzimmer (muß) nur die nächsten Ursachen der Veränderung in der Welt wissen, nicht aber die entfernten."
>
> 6. "Die Gelehrsamkeit eines Frauenzimmers muß, sechstens, mehr weitläufig als gründlich seyn ... "
>
> 7. " ... die Gelehrsamkeit eines Frauenzimmers (muß) durchaus im höchsten Grade fruchtbar und practisch seyn."
>
> 8. "Endlich muß die Gelehrsamkeit des Frauenzimmers auch den feineren Sitten desselben gemäß seyn."[64]

Die Wochenschriften lassen in ihren Beschreibungen und Darstellungen weiblicher Bildung keinen Zweifel daran, daß diese etwas Leichtes, Spielerisches, Eingängiges haben solle. Angestrengtes Nachdenken und arbeitsames Studieren galt für das "schöne Geschlecht" als unangemessen und unschicklich.

---

hung (als praktische Anleitung; dem entgegengesetzt bei Heydorn zur "Zucht" degradiert) kommt es in den Moralischen Wochenschriften nicht, Heydorn, Über den Widerspruch von Bildung und Herrschaft (1979), S. 9.
63 Der MENSCH, 125. Stück;
64 Der GESELLIGE, 43. Stück.

Den Moraljournalisten war die schöne, unterhaltende Frauenbildung ein ernstes Anliegen, dennoch sollte sie im Tagesablauf der Frauen keinen nennenswerten Stellenwert haben. Auf der Grundlage gängiger Vorurteile von der unbeschäftigten, gelangweilten Frau gaben die Wochenschriftsautoren Anweisungen, wann sich eine Frau mit bildenden und bessernden Inhalten auseinandersetzen sollte: Für ihre Bildung und Persönlichkeitsentfaltung sollten Frauen diejenige Zeit nutzen, die sie ansonsten mit Müßiggang und Nichtstun verbringen würden. Der MENSCH zählt in sechs Punkten auf, welche Zeiten ihm die idealen für die Bildung der Frauen zu sein scheinen, nämlich:

"1. Die Zeit, da ein Frauenzimmer gar nichts thut.

2. Die Zeit, die ein Frauenzimmer unnöthig verschläft.

3. Die Zeit, die es unnöthiger Weise auf den Putz wendet.

4. Die Zeit, da es Staatsvisiten giebt, welche sündlich unnütz und thöricht sind.

5. Die Zeit, da es zum Fenster hinaussieht, und mit den Bedienten oder anderen gemeinen Leuten, die ins Haus kommen, ein bisgen klatscht.

6. Die Zeit, die es zum Lesen ... einfältige(r) Bücher anwendet."[65]

Die müßig vertane Zeit, besonders den pietistisch orientierten Moraljournalisten ohnedies ein Dorn im Auge, war als zusammensortierter Freiraum für die Bildung der Frauen gerade ausreichend - Frauenbildung im Wochenschriftsjournalismus wird damit zu einer - wenngleich wichtigen - Nebensache.[66] Der GESELLIGE zeigt das in noch deutlicherer Form. Er läßt einen Briefschreiber zu Wort kommen, der seine Begeisterung und Verehrung für die Ehefrau eines Freundes kaum verbergen kann, die während ihrer nützlichen Beschäftigungen den GESELLIGEN liest:

"Als ich in seine Stube trat, fand ich seine Ehegattin auf dem Spinnstuhl sitzen, und neben ihr stund ein niedriges Pulpet, auf welchem ein Buch aufgeschlagen lag. Ich wurde mir auf einen Augenblick gewahr, mit welcher Geschicklichkeit sie zugleich spinnen und lesen konnte."[67]

---

65 125. Stück.

66 Vgl. hierzu auch Stecher (1914), S. 89: "Die Absicht der Wochenschriften geht dahin, die Frauen von Nichtigkeiten und Tändeleien abzubringen ..."; Ursula Menck weist darauf hin, daß auch in den englischen "moral weeklies" Frauenerziehung hauptsächlich als Heilung von weiblichen Lastern und Fehlern verstanden wurde, Menck (1897), S. 48.

67 Der GESELLIGE, 192. Stück.

Die Verbindung von alltäglicher Hausarbeit und lehrreicher Lektüre ist ein in den pietistischen Wochenschriften gern gezeichnetes Bild: Die Leichtigkeit, mit der die Frau bei ihren alltäglichen Verrichtungen schöne und gefällige Literatur las, sollte einen Eindruck von dem Charakter ihrer Verrichtungen vermitteln - ihre tägliche Haushaltspflicht sollte - wie auch ihr Lesestoff - in erster Linie angenehm erscheinen. Die Vorstellung von einer angestrengt arbeitenden Frau ist den Moralischen Wochenschriften fremd: Die typischen Haushaltsverrichtungen lasteten eine gescheite Frau nicht aus, das bestätigt auch die verehrte Spinnerin:

"Ja, sagte sie, dieses Pulpet dienet mir nicht nur beym Spinnen, sondern auch beym Nähen, Stricken und dergleichen. Mir ist es unmöglich, bloß allein an solche Arbeiten, wenn ich nicht beschäftigt bin, zu gedenken, Sie lassen mir beständig so viel Raum in der Seel übrig, daß ich mit völligem Nachdenken dabey lesen kann. Aber ebenso unmöglich ist es mir auch, allein zu lesen, ohne eine häusliche Arbeit dabey zu verrichten."[68]

Erstaunlicherweise nimmt die Vorstellung von der handarbeitenden Frau, die sich gleichzeitig durch die Lektüre der Moralischen Wochenschriften bildet, in den Blättern der Habsburger Monarchie vergleichsweise wenig Raum ein.

Das Lesen und die damit verbundene Gelehrsamkeit sollte den Frauen ein Genuß sein, nicht jedoch Kopfzerbrechen verursachen.[69] Wissenschaftliche und gelehrte Abhandlungen waren daher als Lektüre für Frauen nicht geplant. Die Moraljournalisten verstanden es als Ziel ihres Frauenbildungskonzeptes, den Wochenschriftsleserinnen die wesentlichen Ergebnisse wissenschaftlicher Erkenntnis auf angenehme Weise zu vermitteln - der GESELLIGE beschreibt treffend, wie eine weibliche Gelehrte im Verständnis der Moralischen Wochenschriften aussehen soll:

"Ein gelehrtes Frauenzimmer ist also eine Person, welche weiß, was ein Gelehrter weiß, ob sie dasselbe gleich nicht so wie er weiß, und noch viel weniger so gelernt hat. Es verhält sich gegen die Gelehrten, wie gegen die Kaufleute. Der Kaufmann geht zum Schiffe, und holt aus Norden den Zobel, und aus Indien die Diamanten und Perlen. Das Frauenzimmer bekommt diese Schätze, es ziert sich damit aus, und es ist eben so gut, als wenn es selber zu Schiffe gegangen wäre."[70]

---

68   Der GESELLIGE, 192. Stück.
69   "Der weibliche Leser (gedacht ist an das gut bürgerliche Frauenzimmer) soll nur die Früchte der Gelehrsamkeit genießen", Martens, Die Geburt des Journalisten (1974), S. 89.
70   Der GESELLIGE, 16. Stück.

Hier formuliert der GESELLIGE, was die Essenz weiblicher Bildung sein soll: Bildung ist repräsentative Zier - und ist damit gleichzeitig Vergnügen und Pflicht. Um den schönen Schein, die Ästhetik weiblicher Bildung zu wahren, sollten die Bildungsinhalte kontrolliert und reglementiert werden, denn, so fährt der GESELLIGE an anderer Stelle fort, es

> "... gibt viele Theile der Gelehrsamkeit, die ein gelehrtes Frauenzimmer gar nicht wissen muß; ja in einem jeden Theil der Gelehrsamkeit giebt es viele Untersuchungen, die dem schönen Geschlecht billig ganz unbekannt bleiben müssen."[71]

In der Kontrolle der weiblichen Bildungsinhalte und Bildungsmethoden ging es den Moralischen Wochenschriften an jeder Stelle darum, ein gesundes Mittelmaß zu halten. Keine Frau sollte dazu ermutigt werden, ein Übermaß an Bildung zu genießen und zuviel zu lesen. Die 'Vielleserei'[72] wird in den späten Moralblättern ebenso verachtet und kritisiert wie die rückständige Bildungsfeindlichkeit anderer Frauen. Der GLÜCKSELIGE gibt sich Mühe, die schauderhafte Vorstellung zu vermitteln, daß Frauen, die sich übermäßig mit ihrer Bildung beschäftigen, diese gleichsam zur Arbeit machen, ein 'mürrisches und finsters Ansehen' annehmen, oder aber, wie eine Leserin zu berichten weiß, ihren Verstand verlieren:

> "Was denken Sie von dem gelehrten Frauenzimmer? So viel muß ich sagen: Meine Nachbarin, welche viele Bücher gelesen hat, hat vor drey Tagen ihren Verstand verloren."[73]

Übermäßige Bildung dient nicht mehr als Zierde und Schmuck der Frau. Sie verunstaltet im Gegenteil die weibliche Schönheit und den weiblichen Verstand. Doch entsprachen Frauen, die hingegen eine überholte, antiquierte Bildungsfeindlichkeit vertreten, ebensowenig dem Ideal der Moraljournalisten, vernachlässigten sie doch ihre Pflicht, den Bildungsschmuck als repräsentative Selbstgestaltung vorzuführen. Solche Frauen werden in den Moralischen Wochenschriften satirisch porträtiert:[74] Der GESELLIGE macht sich über eine Frau lustig, die verkündet, daß 'ein Mädgen lediglich stricken, spinnen und kochen lernen muß, und weiter nichts' und nennt sie bezeichnenderweise Eleonora Eigensinn.[75]

---

71 Ebd., 75. Stück.
72 Martens (1968), S. 537.
73 Der GESELLIGE, 128. Stück.
74 Martens (1968), S. 525.
75 Der GESELLIGE, 66. Stück.

194

Es ist aber nicht nur Bildungsunlust, die die Frauen vom tugendhaften Lesen abhält. Die Moralischen Wochenschriften thematisieren immer wieder die Angst der Frauen, durch Bildung und Belesenheit zwar intellektuell bereichert, aber dafür aus dem sozialen Umfeld ausgegrenzt zu werden. So schreibt z.B. eine Leserin bekümmert an den MENSCHEN, daß sie durch ihre Bildung vereinsamt sei.

> "Wie nachtheilig ist mir dieses nicht geworden; ich sehe es billig als diejenige Ursache an, warum ich kein Vergnügen mehr in der Gesellschaft meiner Gespielinnen finde. Ihre eiteln Gespräche, die ausser dem Anzuge und andern Kleinigkeiten nichts weiter zum Gegenstande haben sind mir zuwider."[76]

Um die Bildungslust der vernünftigen Leserinnen zu fördern, den unsicheren Leserinnen Anregungen zu geben und schließlich die Bildungsunwilligen zu motivieren, machen sich die Wochenschriftsautoren die Mühe, ihre Bildungs- und Leseanleitung auf das genaueste darzulegen. Als grundlegende Anleitung zum häuslichen Lesen und als einfachste Methode, den Bildungswunsch der Frauen in die richtigen Bahnen zu lenken, schlägt der GREIS folgendes vor:

> " ... niemals anders als unter Anleitung eines vernünftigen Mannes lesen, der ihnen zeigte, wie und welche Bücher sie lesen könnten."[77]

Die Bildung der Frauen nach dem Wochenschriftskonzept vollzog sich unter der Anleitung des Vaters oder später des Ehemannes bzw. nach den Anweisungen und Vorschlägen der Moraljournalisten. Häufig waren die Leseempfehlungen für das weibliche Publikum Bestandteil einzelner Wochenschriftsbeiträge: Der Autor erzählt, welches Buch gerade von einer tugendhaften Frau gelesen wurde. Einzelne Buchempfehlungen, also Buchtips, sind eine andere Form der Leseanleitung. Erstaunlicherweise sind es nur 11 Moralische Wochenschriften, die ihre Leseempfehlungen in zusammenhängenden Listen abgedruckt haben. Darunter befindet sich keine der Habsburger Wochenschriften, zwar werden auch hier Leseempfehlungen gegeben, ohne daß jedoch konkrete Beispiele zitiert werden.[78] Die erste dieser sogenannten "Frauenzimmerbibliotheken" erschien im Hamburger VERNÜNFFTLER,[79] die letzte im GREIS.[80] Die Leseempfehlungen der Wochen-

---

76 125. Stück.
77 Der GREIS, 53. Stück.
78 S. z.B. THERESIE UND ELEONORE, 3. Stück.
79 Der VERNÜNFFTLER (1713-14).
80 Der GREIS, 42. Stück; vgl. auch die Untersuchung von Wolfgang Martens (1975), S. 1147.

schriftsautoren reichen von der Erbauungsliteratur über Reisebeschreibungen, Lexika und praktischen Anleitungen zur Pflege des Gartens und des Haushaltes bis hin zu Lehr- und Lesebüchern aus den Bereichen der Geographie, Geschichte und Genealogie.[81] In den "Frauenzimmerbibliotheken" der späten Moralischen Wochenschriften - und so auch in der Bücherliste des GREIS - ist eine zunehmende Ästhetisierung des Bücherangebots zu verzeichnen:[82] Neben den nach wie vor wichtigen philosophisch-moralischen Betrachtungen gewinnen poetische Werke und Romane[83] zunehmend an Bedeutung. Dagegen werden den Sachbüchern aus den Bereichen Geographie, Geschichte oder Naturkunde sowie den praktischen Ratgebern und Anweisungen zur Haushaltsökonomie eine geringere Bedeutung beigemessen. In der Dominanz der ästhetischen und gefälligen Literatur manifestiert sich das Frauenbildungsideal der Wochenschriften nach der Jahrhundertmitte: Beurteilt man die Frauenbildungsidee nach den Leseempfehlungen in den Frauenzimmerbibliotheken, kann man, wie Wolfgang Martens es formuliert, einen 'Zug zum Schöngeistig-weltfremden' konstatieren.[84] "Schöngeistig" und am Ästhetischen orientiert sind die Bildung und das Bildungsziel in den Moralischen Wochenschriften ohne Zweifel - die in den Moralblättern beginnende Idealisierung des Frauenbildes liefert einen zusätzlichen Beleg. "Weltfremd" ist die Bildungsvorstellung dabei allerdings nicht, denn nach der Intention der Mo-

81   Nasser, Die Frauenzimmer-Bibliothek des Hamburger "Patrioten" von 1724 (1976), S. 7f.; in seiner Analyse der umfänglichsten "Frauenzimmerbibliothek", der des Hamburger PATRIOTEN, zeigt Nasser auf, daß zu diesem Zeitpunkt die Leseempfehlungen aus der Rubrik "Andacht und Erbauung" ca. doppelt soviele Titel umfaßten wie die Rubrik "Wissenschaft und Belustigung" (101 : 50), Bücher aus den Bereichen Dichtung und Romane waren nur mit wenigen Titeln vertreten, ebd., S.22f.

82   Martens (1975), S.1173.

83   Auffällig ist, daß es sich - trotz der Bemühungen der Moraljournalisten, die deutsche Sprache gesellschaftsfähig zu machen - bei einer Vielzahl der Empfehlungen zur schöngeistigen Literatur um französische Werke handelt. Gerade hier ist die Frage interessant, inwieweit besonders die fremdsprachlichen Empfehlungen der "Frauenzimmerbibliotheken" auch tatsächlich angenommen und befolgt wurden oder besser: befolgt werden konnten. Gehörte ein Französischunterricht, der zur Lektüre französischer Romane befähigte, tatsächlich zur Standardbildung der Wochenblattleserinnen? Die Kritik der Moralblätter an den miserablen Bildungszuständen der Frauen und die traurige Erkenntnis einer Leserin, daß das Verfassen eines kurzen zusammenhängenden Textes in der eigenen Sprache den meisten Frauen unmöglich sei (vgl. z.B. der MENSCH, 125. Stück, s.o., S. 191), läßt vermuten, daß zwischen dem Anspruch der Frauenzimmerbibliotheken (und einem darin zum Ausdruck kommenden Wunschdenken der Moraljournalisten) und den tatsächlichen Lesekapazitäten der Leserinnen eine große Lücke klaffte.

84   Martens (1975), S. 1174.

raljournalisten ist die "schöne" weibliche Erziehung in den Alltagspflichten der Frauen von praktischem Nutzen.

Der gute Geschmack ist für die richtige Bildung der Frau gleichzeitig Voraussetzung und Ziel. Die schönen Künste sollten den Frauen dazu verhelfen, ihren 'guten Geschmack', also ein "durch Erfahrung und unablässige Introspektion zur Vervollkommnung gebrachtes Vermögen des Menschen",[85] immer die richtige Wahl zu treffen, auszubilden.[86] Als Erziehungsziel wird die Geschmacksfrage in der Frauenbildung zur Handlungsdirektive, die der gebildeten Leserin letztlich die Möglichkeit gibt, nicht nur zu wählen, was in den Fragen ihres gesellschaftlichen Alltags richtig ist, sondern darüber hinaus zu bestimmen, welcher Grad an Bildung oder Belesenheit für sie der richtige ist.

Die in sittlich vertretbarem Umfange lesende Frau symbolisierte die Vorstellung der tugendhaften Weiblichkeit, denn, so erläutert es der GREIS:

> "Ein junges Frauenzimmer wird schöner und liebenswürdiger durch eine gebesserte Seele; Sie bessert sie durch das Lesen;"[87]

Eine schön-geistige Natur wird der Frau aber nicht nur als Rezipientin von Literatur bestätigt. Der Natur ihres Geschlechtes wird eine natürliche Sprachbegabung und intellektuelle Kreativität bescheinigt. In den Ausführungen der späten Moralischen Wochenschriften klingt bereits die Idealisierung weiblicher Redekunst und der literarischen Talente des 'schönen Geschlechts' an:

> "In allen, wobey der Witz wirksam ist, hat das schöne Geschlecht den Vortheil vor uns: Sie sind von Natur aufgelegt, witziger und geistreicher zu seyn, als wir, es fehlt ihnen nur an der Erziehung."[88]

Es ist auffällig, daß in den Moralblättern, die in Wien und Prag erschienen sind, die Vorstellung von der Frau als Dichterin besonders häufig zum Ausdruck kommen. Dabei ist es zunächst typisch, daß in der Dichterin, anders als erwartet, nicht die besonders gebildete Frau gesehen wurde. In Anlehnung an Rousseaus Begriff von der natürlichen Begabung bekundet der MANN OHNE VORURTHEIL, daß seines Erachtens Erziehung für diese Fähigkeiten keine Rolle spielt. Über eine Dichterin formuliert er beiläufig: "Ein Oheim ... unterrichtete sie im Lesen und

---

85 Richter, Historisches Wörterbuch der Philosophie, Bd. 3, (1974), S. 443.
86 Vgl. auch Herrmann (1987), S. 457f.
87 Der GREIS, 53. Stück.
88 Der MENSCH, 41. Stück.

Schreiben." Und weiter:

> "Sie empfing ihren Beruf zum Dichten aus den Händen der alleinigen Natur; Erziehung, Unterricht, Regeln trugen nichts dazu bey."[89]

Es sind besonders die Ausführungen in dem Wochenblatt THERESIE UND ELEONORE, das vom gleichen Verfasser stammt wie der MANN OHNE VORURTHEIL, die das Bild der Dichterin in detaillierten Ausführungen schildert, in einem Ton, der seine idealisierende Schmeichelei verliert, der sogar frech wird:

> "Sappho war eine zärtlichere Dichterin, als selbst der Silen Anakreon. Dacier übersetzte besser als ihr Mann. Gevigny übertrifft in ihren Briefen den Großsprecher Rabutin. Deshonillers ist vielleicht nicht so geschwätzig als Fontanelle. Welcher Mann darf mit einer Graphygni, mit einer Riccoboni der Verfasserinn der Briefe der Mis Fanny Butler auftreten? Selbst die Gottschedin war mehr Dichterin als ihr theurer Eheschatz, der gleichwohl so manchen Lorbeer ausgetheilet ... "[90]

In THERESIE UND ELEONORE huldigt Sonnenfels seinen Leserinnen, beschreibt sie als Schriftstellerinnen und Multiplikatorinnen einer öffentlichen Meinung. Der euphorischen Darstellung dichterischer Fähigkeiten berühmter Frauen folgt allerdings eine ermahnende Einschränkung. In der Motivation der Frauen, schriftstellerisch tätig zu sein, sieht Sonnenfels als Autor von THERESIE UND ELEONORE nicht lediglich das Bedürfnis, tugendhaftes Wesen in schöngeistige Materie umzusetzen. Eine Schriftstellerin muß sich die folgende Überlegung gefallen lassen:

> " ... das wird, denke ich, auch Sie auf den verzweifelten Entschluß gebracht haben, Schriftstellerinnen abzugeben, damit sie nicht so ganz unbemerkt durch das Leben hindurch schleichen, und ihren Lauf vollenden möchten ohne von der Welt vermißt zu werden - Gestehen sie es es."[91]

Abgesehen von wenigen Beispielen allerdings, fehlen solche Ausführungen, die sich konkret mit der Frau im schriftstellerischen Beruf befassen, in den Habsburger Blättern fast völlig und auch in den Hallenser Veröffentlichungen sind sie selten. Vorherrschend ist die Idealisierung der schönen Weiblichkeit. Die Vorstellung von der Frau, die den schöneren Verstand hat, gipfelt in der Klischeevorstellung von der Frau als der besseren Hälfte der Menschheit:

> "Wir erkennen das weibliche Geschlecht für Menschinnen, für die an-

---

89 Der MANN OHNE VORURTHEIL, Bd. 1, 21. Stück.
90 THERESIE UND ELEONORE, Anrede und Einleitung.
91 Ebd., 8. Stück.

genehmere und schönere Hälfte, ja für die Zierde des menschlichen Geschlechts."[92]

Damit nehmen die Moralischen Wochenschriften die Idealisierung des Frauenbildes vorweg, die später in der Romantik bei Wilhelm von Humboldt an Bedeutung
gewinnt. Bei Humboldt steigert sich die Idee von der geistreichen Frau zu dem
Ideal eines sinnlich all-umfassenden weiblichen Geistes:

> "Nicht also gerade baaren Gewinn an einzelnen Kenntnissen oder Wahrhei-
> ten darf man von dem Geiste der Frauen erwarten; er leistet mehr, und sei-
> ne Bestimmung ist höher und edler. Das Höchste und Beste in der allgemei-
> nen Geistesthätigkeit überhaupt, das Umfassen eines mannigfaltigen Reich-
> thums, das treue Anhalten an die Natur und den unmittelbaren Gehalt, das
> Streben, alles und überall zu verknüpfen, das Bedürfniss, das eigene Ich
> und die umgebende Welt nicht nur immer auf einander zu beziehen, sondern
> auch durchaus in Eins zu verschmelzen ... "[93]

In der Vorstellung Humboldts sind die Ideen und Handlungen der Frau geprägt
von dem Bestreben, die eigene Schönheit[94] in ästhetischer Kreativität auf jedes
Moment ihrer Lebenswelt zu übertragen. Hier findet in der Betonung der natürlichen weiblichen Harmonie - die die Frau positiv vom Mann unterscheidet - eine
ausgrenzende Idealisierung statt. Die Folge ist ein Frauenbild, in dem gleichblei-
bende Schönheit und Anmut - ungeachtet der alltäglichen Lebensumstände - zum
gesellschaftlichen Zwang wird. Diese Idee nehmen die Moralischen Wochenschriften der Spätaufklärung bereits vorweg, indem sie die Frau zur "Zierde des
menschlichen Geschlechts" stilisieren. Dabei untergliedert sich die Entwicklung
in zwei Etappen: Die Blätter der Hallenser Periode deuten diese Idealisierung bereits an, ohne sie aber zum tragenden Kriterium ihres Frauenbildes zu machen. In
den Josephinischen Veröffentlichungen dagegen wird der Gedanke der idealisier-
ten Weiblichkeit, deren Schmuck Bildung und die daraus geborene Klugheit und
Lieblichkeit ist, vorherrschend. Von den beinahe metaphysisch anmutenden Ideen
Humboldts eines alles-verschmelzenden weiblichen Geistes sind die Moraljourna-

---

92 Ebd.
93 Humboldt, Plan einer Vergleichenden Anthropologie (1795), S. 366.
94 Im Gegensatz zu den Moralischen Wochenschriften, die sich Mühe geben, die Vergänglich-
keit und Zweitrangigkeit der körperlichen Schönheit zu betonen, hat in Humboldts
Frauenidealisierung die ästhetische Erscheinung der Frau einen wichtigen Stellenwert. In
seinem Aufsatz "Über die Männliche und Weibliche Form" beschreibt er 1795 eine schöne
Frau: "Ein zarter Gliederbau von verhältnismässiger Grösse und mit schön wallenden Linien
umschlossen, in allen Theilen Fülle und Weichheit, eine sanfte und doch lebhafte Farbenmi-
schung, eine feine und glatte Haut, lang und anmuthig fliessende Locken - ... ", S. 229.

listen allerdings weit entfernt. Ihnen geht es um ein ausgewogenes Zusammenspiel gefälliger Gelehrsamkeit und typischer (Haus-)Frauentätigkeiten. In den Moralischen Wochenschriften wird die Idealisierung der Frau instrumentalisiert: Ihre Bildung zum Schönen und Ästhetischen, zum Moralischen und Tugendhaften ist der Grundstock ihres angestammten Berufes als Gattin, Mutter und Hausfrau. Die Liebenswürdigkeit ihrer Natur, die Schönheit der Inhalte, mit denen sie sich auseinanderzusetzen gewohnt ist, zeigen ihr den Weg für die Erfüllung ihrer Pflichten in Familie und Ehe: Nach der Idee der Moraljournalisten versteht es die gebildete Wochenschriftsleserin, die heimische Sphäre wohlig zu gestalten, das Haus kreativ zu schmücken, den Haushalt und vor allem den Ehemann angemessen zu repräsentieren und schließlich auch noch die Haushaltskasse in Ordnung zu halten. Im fest umrissenen Aufgabenbereich der Familie sollte die schöne Bildung der Frauen nützliche Anwendung finden.

Der wirtschaftliche Nutzen der Unterhaltung:
Bildung als unterhaltendes Repräsentationswerkzeug

Im Allgemeinen Landrecht für die Preußischen Staaten von 1794 wird kodifiziert, was Aufgabe und Pflicht der Ehefrau ist:

> "Sie ist schuldig, dem Hauswesen des Mannes nach dessen Stande und Range vorzustehen."[95]

Der "Codex Theresianus" beschreibt die Aufgaben einer Ehefrau im der Habsburger Monarchie in ähnlicher Weise: Anders als im Allgemeinen Landrecht allerdings steht hier die verheiratete Frau dem Haushalt nicht vor, ihr Pflicht- und Verantwortungsbereich ist darauf beschränkt, dem Mann bei der Haushaltsführung behilflich zu sein.[96] Die Gleichsetzung von unterstützender Hilfe und der Aufgabe, dem Haushalt vorzustehen, wie sie Herrmann in seiner Untersuchung zugrunde legt,[97] spiegelt sich weder im Codex Theresianus noch in den Formulierungen der Wiener Moralblätter. Vielmehr ist den unterschiedlichen Formulie-

---

95 Allgemeines Landrecht für die Preußischen Staaten (1794), Teil II, Erster Titel "Von der Ehe", Vierter Abschnitt "Von den Rechten und Pflichten der Eheleute, in Beziehung auf ihre Person", § 194.
96 Codex Theresianus, Punkt 70, Hg. Kropatschek (1798).
97 Herrmann (1987), S. 534.

rungen, wie sie in den jeweiligen Gesetzestexten zur Kodifizierung der Pflichten einer Ehefrau gewählt werden, schon in Ansätzen das graduell auseinanderlaufende Rollenverständnis zu entnehmen, das in den Beiträgen der Hallenser Moralblätter auf der einen Seite und in den Habsburger Magazinen auf der anderen Seite zum Ausdruck kommt.

Ob aber nun die Ehefrau dem Haushalt vorstand oder ihrem Ehemann bei seiner Führung behilflich war, gehörte es zu ihren Aufgaben, nach innen - also im Rahmen der Privatsphäre - für das Wohlergehen der Familienmitglieder Sorge zu tragen und nach außen - also im Rahmen geselliger bzw. gesellschaftlicher Anlässe - ein gepflegtes Heim und angemessen versorgte Familienmitglieder statusgemäß zu repräsentieren.

Wärme und Geborgenheit sollte der familiale Binnenraum vermitteln. Geduld zu üben und Verständnis zu zeigen, waren die Aufgaben, die der darin waltenden und sich sorgenden Ehefrau und Mutter zugedacht waren. Dieses in den Wochenschriften propagierte Ideal einer behüteten und umsorgten Familienwelt basiert auf der Vorstellung, die Frau könne mittels ihrer emotionalen Disposition einen sanften und liebenden Ausgleich zwischen den einzelnen Mitgliedern der Familie schaffen.[98] Der Gattin und Mutter geht es dabei sowohl um das Glück der gesamten Familie als auch um die Zufriedenheit jedes einzelnen Familienmitgliedes. Edward Shorter hat diese emotionale Hinwendung zu den Interessen und Bedürfnissen der einzelnen Person als 'affektiven Individualismus'[99] bezeichnet. Mit seinem "Gefühlsansatz" führt Shorter mit dem Moment der Emotionalität ein neues Kriterium für die Entwicklung und Entstehung familialer Verhaltensmuster ein. Die liebevolle Zentrierung der Familie um das Kind und die eheliche Zuneigung sind in seiner Argumentation Hauptfaktoren für die Entstehung der modernen Kleinfamilie. Der Ansatz bleibt jedoch eindimensional, da gesellschaftliche und vor allem ökonomische Faktoren, die zur Neustrukturierung familialer Interaktionsformen geführt haben, weitgehend aus dem Blickfeld geraten. Die intime Häuslichkeit und mit ihr die darin erst möglich gewordene, auf das Individuum gerichtete Emotionalität ist aber, wie Jürgen Schlumbohm in seiner Untersuchung über die "Familiale Sozialisation" zeigt, Resultat der entstehenden ar-

---

98   Vgl. hierzu auch Gaus (1937), S. 31ff.
99   Shorter, The Making of the Modern Family (1977), S. 289ff.

beitsteiligen Gesellschaft. In diesem neuen ökonomischen Rahmen wird die Familie zur Institution - ihr kommt die Aufgabe der persönlichen Glücksproduktion zu, die zum Erhalt der Leistungsfähigkeit wirtschaftlich notwendig ist.[100] Das Heim und seine beschützende Innerlichkeit fungierten als Gegenwelt zur konkurrenzorientierten, kalten und antagonistischen Außenwelt.[101] In diesem Kontext wirkt die liebenswürdige und schöne Seele der Frau in der Familienwelt als Hüterin und Garantin für einen aggressionsfreien Erholungsraum. In der Vorstellung, die Sonnenfels im MANN OHNE VORURTHEIL festschreibt, entwickelt sich zwischen Mann und Frau eine "wechselweise Freundschaft",[102] die zu einer gegenseitigen Unterstützung führt und die Ehe in ihrer ökonomischen Bedeutung zu einem "bürgerlichen Band der Gesellschaft"[103] macht. In seiner Beschreibung, wie dies für den erwerbstätigen Mann - aus der Perspektive der Außenwelt - aussehen sollte, wählt der MENSCH jedoch eine gefühlsbetontere Perspektive:

> "Die Arbeit ermüdet uns, und macht uns verdrossen ... wenn uns aber nach vollbrachten sauren Geschäften der Arm einer zärtlichen Gattin empfänget; wenn sie uns mit ihrer süssen Stimme die süssen Namen, die die Liebe erfindet, entgegen rufet ... : alsdenn verschwinden alle Verdrieslichkeiten der Berufsgeschäfte, eine süsse Ruhe dringet in unser Herz ... "[104]

Die Erholung - die psychische und physische Reproduktion - der Familienmitglieder lag in der Verantwortung der Frau. Sie mußte eine häusliche Atmosphäre schaffen, die von Ruhe und Gelassenheit gekennzeichnet war. Dabei mußten sowohl erwerbsorientierte Arbeit als auch unproduktiver Müßiggang außen vor bleiben: Die handarbeitende Frau verbindet diese Wertvorstellungen miteinander: Die Frau verrichtet weder körperliche Arbeit, noch ist sie untätig. Nicht von ungefähr ist daher die Textilarbeit ein integrales Moment im Alltag bürgerlicher Haushalte. Dagmar Ladj-Teichmann hat in ihrer Untersuchung über die Funktion der Handarbeiten die These aufgestellt, daß ausdauernde Textilarbeit, z.B. das Stricken und Spitzenklöppeln,[105] solche Eigenschaften fördere, die zur psychi-

---

100 Schlumbohm, Familiale Sozialisation im gehobenen deutschen Bürgertum um 1800 (1982), S. 231f.
101 Kittler, Hausarbeit. Zur Geschichte einer "Natur-Ressource" (1980), S. 16.
102 Der MANN OHNE VORURTHEIL, Bd. 2, 11. Stück.
103 Ebd, vgl. auch Herrmann, S. 526.
104 Der MENSCH, 24. Stück.
105 Vgl. Alwin Schultz, der in seiner Sittengeschichte die Handarbeits- und Freizeitbeschäftigungen der Frauen zu Beginn des 18. Jahrundts detailliert darstellt, Schultz, Alltagsleben

schen Reproduktion dringend notwendig seien:[106] Die als ruhender Pol über
Stunden an ihren Handarbeiten sitzenden Frauen üben sich in Entsagung und Ge-
duld - Eigenschaften, die für die Harmonie in der Familie unverzichtbar seien.[107]
Die handarbeitende Frau, die bei ihrer kreativen Betätigung schöne, schmückende
Gegenstände scheinbar ohne Anstrengung anfertigt, wird ihrer Rolle in dreifacher
Weise gerecht:

1. Das Handarbeiten an sich ist bereits Teil ihrer Pflicht, indem diese Ruhe-aus-
   strahlende Beschäftigung zum wohligen Klima in der Familie beiträgt.
   Gleichzeitig setzt sie die ihr gegebene Begabung zum Schönen und Ästhetischen in die Erstellung schmückender und repräsentativer Gegenstände und
   Kleidungsstücke um.

2. Sie wird mit dieser Tätigkeit dem Anspruch gerecht, sich nicht dem Nichtstun hinzugeben, und schließlich

3. repräsentiert sie ihre ökonomische Lage: Die handarbeitende Frau demon-
   striert eine materiell gesicherte Position und damit einen wirtschaftlich erfolgreichen Haushalt, denn Handarbeiten galt als Vergnügen der Frau, die es
   sich leisten konnte, keiner Erwerbsarbeit nachzugehen bzw. in der Lage war,
   körperlich anstrengende Haushaltspflichten an Bedienstete delegieren zu können.

In der bürgerlichen Familie war die Freistellung der weiblichen Familienmitglieder von körperlicher Arbeit statuserhaltend und mußte daher beibehalten und de-
monstriert werden.[108] Der tatsächliche Produktivcharakter der Textil-Arbeit muß-

---

einer deutschen Frau zu Anfang des 18. Jahrhunderts (1890), S. 182f.

106 Ladj-Teichmann, Weibliche Bildung im 18. Jahrhundert: Fesselung von Kopf, Hand und
   Herz? (1983), S. 220.

107 Dahinter steht die Idee, daß die Frau in der Familie, dem Harmonie-Ideal folgend, ausglei-
   chend und integrierend wirkt. Dabei muß es für sie von sekundärer Bedeutung sein, eigene
   Bedürfnisse zu artikulieren und einzufordern und eigene Meinungen zu vertreten; vgl. hierzu
   auch die Ausführungen Johann Heinrich Campes: "Sei endlich diesem allem Zufolge fest
   überzeugt, daß Geduld, Sanftmuth, Nachgiebigkeit und Selbstverläugnung die allerunent-
   behrlichsten Tugenden deines Geschlechtes sind, ohne welche ein weibliches Geschöpf, das
   seine natürliche Bestimmung erreichen, d.i. Gattin und Mutter werden will, unmöglich
   glücklich und zufrieden leben kann", Campe (1789), S. 24.

108 Ladj-Teichmann, Weibliche Bildung (1983), S. 221, vgl. auch Veblen, Theorie der feinen
   Leute. Eine ökonomische Untersuchung der Institutionen (1899), S. 91 u. Gerhard, Verhältnisse und Verbindungen. Frauenarbeit, Familie und Rechte der Frauen im 19. Jahrhundert
   (1978), S. 65.

te, um in diesen Rahmen zu passen, als angenehme Muße verkleidet werden.[109] Tatsächlich war der erfolgreich geführte Haushalt - und damit auch die Textilarbeit, die ein wesentlicher Teil der dazugehörigen Hausarbeiten war - ebenso am Ideal leistungsorientierter Arbeit ausgerichtet wie der außerhäusliche Erwerbsbereich: Haushaltung, Handarbeiten und soziale Aktivitäten mußten sich sehen lassen können, mußten im Vergleich zu anderen Haushalten konkurrenzfähig sein.[110] Wurde das Spinn- oder Stickzeug an die Seite gelegt, gab es natürlich noch eine ganze Reihe weiterer sowohl angenehmer als auch schöner Betätigungen, die für das Wesen der Frau ideal erschienen, zur atmosphärischen Gestaltung des häuslichen Bereiches beitrugen und gleichzeitig Anlaß für ein geselliges Miteinander boten: In den Moralischen Wochenschriften der Hallenser Periode ist besonders die Vorstellung musizierender Frauen beliebt: Die Wochenblätter zeichnen ein Bild von Frauen, die sich zum Musizieren mit der Zither, der Laute, der Flöte oder zum gemeinsamen Gesang treffen:[111]

> "Die Musik ist ein reines und unschuldiges Vergnügen. Zu ihr wollte ich denjenigen weisen, der sich erholen will; sie erheitert und erregt in der Seele keine unordentlichen Leidenschaften."[112]

In den Habsburger Blättern hingegen findet die Musik als tugendhafte Betätigung für Frauen keine Beachtung.[113] Wird sie überhaupt erwähnt, verurteilen die Wochenschriftsautoren die Musik als unzweckmäßig.[114]

Eine weitere regelmäßig beschriebene Möglichkeit gesitteter weiblicher Zusammenkünfte war der "Besuch zum Caffe mit Milch und Sahne":[115] Er bot den Frauen Gelegenheit, die Produkte ihrer künstlerischen Betätigungen, etwa des Zeichnens,[116] vorzustellen und gegenseitig zu bewundern, und er war gleichzeitig Rahmen zur gemeinsamen Lektüre z.B. einer Moralischen Wochenschrift.[117] Die Liste solcher typisch weiblichen Aktivitäten, die den Frauen selbst wie auch ihren

---

109 Vgl. Kittler (1980), S. 61.
110 Ladj-Teichmann (1983), S. 221.
111 Vgl. auch Schultz (1890), S. 184f.
112 Der GREIS, 10. Stück.
113 Zur Bedeutung der Musik in den Wiener Moralblättern vgl. auch Herrmann (1987), S. 472f.
114 Der MANN OHNE VORURTHEIL, Bd. 1, 20. Stück.
115 Schultz (1890), S. 161, der Text lautet vollständig: "Besonders beliebt war der Besuch zum Caffe mit Milch und Sahne ... so das Frauenzimmer täglich zu trinken pfleget."
116 Ebd., S. 184f.
117 Vgl. Der GREIS, 1. Stück.

Zuhörern und Zuschauern zur Unterhaltung dienen sollten, ließe sich fortsetzen. Nur wenige der vorgeschlagenen Freizeitvergnüglichkeiten spielten sich außerhalb des häuslichen Bereiches ab - der Besuch eines geistlichen Theaterstückes[118] gehörten ebenso dazu wie Spaziergänge oder winterliches Schlittschuhlaufen.[119] Die Teilnahme an gesellschaftlichen Treffen, die nicht direkt dem Wohle der Familie dienten, galten als unschicklich und wurden von den Wochenschriftsautoren kritisiert. Das Prager Wochenblatt die SICHTBARE kritisiert sein Konkurrenzblatt die UNSICHTBARE mit bissigen Bemerkungen über deren Absichten, eine Frauengesellschaft zu gründen:

> "Nun - die Unsichtbare hat es weit gebracht. - Sie hat unsere Landsleute - unsere Genies aufgekläret - wundern sie sich darüber, meine Herren? - hat nicht die Unsichtbare Schriftstellerin in ihrem ersten Stücke versprochen, daß wir Frauenzimmer eine gelehrte Gesellschaft errichten - daß wir Zusammenkünfte haben wollen ... Wir haben mit dem genug - Langeweile genug, ihre Tändeleyen zu lesen. Getrost meine Herren!"[120]

Robert Herrmann weist darauf hin, daß die Damengesellschaften bei den Männern keine Zustimmung fanden und daher auch von den Wochenschriftsautoren nicht unterstützt wurden.[121] Wenn Frauen überhaupt Zugang zu öffentlichen Gesellschaften hatten, dann nur als repräsentierende Ehefrau, für unverheiratete Frauen galt die Teilnahme an solchen Ereignissen als unschicklich.[122]

> "Die Mädchen kommen kaum in eine Gesellschaft ohne die grämliche Tante, während die Frauen freier leben, daher trachten die Mädchen nach dem Ehestand."[123]

Ohne Frage teilten alle Moralblätter die Auffassung, daß das angestammte Betätigungsfeld der Frauen der häusliche Rahmen sein sollte. In der Handarbeit, dem Musizieren, Singen und Zeichnen sollte die durch Bildung schön gewordene

---

118 Johann Samuel Patzke, der Herausgeber des GREIS, verfaßte in den 70er Jahren selbst geistliche Dramen, s. die biographischen Angaben zur Person in "Die Ursprünge und Vorläufer: Die Anfänge des Wochenschriftsjournalismus", S. 32, Anm. 1.

119 So auch Schultz (1890), 165-170; die Vorstellung Alwin Schultzes, daß 'der regelmäßige Besuch der Kirche, wo die Dame ihren Kirchenstuhl hatte, auch zur Unterhaltung beitrug', ist im Verständnis der pietistisch geprägten Welt der Wochenschriftsleserinnen sicherlich zu weit gegriffen, ebd., S. 175.

120 Die SICHTBARE, 1. Stück.

121 Herrmann (1987), S. 538.

122 Vgl. auch ebd., S. 532f.

123 Pezzl, Skizze von Wien (1786-1788), Bd. 3, S. 428f.

Seele der Frau zum Ausdruck kommen und auf diese Weise den Privatbereich zum ersehnten Zufluchtsort gestalten. Schon wenn diese Betätigungen in kleineren geselligen Zusammenkünften von Familienmitgliedern und Freunden stattfinden, überschneidet sich die emotional-ästhetische Familienarbeit der Frauen mit ihren Repräsentationspflichten. Geht es darum, größere Gesellschaften und Festlichkeiten zu planen und zu lenken, bei denen etwa Geschäftspartner des Ehemannes oder der für das soziale Ansehen wichtige Gemeindepfarrer zugegen sind, wird aus der warmherzig sorgenden Ehefrau und Mutter eine repräsentationsfähige Hausmanagerin. Die schöne Seele und der tugendhafte Anstand reichen zur zufriedenstellenden, und das heißt anspruchsvollen Unterhaltung der Gäste nicht aus: Für die Ehefrau in ihrer Rolle als Gesellschafterin sind nicht allein die im weiteren Sinne persönlichkeitsprägenden Früchte der Bildung relevant, es sind vielmehr auch die Themen der Bildung und die Inhalte der Gelehrsamkeit, die gefragt sind. Im Kontrast zu den Habsburger Blättern zeichnen die Hallenser Magazine das Bild einer Ehefrau, die ihre Familie nur standesgemäß repräsentieren kann, wenn sie in der Lage ist, sich gescheit und eloquent zu unterhalten. Ausgerichtet an den Prinzipien der Frauenbildung, sollte diese Unterhaltung weder wissenschaftlich-pedantisch noch ungebildet-oberflächlich sein. Um seinen Leserinnen zu verdeutlichen, welches Gesprächsverhalten für sie das vorteilhafteste sei, malt der GESELLIGE in einer satirischen Skizze drei Typen von "Frauenspersonen" auf - die stummen, die plappernden und die redenden:

> "Die stummen reden in Gesellschaft entweder gar nicht, oder ihre ganze Sprache besteht aus Ja, Nein, ich bin ihre Dienerin, ich bin nicht vermögend darauf zu antworten, und was dergleichen geistvolle Redensarten mehr sind ... Dem sey nun aber wie ihm wolle, so ist ein stummes Mädgen nichts anders, als eine schöne Bildseule; und da es zu keinen andern Absichten verordnet zu seyn scheinet, als zu der Fortpflanzung des menschlichen Geschlechts, so sollen alle stummen an taube Männer verheirathet werden."

Außerdem, so fährt der GESELLIGE fort:

> "Ein artiges Frauenzimmer muß bedenken, daß ihr schönes Gesicht ganz ungemein bey der Stummheit leidet."

Mit den plappernden Frauenzimmern verfährt der Verfasser nicht weniger ungeniert:

> "Ein plapperndes Frauenzimmer ist in gewisser Weise noch abscheulicher, als eine stumme ... Da sie ohne Gedanken redet, so ist sie nicht anders an-

zusehen, als eine Sprachmaschine ... Es ist merkwürdig, daß die plappernden Frauenspersonen nur vornehmlich plappern, wenn sie älter werden und verheirathet sind. Vielleicht ist es also wol gar eine Weiberkrankheit, deren genauere Untersuchung ich aber den Aerzten überlassen muß. "

Nur den redenden Frauen gehört die Achtung des GESELLIGEN:

"Folglich ist ohne Widerrede klar, daß alle schönen Mädgen, wenn sie von vernünftigen Mannspersonen wollen geehrt und geliebt werden, müssen reden können. Sie müssen ihren Verstand mit wichtigen und nützlichen Wahrheiten angefüllt haben. Sie müssen eine reife Beurtheilungskraft, einen guten Geschmack, einen artigen Witz besitzen. Und sie müssen eine Fertigkeit haben, geistreiche und wahre Gedanken, die den Umständen gemäß sind, auf eine anständige Art vorzutragen."[124]

Seinen solchermaßen verunsicherten Leserinnen versichert der GESELLIGE, daß Gelehrsamkeit ihnen Anregungen an die Hand gibt, um sich - auch mit männlichen Gästen - schicklich, gebildet und verständig zu unterhalten:

"Die Gelehrsamkeit enthält tausend nützliche, wichtige, angenehme und nöthige Wahrheiten, die sich für beyde Geschlechter schicken, und welche eine unerschöpfliche Materie zu Gesprächen an die Hand geben."[125]

Gerade das gepflegte Gespräch, der richtige Inhalt und der richtige Umgangston zwischen Mann und Frau lag den Wochenschriftsautoren am Herzen. Oberflächliches Gerede, dumme Komplimenthascherei und unnütze Galanterie wurden in allen Wochenschriften der Spätphase angeprangert. Der GREIS läßt einen Fremden eine im Sinne der Wochenschriftsjournalisten mißlungene Gesellschaft so beschreiben:

"Diese Gesellschaften, die sie untereinander haben, sind mehrentheils trokken und voller Ceremonien. Da werden eine Menge Complimente gemacht, wenn man in die Gesellschaft tritt, Complimente wenn Caffee oder andre Sachen herum gegeben werden, Complimente mit zwey drey Nachbarn, daß sie das wieder von uns annehmen möchten, was wir uns mit so vielen Complimenten zuerst haben annehmen müssen, Complimente wenn man nichts mehr annehmen will, Complimente und Beteuerungen, daß alles vortrefflich gewesen ist, Complimente über das Wohlbefinden und über das nicht Wohl-

---

124 Der GESELLIGE, 16. Stück.
125 Ebd., 16. Stück; gleich darauf verdeutlicht der Verfasser mit Nachdruck, daß von den Handarbeiten auf Gesellschaften auf jeden Fall nicht die Rede sein sollte: "Ich will es keinem Frauenzimmer übel auslegen, wenn es vom Sticken und Nähen, vom Kochen und Haushalten, von dem Putze spricht. Das sind alles Sachen, worum sich ein artiges Frauenzimmer ... bekümmern muß. Allein, von dergleichen Sachen muß das Frauenzimmer nur unter sich sprechen. Will es aber mit vernünftigen Mannspersonen Umgang pflegen, so muß es wahrhaftig von anderen Dingen sprechen können. "

befinden. Ich bin in einer solchen Gesellschaft gewesen, wo kein ander Wort, als Complimente gesprochen worden."[126]

Den Moraljournalisten war besonders daran gelegen, ihren Leserinnen zu verdeutlichen, daß die Fähigkeiten, auf Gesellschaften zu tanzen, zu komplimentieren und zu flirten, nicht mehr zeitgemäß waren,[127] denn eine solche Form der Repräsentation entsprach nicht dem Ideal bürgerlicher (Frauen-)Bildung.[128] Den Verfassern der Wochenschriften war es bewußt, daß ein Großteil ihrer Leserinnen die gesellschafts- und repräsentationsfähige Gelehrsamkeit nur durch die Lektüre ihrer Blätter erhielten, daß es also in ihrer Verantwortung lag, ein Gegenbild zu dieser traditionellen Erziehung zur Koketterie zu zeichnen. Mit leeren Partyfloskeln wollten die Moraljournalisten nichts zu tun haben, wo aber die Bildung zur anspruchsvollen und gehaltvollen Konversation noch nicht ganz reichte, ließ der GREIS auch ein gepflegtes Plaudern gelten:

> "Wer die Kunst, von Kleinigkeiten mit Anmuth zu reden, versteht, ... wird zwey Stück miteinander verbinden und besitzen müssen; einige Belesenheit und einigen Umgang mit dem feineren und gesitteten Theile der Welt."[129]

Die Wochenschriftsautoren gaben sich Mühe, nicht bei allgemeinen Erklärungen zu bleiben, und führten ihrer Leserschaft immer wieder bis ins kleinste vor, worüber in einer Gesellschaft ein angenehmes und anständiges Gespräch geführt werden konnte. Man könne, so zählt der GREIS auf, über "Zeitungen und die öffentlichen Nachrichten von Staatssachen" reden, "die Sitten der Völker" und "nützliche Bücher" besprechen oder "Vergleichungen mit anderen Städten anstellen", und schließlich durften auch eigene Erfahrungen oder die intime Kenntnis besonderer Ereignisse, sofern sie interessant und von allgemeinem Interesse waren, als Gesprächsstoff herangezogen werden: "Wer kleine merkwürdige Geschichten, rühmliche große Handlungen weis", fährt der Autor fort, "hat Gelegenheit genug, in einer Gesellschaft davon zu sprechen."[130]

In der Darstellung, wie sich Frauen an den Gesprächen in Gesellschaften be-

---

126 Der GREIS, 17. Stück.
127 Menck (1897), S. 49.
128 Der anerzogenen Hoffnung der Frauen, daß kokettes Verhalten die Heiratschancen vergrößere, versuchten die Moralischen Wochenschriften einhellig entgegenzuwirken. Statt dessen sollte Belesenheit den jungen Frauen zu einer guten Partie verhelfen, vgl. Martens (1968), S. 533f.
129 Der GREIS, 45. Stück.
130 Ebd.

teiligen sollten, unterscheiden sich die Ausführungen der pietistischen Blätter deutlich von denjenigen der Habsburger Monarchie. Die Magazine der Hallenser Periode zeichneten das Bild einer vernunftbegabten Ehefrau, die mit Engagement und individueller Kreativität Haushalt und Familie liebevoll betreute, und bei geselligen Anlässen keine vor Schüchternheit und Dummheit schweigende Statistin sein sollte. Damit stellen sich diese Moralblätter sowohl gegen die seit der Jahrhundertmitte neu aufkommende Bildungsfeindlichkeit, wie sie 1763 in Jean-Jacques Rousseaus Erziehungsroman "Émile" manifestiert wird, als auch gegen die lutherische Auffassung idealer Weiblichkeit. In Rousseaus Roman wird Sophie allein durch ihre Intuition geleitet, für ihre Pflichten als Hausfrau und Gattin ist lediglich eine "natürliche Bildung" Voraussetzung. Belesenheit oder Gelehrsamkeit, wie sie die Moralischen Wochenschriften für eine anspruchsvolle Unterhaltung fordern, hat in Rousseaus Frauenbild keinen Platz:

> "Elle a du goût sans étude, des talents sans art, du jugement sans connaissances ... Elle n'a jamais lu de livre que Bareme, et Télemaque qui lui tomba par hasard dans les mains ... O l'aimable ignorante!"[131]

Gleichzeitig sind die Hallenser Wochenschriften - gerade in ihren Forderungen nach klugen und redegewandten Frauen - ein Dokument des säkularisierten Pietismus. Die Idee Luthers, der die Redegewandtheit der Frauen - und besonders seiner eigenen - beklagt, spiegelt sich im Hallenser Moraljournalismus nicht mehr wider:

> "Eloquentia mulierum periculosa. Anglus quidam, homo doctus, sedebat in mensa non intelligens Germanicam linguam. Dixit Lutherus: Ego tibi uxorem meam in praeceptorem Germanicae linguae propono. Quae facundissima est; sie kans so fertig, das sie mich weitt damit überwindet. Sed eloquentia non est laudanda in mulieribus; plus decet illas esse blaesas ist blabas, das steht in wol besser an."[132]

---

131 Rousseau (1763), S. 621.
132 Luther, Tischreden, Nr. 4081; gerade in der Idee der 'schweigenden Frau' wird ihre Machtlosigkeit symbolisiert: Des grundlegenden Mediums für alle Bereiche zwischenmenschlicher Aktionen soll sie sich nicht bedienen: der Sprache. Ihr Schweigen schließt sie von einer Teilnahme am öffentlichen Leben und damit auch von einer politischen Partizipation aus, deren wichtigste Auseinandersetzungsform - neben dem Krieg, für den das Wesen der Frau noch viel weniger geschaffen sein sollte - die sprachliche Entscheidungsfindung, sei es durch Diskussion oder Befehl, ist. Aber nicht erst Luther hat der Frau das Schweigen abverlangt. Bereits Aristoteles zitiert in der 'Politik' (1. Buch, S. 67 - 13,1260a30) den Dichter Georgias mit den Worten: "Dem Weibe bringt das Schweigen Zier."

In den katholischen Moralblättern verschiebt sich die Perspektive deutlich. Zwar war es auch den Wiener und Prager Moraljournalisten daran gelegen, die Vernunftfähigkeit der Frauen zu unterstreichen, doch sahen sie die ideale Frau in Gesellschaft zumeist als anständig schweigende Begleiterin ihres Ehemannes. Der MANN OHNE VORURTHEIL bringt auf den Punkt, welche Anerkennung die gesittete Frau für ihre stille Zurückhaltung erhält:

"Die Welt wird von ihr schweigen, und hält ihr dadurch eine Lobrede."[133]

Vor diesem Hintergrund zeigt sich das Anliegen der Hallenser Moralblätter als fortschrittliche Perspektive. Die gescheite und redegewandte Frau, die ihre Familie auf gesellschaftlichen Anlässen zu repräsentieren weiß, bleibt hier ein Ideal des Moraljournalismus, das später in den Habsburger Blättern fast ganz zurückgenommen wird.

In der Repräsentationspflicht der bürgerlichen Frau bzw. des bürgerlichen Haushaltes überschneidet sich der Wunsch, Leistung und Wohlstand nach außen standesgemäß und effektvoll darzustellen, mit den begrenzten wirtschaftlichen Möglichkeiten eines Großteils der bürgerlichen Haushalte. Die Repräsentationszeremonien und der gewünschte und angestrebte Repräsentationsaufwand waren orientiert am Verhalten der feudalen Oberschicht bzw. an den Möglichkeiten des wohlhabenden Großbürgertums.[134] Die ökonomischen Notwendigkeiten des bürgerlichen Mittelstandes, aus dem sich die Leserschaft der Moralblätter weitgehend zusammensetzte, machten jedoch eine sparsame Kalkulation der Repräsentationskosten unabdingbar. Die Moralischen Wochenschriften achten daher nicht nur darauf, ihren Leserinnen die vielfältigen Möglichkeiten zu vermitteln, ihren Haushalt angenehm und einladend zu gestalten, und ihnen die feinen und gepflegten Formen unterhaltender Repräsentation aufzuzeigen, sondern sie achten ebenso darauf, das Ideal einer sparsamen, wirtschaftlich-kompetenten Hausfrau zu zeichnen, indem sie jeden protzigen Aufwand und jede Verschwendungssucht anprangern. Der Erfolg der Fürsorgepflicht und des Repräsentationsauftrags der Frauen mißt sich nicht allein an der bloßen Reproduktions- und Unterhaltungsleistung, sondern wird darüber hinaus durch die wirtschaftliche Kompetenz der Hausfrau

---

133 Der MANN OHNE VORURTHEIL, Bd. 1, 24. Stück.
134 Ladj-Teichmann (1983), S. 221f. u. Zinnecker, Sozialgeschichte der Mädchenbildung (1973), S. 102.

bestimmt.

Diese verschiedenen Aspekte des weiblichen Pflichtenkatalogs verbinden sich sowohl in den häuslichen Handarbeiten als auch in der Gestaltung aufwendiger Gesellschaften. Das weibliche Betätigungsfeld der Handarbeiten wird vielfach einseitig als monoton und persönlichkeitseinschränkend charakterisiert: Textilarbeit sei eine "Pseudobeschäftigung"[135], "von jedem Sinn frei"[136] oder sogar "ostentativ sinnlos."[137] Diese Kritik übersieht jedoch die wichtige wirtschaftliche Funktion der Textilarbeit für die Familie und die mit ihr erbrachte ökonomische Leistung der Frauen. Dagmar Ladj-Teichmann, die in ihren Studien ausführlich auf die disziplinierenden und persönlichkeitseinschränkenden Mechanismen der Textilarbeit eingeht, kommt zu einer anderen Beurteilung: "Manuelle Textilarbeit", so argumentiert sie, "ist konkrete Arbeitskraft verausgabende Arbeit, die sinnreich wahrnehmbare Dinge herstellt und zu deren sorgfältiger Ausführung eine längere Ausbildung notwendig ist."[138] In ihrer Argumentation zeigt die Autorin den ökonomischen Nutzen und damit auch indirekt den Erwerbscharakter der Textilarbeit auf. Damit belegt sie, daß die alten Haushaltsstrukturen, in denen auch die Hausmutter direkt zum Unterhalt der Familie beigetragen hat, in den bürgerlichen Familien weiterhin Geltung haben. Handarbeit war gerade zur Produktion der modisch-repräsentativen Kleidung eine ökonomische Notwendigkeit. Die zu geselligen Anlässen vorgeführte reich verzierte Garderobe mußte von dem Großteil bürgerlicher Frauen in mühsamer Detailarbeit eigenhändig angefertigt und instand gehalten werden.[139] In ihrer konservativen Interpretation der spezifischen Vernunftbegabung der Frauen sahen die Moralischen Wochenschriften den natürlichen und daraus abgeleitet den gesellschaftlich bedingten Ursprung für das Bedürfnis der Frauen, sich modisch zu kleiden.

"Gedanken über die Erziehung der Töchter:

---

135 Tornieporth (1977), S. 79.
136 Kößler, Mädchenkindheiten im 19. Jahrhundert (1979), S. 71.
137 Hardach-Pinke/Hardach, Deutsche Kindheiten. Autobiographische Zeugnisse 1700-1900 (1978), S. 23.
138 S. besonders die Curriculums-Analyse einer im Jahre 1808 gegründeten Städtischen Höheren Mädchenschule von Dagmar Ladj-Teichmann. Sie schreibt: "Die Hälfte bis ein Drittel aller Stunden beanspruchten die Handarbeiten", Ladj-Teichmann, Erziehung zur Weiblichkeit durch Textilarbeiten (1983), S. 102ff., dies., Weibliche Bildung (1983), S. 222, vgl. auch Kittler (1980), S. 16.
139 Ladj-Teichmann, Weibliche Bildung (1983), S. 222.

In allen Umständen empfängt die Frau von dem Manne das Nothwendige, und der Mann von der Frau nur das Nützliche und Angenehme. Daher ist das Verlangen zu gefallen bey dem männlichen Geschlechte weniger stark als bey dem weiblichen; diese Ungleichheit ist in der Vernunft gegründet. Der Mann vernachläßiget die Sorgfalt zu gefallen, und darf es ungestraft, weil er auf die Schwachheit, die Begierden, und die Bedürfnisse der Frau rechnet. Die Frau, die nicht eine gleiche Hülfe hat, muß ihre ganze Sorge darauf wenden, dem Mann zu gefallen. Dies ist in der Gesellschaft gegründet. Die kleine Tochter, die zu gefallen sucht, folgt also einem natürlichen Antrieb, einer gesellschaftlichen Eigenschaft, die man nicht genug ausbilden kan, damit sie gut gerichtet werde."[140]

Repräsentativer Chic war zwar gefragt, aber kostspielig sollte die Putzlust der Frauen nicht sein:

"1.
Alle Jahre zu Kleidern, nach dem
neuesten Geschmack, wie die Zeuge
von der Messe kommen werden, oder
wie sie dieselben an einer anderen
Dame erblicken wird.

	Thlr. 600

2.
Jährlich zu Kanten, Blonden u.s.m.

	140

3.
Zu Allongen, Band, Flor, Vigretten, um
Carcassen, a la nouvelle mode, a la Pompa-
dour, a l'adorable zu verfestigen.

	50

4.
Zur Garnitur von Latz, Fraise, u.s.m.

	80

5.
An Schneider, Perückenmacher, Nätherinnen,
Putzmacherinnen, u.s.m.

	120

6.
Kleine Ausgaben zu allerhand Galanterien,
die sie nicht ihrem Manne besonders abfor-
dern will.

	150

Summa	1140"

---

140 Der GLÜCKSELIGE, 384. Stück.

Mit dieser detaillierten Auflistung schildert der GREIS,[141] welchen Aufwand die wenig tugendhafte Verlobte seines jungen Freundes mit ihrem Putz treibt, und macht sich mit dem zusammengewürfelten Sortiment französischer Modebegriffe über den Kleidungs- und Pflegeaufwand der jungen Frau lustig. Dahinter steht allerdings ein ernstes Anliegen: Französischer Modeaufwand ist bei den Moraljournalisten verpönt, denn er gilt als Ausdruck adeliger Verschwendungssucht. Besondere Kritik galt dabei den Reifröcken und Korsetten, der Schminke und den aufwendigen Steckfrisuren.[142] Zwar werden der jungen Frau gleichzeitig feine Umgangsformen, Belesenheit, Witz und ein guter Verstand attestiert - Eigenschaften, die sie in genau dem Maße besitze, wie dies für ihre weibliche Natur angemessen sei -, jedoch können diese Vorzüge ihre Verschwendungssucht nicht ausgleichen. Vielmehr deutet ihre Putzlust nur an, daß sie auch in anderen Bereichen haushälterische Inkompetenz zeigen werde. Deshalb, so schlußfolgert der GREIS, darf der junge Freund seine Verlobte nicht heiraten: Das Jahreseinkommen des jungen Mannes, der Verfasser nennt eine Summe von etwa 1000 Rt.,[143] wäre einem solchen Kleidungsbudget nicht gewachsen. Also rät der GREIS - mit Erfolg - von dieser unvernünftigen Ehe ab. Die an die Leserinnen gerichtete Moral ist nicht zu übersehen: Verschwendungssucht und Putzlust attestieren mangelndes Verständnis für die wirtschaftlichen Notwendigkeiten der Haushaltführung und mindern dadurch die Heiratschancen. Die Vorstellung von einer romantischen Liebesheiratet ist für die Wochenschriftautoren nur so lange von Bedeutung, wie die wirtschaftliche Grundlage dieser Verbindung gesichert ist. Und auch in der Ehe sind sowohl die geforderte Bildung als auch die Repräsentationsfähigkeiten der Frauen zweitrangig, wenn sie sich als schlechte Wirtschafterinnen erweisen.[144]

Ganz im Stil des Moraljournalismus finden sich im Anschluß an die Kritik des

---

141 9. Stück.

142 Richards (1984), 694.

143 Im Vergleich dazu: Als durchschnittliches Jahreseinkommen eines mittleren Bürgers nennt Otto Dann eine Summe von 200-400 Rt., Dann (1982), S. 101.

144 Die Moralischen Wochenschriften betonen die gegenseitige Liebe in der Ehe, setzen sich aber nicht für das Prinzip der Liebesheirat ein. In den Moralblättern verbindet sich die Idee der Vernunftehe, die aufgrund von finanziellen, sozialen oder religiösen Erwägungen geschlossen wird, mit dem Ideal der Liebesehe: Die gegenseitige Liebe entpuppt sich dabei aber als Respekt und leidenschaftslose Freundschaft, die nur vor dem Hintergrund eines umfassenden Konsenses möglich ist.

GREISES an dem zu groß geratenen Kleidungsbudget der jungen Frau einige Ausgaben später eine Reihe von Leserbriefen zu diesem Thema: Ermutigt von den Ausführungen des Verfassers, beklagt sich ein Familienvater: Seine Ausgaben für die Gattin und die Töchter seien noch viel höher,

> "... es geht keine Woche hin, wo ich nicht Rechnungen vom Kaufmanne, Schneiderzettel, Putzmacherinnen und dergleichen Historien zu bezahlen habe ... "[145]

In gleicher Weise kritisieren die Leserinnen auch im MANN OHNE VORURTHEIL die Ausführungen des Autors zum Thema weibliche Verschwendungslust:

> "Heißt das unpartheiisch verfahren, wenn man die satirische Geißel nur immer gegen die eine Seite, und dazu gegen die schwächere schwingt?"[146]

Tatsächlich spielt besonders in den Habsburger Moralblättern das gesellschaftlich relevante Verhalten der Männer so gut wie keine Rolle.[147] Tendenziell anders sieht es in den Magazinen der Hallenser Periode aus. Den Ausführungen des GREIS über die übermäßigen Ausgaben einer Frau folgt daher nun auch das Schreiben einer Leserin, die zur Rechtfertigung des weiblichen Geschlechts die wirtschaftlich ruinösen Ausgaben ihres Ehemannes auflistet. Sie berichtet von den Allüren ihres Gatten, der in den "größten Häusern" verkehrt und daher in seinem eigenem Haushalt "alles auf den Fuß dieser großen Häuser eingerichtet haben möchte, ungeachtet sein Einkommen nicht danach beschaffen ist":

> "1.
> Zu den Gesellschaften außer dem Hause,
> und zu den Lustreisen im Sommer, ver-
> wendet er
>
> Thlr. 200
>
> 2.
> Zu den Gastereyen und den Gesellschaften
> in seinem Hause, die so beschaffen seyn
> müssen, wie ich sie oben beschrieben
>
> Thlr. 300
>
> 3.
> Zum Spiel setzt er alle Jahre aus,
> welches er nach seiner Nennung ver-
> lieren muß

---

145 Der GREIS, 15. Stück;
146 Der MANN OHNE VORURTHEIL, Bd. 1, 17. Stück.
147 Vgl. auch Herrmann (1987), S. 536.

4.
Zu den jährlichen Veränderungen der ge-
mahlten Zimmer, zu neuen Gemälden, zu
Veränderungen der Meublen kann ich gewiß
rechnen

Thlr. 400

5.
Zu den Veränderungen die er im Garten
macht, oder was er sonst zu unterhalten
kostet

Thlr. 150

Summa   Thlr. 1350"[148]

Die überzogenen Repräsentationsvorstellungen dieses Ehemannes machen es der
Briefschreiberin unmöglich, ihrer Pflicht nachzukommen, dem "Hauswesen des
Mannes nach dessen Stande und Range"[149] vorzustehen. Als "Finanzministerin"
des Hauses gehörte es zu den Pflichten der Frau, das Haushaltsbudget vernünftig
einzuteilen. Für den Erfolg oder Mißerfolg ihrer Planung war die Hausfrau moralisch verantwortlich, eine Entscheidungsgewalt über die Finanzangelegenheiten
der Familie aber hatte letztlich nicht sie, sondern ihr Ehemann: Der "Mann ist
das Haupt der ehelichen Gesellschaft; und sein Entschluß giebt in gemeinschaftli-
chen Angelegenheiten den Ausschlag."[150] Während den wirtschaftlich inkompe-
tenten Frauen vor Augen gehalten wird, daß die Konsequenz ihre Verschwendungslust ein Leben als Unverheiratete sein könne,[151] bleiben für die überzogene

---

148 Der GREIS, 15. Stück.
149 Allgemeines Landrecht für die Preußischen Staaten (1794), § 194, s.o., S. 200, Anm. 95.
150 Allgemeines Landrecht für die Preußischen Staaten (1794), § 184; vgl. auch Richards
    (1984), s. 117; in diesem Sinne gibt der GREIS seiner Enkelin Clelie den Ratschlag, sie solle
    sich der Grenzen ihrer Macht bewußt sein und sich ihrer spezifischen weiblichen Möglich-
    keiten, wie Anmut, Sanftmut und Gefälligkeit, zu Nutze machen und damit "in dem kleinen
    Staate der Familie das seyn, was ein weiser Favorit an der Seite eines Königs ist", 69. Stück.
151 Die Wochenschriftsleserinnen müssen die Ehelosigkeit als Androhung einer harten Strafe
    empfunden haben, wird doch die Ehe in den Moralblättern durchgehend als höchstes Ziel der
    weiblichen Bestimmung beschrieben (z.B. im GREIS, der betont, daß die Ehe 'Beruf und
    Pflicht des weiblichen Geschlechts' sei und daß die 'häuslichen, ehelichen und mütterlichen
    Pflichten von einem viel größeren Werthe und Gewichte' seien, als alles, was eine Frau "in
    einem einsamen Stande" tun könne, 36. Stück); auch das vom MENSCHEN gemalte Bild un-
    verheirateter Frauen kann mit dazu beigetragen haben, die Angst der Frauen vor der Ehe-
    losigkeit zu mindern; er schreibt, Frauen seien unfähig, ein eheloses Leben zu führen, denn
    sie "würden ausser dem Ehestande einer Heerde gleich, die keinen Hirten hat ...", 24. Stück.

finanzielle Großzügigkeit des Mannes nur moralische Appelle.

Ebenso verpönt wie die Verschwendungslust war allerdings der Geiz: Denn aus der Lust, sich schön zu kleiden, entsteht ein für die Repräsentationsaufgaben der Frauen wichtiger Wert, der in ökonomischer Hinsicht Nutzen bringen kann. Dazu der GLÜCKSELIGE:

> "Betrachten sie, sprach ich, ein geputztes Frauenzimmer von der Fußsohle bis auf die Scheitel: Sie werden alle Künste an ihr finden. Der Haarkünstler, der Schneider, der Zeichner, der Goldschmidt, der Schuster, der Fabrikante, der Emaillirer, die Spitzenmacherin und noch viele andere Hände müssen sich vereinigen um dieses schöne Gebäude und Wohnhaus einer zärtlich geschaffenen Seele auszuschmücken. Wie viele Hände würden nicht auf einmal müßig seyn, oder wieviele Glieder der Gesellschaft welche sich jetzt sehr wohl nähren können, würden verschmachten, wenn das Frauenzimmer seinem herrschenden Triebe, seiner Hauptneigung, sich unserm Geschlechte gefällig zu machen, entsagte! Der Tod dieser Begierde würde also in der That der Tod unzähliger Künste seyn, und dieser ihr Untergang würde wiederum das Verderben so vieler andern Künste nach sich ziehen."[152]

Die Vorstellung, daß das Konsumverhalten der Frauen auch einen gesellschaftlichen und ökonomischen Wert hat, bleibt jedoch in den Moralischen Wochenschriften auf wenige unterhaltende Beiträge dieser Art beschränkt. Auch der allgemeine gesellschaftliche und ökonomische Nutzen weiblicher Reproduktions-, Unterhaltungs- und Repräsentationsarbeit wird in den Moralblättern zumeist nur indirekt gewürdigt, indem die Bedeutung einer glücklichen Familie für die Glückseligkeit des Staates betont wird.[153] Es lag in der Verantwortung der Frauen, die Leistungsfähigkeit der Familienmitglieder und besonders des Ehemannes zu erhalten und somit die ökonomische Stabilität des Haushaltes zu gewährleisten. Wurde diese Aufgabe erfolgreich ausgeführt, trug die Frau auf diesem Wege mit ihrer Leistung auch zur Wohlfahrt des Staates bei: Die persönliche Glückseligkeit, der Wohlstand der Familie und das ökonomische Wachstum des Staates wurden als zusammenhängende Kausalkette verstanden, an deren Anfang Vernunft, Bildung und Tugend des Individuums, hier der unterhaltenden und repräsentierenden Hausfrau, stehen.[154]

---

152 Der GLÜCKSELIGE, 94. Stück.
153 S. z.B. eine Formulierung des GREIS: "Die Glückseligkeit des ganzen Landes beruhet auf der Glückseligkeit und dem Wohlstande der einzelnen Familien", 69. Stück; oder der MANN OHNE VORURTHEIL, der die Ehe als "bürgerlichen Band der Gesellschaft" bezeichnet, Bd. 2, 11. Stück.
154 Diese Vorstellung spiegelt sich auch in anderen zeitgenössischen Quellen wider: S. z.B.

Die Einheit der Unterhaltung:

Bildung, Repräsentation, Nützlichkeit

Der Kampf gegen Vorurteile ist einer der Hauptimpulse der Aufklärung.[155] Die Moralischen Wochenschriften unterstützen diesen Kampf und machen es zu ihrer besonderen Aufgabe, die Vorurteile gegen Frauen abzubauen. Die Moralischen Wochenschriften haben erstmals die Frau als Publikum periodisch erscheinender Magazine angesprochen und es zu ihrem erklärten Ziel gemacht, deren Bildungsstand zu heben. Nach dem Verständnis des Moraljournalismus während des gesamten 18. Jahrhunderts sind Frauen ebenso vernünftig und kreativ wie Männer und haben daher als vernunftbegabte Wesen das gleiche Recht auf Bildung wie Männer. Für den Erfolg bzw. die Akzeptanz des Frauenbildungskonzeptes der Moralblätter reichte dieser idealistische Besserungswille jedoch nicht aus. Bildung für Frauen, das vermitteln die Moraljournalisten, war in einem Augenblick noch Privileg, für das gestritten werden mußte, im nächsten Moment, da sie akzeptierter Bestandteil des Alltags zu werden begann, Aufgabe und Pflicht und schließlich Ziel neuer Einschränkungen. Frauenbildung war Familiensache und daher abhängig von persönlichen, individuellen Entscheidungen des Vaters und der Mutter oder später des Ehemannes. Diese galt es davon zu überzeugen, daß die (Aus-)Bildung des weiblichen Verstandes ein dringendes Anliegen ist. Der Hinweis auf die Umsetzung eines aufklärerischen Menschenideals, das Bildung gleichermaßen für Männer und Frauen forderte, reichte hier nicht aus. Entscheidend für die Akzeptanz des Frauenbildungskonzeptes der Moralischen Wochenschriften war die an praktischen Zwecken orientierte Argumentation der Wochenschriftsautoren: Sie vermittelten ihren Leserinnen, deren Eltern und Ehemännern, daß die schöne und gefällige Frauenbildung für die weibliche Natur weder schädlich noch etwa als bloßer Luxus zu verstehen sei, sondern daß die Bildung der Frau von praktischem Nutzen, daß sie ökonomisch wichtig, ja notwendig sei.

Dabei bleibt die Vorstellung davon, wie Frauenbildung aussehen solle, in den

---

Bahrdt, Handbuch der Moral für den Bürgerstand (1789), S.261; Justi, Vollständige Abhandlung von den Manufacturen und Fabriken (1758-61), Teil I/S. 21f., ders., Die Grundfesten der Macht und der Glückseligkeit (1760-61), Bd. II/S. 106f. u. Schlettwein, Grundfesten der Staaten (1779), S. 4f.

155 Jacobs (1976), S. 8f.

Moralblättern der verschiedenen Perioden nicht die gleiche. Die frühen Moralblätter der 20er und 30er Jahre hatten eine durchaus wissenschaftsorientierte Frauenbildung gefordert, sie vertraten die Auffassung, daß kein Themenbereich für den weiblichen Geist unschicklich oder zu anstrengend sei. Diese hoffnungsvolle Perspektive, die dazu angetan schien, das Terrain typisch weiblicher Erziehungs- und Lehrinhalte zu erweitern, weisen die Moralblätter der Spätphase zurück. Zwar wird die Aufklärung der Frau in den Hallenser Blättern noch mit Nachdruck gefordert, ihre Bildung propagiert, doch zeichnen schon diese Blätter ein deutlich anderes Bild, ein Bild, in dem Frauenbildung vorrangig als schöne und ästhetische Persönlichkeitsbereicherung zum Nutzen der Familie charakterisiert ist. Diese Tendenz setzt sich in den Habsburger Blättern fort. Die Unbeirrtheit, mit der noch die Hallenser Moraljournalisten immer wieder betont haben, Frauenbildung sei eines ihrer ganz vorrangigen Ziele, findet in den Josephinischen Veröffentlichungen nur noch eingeschränkt Widerhall. Wie ansatzweise schon in den pietistischen Blättern, gewinnt später in den Magazinen der Habsburger Monarchie die in der zweiten Jahrhunderthälfte wieder aufkommende Bildungsfeindlichkeit, wie sie bei Rousseau und Kant zum Ausdruck kommt, an Einfluß. Mit seiner Frauenbildungungsidee beschreitet der Moraljournalismus der Spätphase einen Weg zwischen einer gänzlichen Öffnung aller Lehr- und Erziehungsinhalte einerseits und einer reaktionären weitgehenden Bildungsverneinung andererseits - Resultat ist das Konzept einer schöngeistig-ästhetischen Frauenbildung, das durchgehend in allen Moralblättern der Spätphase propagiert wird. Gemeinsam ist den Beiträgen der Hallenser und der Habsburger Moralblätter dabei auch die utilitaristische Vorstellung von dem Anwendungsnutzen dieser Bildung. Frauenbildung wurde nicht um ihrer selbst willen gefordert, sondern durch sie sollte die Frau auf ihre Aufgaben in Ehe und Familie vorbereiten sollte.

Schon die Aneignung dieser Bildung soll angenehm, gefällig und unterhaltsam sein, sie darf auf keinen Fall den Anschein unweiblicher Anstrengung erkennen lassen. Dementsprechend müssen auch die Früchte dieser Bildung dem Ästhetischen und Schönen dienen, dürfen mit Arbeit nicht in Verbindung gebracht werden. Damit geht eine Idealisierung der schönen Weiblichkeit einher - sie nimmt das Bild der zur Schönheit geborenen Frau vorweg, das später im Frauenbild Wilhelm von Humboldts eine wichtige Rolle spielen wird. Die Hallenser und Habsburger Blätter verlieren aber an keiner Stelle den praktischen Nutzen der schönen Frauenbildung aus den Augen. Eine präzise geplante Zweckunterrichtung, wie sie Joachim Heinrich Campe für die Mädchenerziehung konzipierte, kannten die Moraljournalisten noch nicht, dennoch ist ihre Bildungsidee für Frauen konsequent an einer praktischen Anwendbarkeit orientiert. Dabei wird deutlich, daß das Frauenbildungskonzept der Moralblätter eine zwiespältige Angelegenheit ist - auf der einen Seite sollten Bildungsinhalte und Bildungsmethoden angenehm und schön sein, auf der anderen Seite sollten die mühelos erworbenen Ergebnisse praktische Anwendung in den alltäglichen Haushalts- und Familienaufgaben finden können. Die Verbindung beider Aspekte gelingt den Hallenser Moraljournalisten noch überzeugend, führt aber in den Habsburger Blättern zu einer Unausgewogenheit zwischen den Anforderungen an das weibliche Publikum und den ihm zugestandenen Verhaltens- und Bildungsmöglichkeiten. Aus dem Unterhaltungskonzept der Moralischen Wochenschriften und dem Frauenbild, wie es im Zuge der Geschlechterpolarisierung entsteht, erwächst das Bildungs- und Gelehrsamkeitsideal für Frauen: Zugeschnitten auf den Aufgabenbereich der Privatsphäre, sollen die schönen Bildungsinhalte und -methoden die Frau darauf vorbereiten, eine angenehme Atmosphäre in der Familie zu schaffen. Gleichzeitig ist die gefällige Gelehrsamkeit unabdingbare Voraussetzung für die Repräsentationspflichten der Ehefrau. In der Zielsetzung dieser weiblichen Aufgabenbereiche verbinden sich ästhetische Bildung und praktische Anwendung: durch die Schönheit und Ruhe, die sie ausstrahlt, durch die ansprechenden Umgangsformen, die sie repräsentierend in einen geselligen Mittelpunkt zu stellen weiß. Dabei zeigt sich in den Überlegungen der Hallenser Wochenblätter noch deutlich der Einfluß der früheren Schriften: Ihre Vorstellung von einer in Gesellschaften repräsentierenden Frau ist durchgehend die von einer gebildet - wenngleich nicht gelehrt - redenden Frau. In den Habsburger Blättern dagegen wird das Bild einer Frau, die sich solchermaßen produziert, nicht mehr propagiert. Ideal ist hier die zurückhaltende Frau, die nicht gebildet ist, sondern vielmehr durch die ihr von der Natur gegebenen Vorzüge hervorsticht. Beiden Frauentypen gemeinsam ist ihre vernünftige Kompetenz, mit der sie den Haushalt organisieren und auf diese Weise die Leistungsfähigkeit der Familie und besonders des Ehemannes sichern und so zur wirtschaftlichen Stabilität des Haushaltes beitragen.

Schönheit und Ästhetik in allen Lebenslagen - so könnte das Motto der Moraljournalisten für die Frauenbildung lauten. Damit geht auch einher, daß der Zwang zum Schönen, die Bürde der Frau, Arbeit als Muße zu verkleiden, zur Grundlage ihrer Einengung wird. Repräsentation wird zur Selbstaufgabe,[156] wo es nur noch darum geht, schön und gefällig zu sein, um dem Zweck der Unterhaltung zu dienen. Selbst anspruchsvolle Repräsentationsgelehrsamkeit wird zur Farce, wenn sie hauptsächlich als Vorführbildung benötigt wird. In den weiblichen Aufgabenbereichen der familialen Rekreation und Repräsentation wird deutlich, daß Bildung für Frauen, so wie sie von den Wochenschriftsautoren gezeichnet wird, unauflöslich verknüpft ist mit der Unterhaltung bzw. dem Unterhalt anderer, daß somit Bildung für Frauen unvermittelt zur Unterhaltungsarbeit wird. Unterhaltung, Bildung und Haushaltspflichten sind Aspekte, die im Erziehungskonzept, das die Moralblätter für Frauen entwerfen, untrennbar miteinander verknüpft sind. Aus der Sicht der Moraljournalisten ist Unterhaltung das Instrument, mit dem sich Erziehungsziele und Bildungsinhalte anschaulich und eingängig vermitteln lassen. Aus der Sicht der Leserinnen hat die Moralunterhaltung eine mehrfache Funktion: Für sie ist die Moralunterhaltung - entsprechend der Intention der Autoren - zunächst eine Instanz, die ihr das Programm ihrer Pflichten und Aufgaben, aber auch ihrer Möglichkeiten veranschaulicht. Die Moralunterhaltung zeigt den Leserinnen, wie sie die Ergebnisse ihrer Bildung und Erziehung zum Nutzen der Familie einsetzen können - erzieht sie unterhaltend zu unterhaltsamen Zwecken. Dadurch bekommt der Unterhaltungswert der Wochenschriften aus der Sicht der Frauen einen affirmativen Zug: Das Interesse der Leserinnen an den vergnüglich aufbereiteten Inhalten der Blätter ist auch abgeleitet von der Notwendigkeit, die Grenzen und Perspektiven des eigenen Lebenskontextes zu erkennen.

Die Moraljournalisten engen ihren Anspruch, aufklärerisch zu wirken, durch ihre utilitaristische Zielsetzung ein. Der innovative Ansatz der Moralblätter bleibt vordergründig erhalten, Frauen als eine neue Zielgruppe für die Vermittlung von Bildungsinhalten anzusprechen und ihnen durch die Veröffentlichungen der Moralischen Wochenschriften eine Möglichkeit zu geben, sich über ihre angestammten Ausbildungsgrenzen hinwegzuentwickeln. Dabei war es aber nicht die In-

---

156 Kittler (1980), S. 21.

tention der Moraljournalisten, ihren Leserinnen Möglichkeiten zu offerieren, den Rahmen ihrer gesellschaftlichen Rolle zu verlassen. Deshalb ist die Rücknahme der progressiven Bildungsvorstellungen der frühen Moralblätter in den Wochenschriften der Hallenser Periode eine konsequente Entwicklung. Hätte doch deren Vorstellung, das erkannten die Hallenser und Habsburger Magazinautoren, das traditionelle Rollenverhalten der Leserinnen in Frage stellen können. Den pietistischen Blättern gelingt es aber, Frauenbildung mit deren gesellschaftlichen Aufgaben in Einklang zu bringen. Das Bild der sittsamen, aber beredten Frau ist hierfür symptomatisch. Dieser Einklang ist in den Habsburger Blättern nicht mehr feststellbar. Die Dissonanz zwischen der propagierten Vernunftfähigkeit der Frau, ihren Pflichten gesellschaftlicher Repräsentation und dem ihr entgegebrachten Anspruch - wie von Rousseau und Kant gefordert, in natürlicher und stiller Zurückhaltung zu verharren, lassen sich nicht mehr in ein schlüssiges Bild bringen. Wird das Frauenbildungkonzept beurteilt nach den expliziten Äußerungen, die die Moraljournalisten zu diesem Themenbereich formulieren, ist daher der Schluß folgerichtig, daß sich die Rücknahme der dem weiblichen Publikum zugestandenen Bildung kontinuierlich von den frühen Blättern über diejenigen Veröffentlichungen der Hallenser Periode bis hin zu den Moralblättern der Habsburger Monarchie fortsetzte. Damit war die Moralunterhaltung im Rahmen der Frauenbildung schließlich nicht mehr Träger von Bildungsinhalten, sondern beschränkte sich - weitgehend losgelöst von aufklärerischen Ansprüchen - zunehmend darauf, bloßer Zeitvertreib zu sein.

Schluß

In den 70er und 80er Jahren des 18. Jahrhunderts geht der deutschsprachige Moraljournalismus seinem Ende entgegen. Das Genre, das aus England auf den Kontinent gekommen war, hatte in seinem Erfolgszug durch die deutschsprachigen Länder seine angelsächsischen Vorläufer bei weitem übertroffen. Die Moralischen Wochenschriften haben Mediengeschichte gemacht und die Entwicklung der nachfolgenden Publikationsformen geprägt. Die englischen "moral weeklies", schon der Name macht es deutlich, waren die direkten Vorläufer der Moralischen Wochenschriften und gelten weithin als ihre einzigen Ursprünge. Die Vorstellung jedoch, daß die "moral weeklies" im deutschsprachigen Kulturraum gleichsam in ein mediengeschichtliches Vakuum stießen, spiegelt sich in der Medien- und Literaturentwicklung nicht wider. Als 1713 der Hamburger VERNÜNFFTLER den Auftakt zum deutschsprachigen Moraljournalismus machte, konnte das neue Genre bereits auf Ansätze in der deutschsprachigen Medien- und Literaturlandschaft zurückgreifen: Die Popularisierung gelehrter Inhalte, die Ablehnung des Lateinischen zugunsten des Deutschen als Publikumssprache und schließlich die ganzheitliche Lebensberatung waren Zielvorstellungen, die im deutschen Kulturraum bereits in den Vorläufern des Moraljournalismus zu finden waren und ohne die die rasche Ausbreitung der Moralischen Wochenschriften kaum denkbar gewesen wäre.

Schon Otto Menckes versuchte 1682 mit seinem Magazin ACTA ERUDITORUM erstmals ein allgemeinwissenschaftliches Magazin zu publizieren, das sich nicht ausschließlich an die Spezialisten eines Fachbereiches wenden sollte. An ein Publikum außerhalb der Gelehrtenstuben dachte er allerdings noch nicht, sein Magazin wurde weiterhin ganz traditionell in lateinischer Sprache verfaßt. Aber schon wenige Jahre später führte Christian Thomasius die Idee Otto Menckes fort: 1690 begann er mit der Veröffentlichung der MONATSGESPRÄCHE. Das erklärte Ziel dieses neuen Magazins war es, gelehrte Erkenntnisse über die Fachkreise hinaus mittels unterhaltender Stilformen zu popularisieren. Seine eigentlich innovative Leistung aber lag darin, das Lateinische als Publikumssprache abzulehnen, und zwar mit der Begründung, daß es vor allem die weibliche Leserschaft von aller tieferen Bildung ausschließe.

Einen zweiten Grundpfeiler des deutschsprachigen Moraljournalismus bildeten die religiösen Erbauungsschriften. Sowohl im protestantischen als auch im katholischen Bereich boten diese Schriften ihren Lesern die ganzheitliche Lebensberatung, die sich später die Moralischen Wochenschriften zur zentralen Aufgabe machen sollten.

Der Verlauf des deutschsprachigen Moraljournalismus ist verzahnt in eine Entwicklung, die die Unterhaltungsformen auf dem Medien- und Literaturmarkt zunehmend betont. Dabei sind die Moralischen Wochenschriften gleichzeitig Faktoren, die diese Entwicklung mitbegründen und vorantreiben, aber besonders in der zweiten Hälfte des Jahrhunderts - in der Spätphase des Moraljournalismus - sind sie es, die von diesen Unterhaltungstendenzen profitieren. Auf dem Literaturmarkt verdrängt die Unterhaltungsliteratur in der zweiten Hälfte des 18. Jahrhunderts zunehmend die religiösen Erbauungsschriften. Parallel dazu steigt die Bedeutung der Moralischen Wochenschriften auf dem Medienmarkt: In den Dekaden nach 1740 machen die Moralblätter etwa 2/3 aller neuerscheinenden Unterhaltungsschriften aus. Es ist die Blütezeit des Moraljournalismus, nie zuvor war ihr Anteil am Medienmarkt so groß. Neben der quantitativen Verbreitung kommt aber ein zweiter wesentlicher Faktor hinzu, der die Bedeutung des Moraljournalismus in der zweiten Jahrhunderthälfte verdeutlicht. Der Moraljournalismus weitet sich über die protestantischen Gebiete hinaus in die Region katholischer deutschsprachiger Länder, in den Donauraum bis hin nach Osteuropa aus. Damit werden zwei Aspekte deutlich: Zum einen muß die Blütezeit des Moraljournalismus, anders als allgemein angenommen, nicht in der Frühphase des allein protestantisch geprägten Wochenschriftsjournalismus angesiedelt werden, sondern vielmehr in dem Zeitraum nach der Jahrhundertmitte. Zum anderen wird durch die Südverschiebung des Genres auch deutlich, daß die Moralischen Wochenschriften im Zeitraum ihrer größten Verbreitung nicht mehr ausschließlich ein protestantisch geprägtes Phänomen sind. Vielmehr zeigt die Untersuchung, daß die in der Blütezeit neu hinzukommenden Blätter der Habsburger Monarchie neue Akzente vor allem in der inhaltlichen Ausrichtung des Moraljournalismus setzen.

In seiner chronologischen und geographischen Entwicklung zeigt der Wochenschriftsjournalismus eine lineare Entwicklung auf. Sie verläuft im wesentlichen in fünf Etappen: In den deutschsprachigen protestantischen Ländern wird das Genre aus England übernommen. Hier trifft es in der Medienlandschaft auf Publikationsformen, die die erfolgreiche Weiterentwicklung des Wochenschriftsjournalismus ermöglichen. Besonders in der zweiten Hälfte des Jahrhunderts steht die weitere Formung der Moralischen Wochenschriften unter dem Einfluß des Hallenser Rationalismus und eines säkularisierten Pietismus. Auf dem Weg der Moralblätter in die deutschsprachigen katholischen Länder bleiben diese Einflußfaktoren erhalten. Während die englischen "moral weeklies" im protestantischen Norden auf einen vorbereiteten Boden treffen, ist der Medienmarkt in der Habsburger Monarchie weitgehend unentwickelt, als dort der Moraljournalismus in den späten 40er Jahren des 18. Jahrhunderts Fuß zu fassen beginnt. Eigenständige österreichisch-habsburgische Medienvorläufer für die Moralischen Wochenschriften können daher nicht aufgezeigt werden. Vielmehr spiegelt sich in der Südverschiebung des Genres gleichzeitig die Südverschiebung der Aufklärung. Der Wochenschriftsjournalismus in der Habsburger Monarchie ist geprägt von zwei konstitutiven Elementen. Zum einen setzen sich die Ideen des Wolffschen Rationalismus auch in den Habsburger Wochenschriften durch, zum anderen kommt speziell für die Wiener und auch Prager Moralblätter ein zweites Element hinzu: Im Zuge der Josephinischen Reformen wird die restriktive Handhabung der Zensur aufgelockert und macht so die Ausweitung des Moraljournalismus in den Gebieten der Habsburger Monarchie überhaupt erst möglich. Denn wie alle Publikationen aus dem protestantischen Norden, die auch in der Habsburger Monarchie veröffentlicht bzw. vertrieben wurden, war die Ausweitung der Moralblätter zunächst durch die scharfen Zensurbestimmungen eingeschränkt.

Im Anschluß an die Blütezeit der Wochenschriften geht der Moraljournalismus über in andere Publikationsformen. Sein Publikum wandte sich in zunehmendem Maße den neuentstehenden spezialisierten Magazinen, Journalen und Zeitungen zu. Das wachsende und sich immer stärker differenzierende Angebot auf dem Medienmarkt ist aber ohne die Vorleistungen der Moralischen Wochenschriften nicht denkbar. Aus den Moralblättern unterschiedlicher Prägung entstehen die Familienzeitschriften,[1] Feuilletons, unterhaltende Literaturmagazine und populär-

---

1   Kirschstein (1937), S. 9.

wissenschaftliche Journale.[2] Einige moralisierende Wochenschriften erweitern ihren Themenkreis, beziehen die Politik mit ein[3] und entwickeln sich am Ende des Jahrhunderts zu Tageszeitungen.[4] Andere verstärken das religiöse Element und entwickeln sich zu kirchlichen Sonntagsblättern.[5]

Paradoxerweise führte gerade der Erfolg der Moralischen Wochenschriften dazu, daß sich ihr Publikum diesen neuen Magazinen und Zeitungen zuwandte. An den wöchentlich erscheinenden Moralblättern hatte die Leserschaft ein regelmäßiges Lesen neuer, säkularisierter Texte eingeübt. Besonders nach der Jahrhundertmitte hatten die Autoren der Moralblätter durch ihr Konzept unterhaltender Bildungsvermittlung dazu beigetragen, ihre Leser und Leserinnen auf eine weiterführende Lektüre von Magazinliteratur vorzubereiten.

Es war ein zentrales Anliegen der Moraljournalisten, Bildungsinhalte - eingängig und unterhaltsam aufbereitet, an ein nicht gelehrtes Publikum, an eine Leserschaft ohne spezielles Fachwissen zu vermitteln. In dieser Zielsetzung liegt eine wesentliche, innovative Errungenschaft der Moralischen Wochenschriften: Schon durch die Idee, aber mehr noch durch ihre erfolgreiche Umsetzung können die Moralblätter als Ursprünge der modernen unterhaltenden Informationsvermittlung gelten - im Wochenschriftsjournalismus des 18. Jahrunderts liegen die Ursprünge dessen, was heute mit dem Schlagwort "Infotainment" bezeichnet wird.

Die Darbietungsformen in den Moralblättern sind daran ausgerichtet, eine Nähe zwischen Autor und Publikum herzustellen. Ziel der Moralautoren ist es, unmittelbar an ihre Leserschaft und deren Alltagswelt heranzutreten. Dazu machen sich die Moralischen Wochenschriften Formen zunutze, die dem Journalismus bislang unbekannt waren: Der Leserbrief, die Familienserie und der "Serienheld" sind Stilelemente, die die Moraljournalisten zum Zweck der engen Autor-Leser-Bindung etabliert haben. Die Intention der Wochenschriftsautoren, Bil-

---

2 Kawczynski (1880), S. 7.
3 Besonders greifbar wird diese Entwicklung bei der Prager Wochenschrift die UNSICHTBARE, dem Nachfolgeblatt der SICHTBAREN. Während sich die SICHTBARE noch an dem üblichen Programm der Moralblätter orientierte, setzte sich die UNSICHTBARE darüber hinaus das Ziel, die internationale Politik zu kommentieren. Der Untertitel der UNSICHTBAREN lautet: "Prager interessante Nachrichten, die wegen der in sich enthaltenen auserlesenen Materien der merkwürdigsten in- und ausländischen Begebenheiten, das gemeinnützige Wohl in allen menschlichen und bürgerlichen Verhältnissen befördern."
4 Eckardt (1905), S. 484.
5 Mehnert (1983), S. 97.

dungsinhalte eingängig und unterhaltsam an ihr Publikum zu vermitteln, spiegelt sich in der Wahl der angewandten stilistischen Mittel ebenso wie in der Umsetzung ihrer inhaltlichen Schwerpunkte: Die Moralischen Wochenschriften nach der Jahrhundertmitte sollten amüsant und eingängig sein, literarische Qualität war dabei zweitrangig. Die Inhalte der Blätter durften nicht wissenschaftlich-tiefschürfend oder pedantisch-gelehrt sein. Dennoch: Unterhaltung in der Spätphase des Wochenschriftsjournalismus wollte nicht bloße Unterhaltung und nicht lediglich Zeitvertreib sein. Die Moralunterhaltung sollte Bildungsinhalte vermitteln, und zwar nach Möglichkeit immer orientiert an der Alltagsgestaltung der Wochenschriftsleser und -leserinnen.

Die Moralischen Wochenschriften haben es sich zur Aufgabe gemacht, alle erdenklichen Bereiche bürgerlicher Alltagsgestaltung aufzuzeigen. Dabei gehen die Moraljournalisten davon aus, daß der bürgerliche Leser ebenso wie die Leserin an einer umfassenden Themenpalette interessiert sind, auf der naturwissenschaftliche, religöse, pädagogische, ethische und philosophische Abhandlungen feste Bestandteile sind. Im besonderen aber setzen die Wochenschriftsschreiber voraus, daß ihr Publikum Anleitung und Hilfestellung in den Belangen sucht, die ganz direkt mit der Gestaltung des bürgerlichen Alltags und der bürgerlichen Privatsphäre zu verbinden sind. Dabei werden in den Moralischen Wochenschriften drei Themenbereiche herausgehoben: die Religon bzw. das religiöse Leben, die bürgerlich-gesellschaftliche Öffentlichkeit und schließlich die Privatsphäre - diese immer im besonderen Hinblick auf die Frau als Hauptakteurin des häuslichen Bereichs. Damit bietet der Moraljournalismus seinem Publikum ein Programm, das vertraute Themen offeriert, aber seine Leserschaft darüber hinaus an neue journalistische Inhalte heranführt: Während das Thema 'Religion' den Lesern aus der Lektüre der Erbauungsschriften bekannt ist, ist die Diskussion der Privatsphäre in einer Medienöffentlichkeit ein Terrain, das die Moraljournalisten ihren Lesern neu erschließen.

Schon die Bandbreite der in den Moralischen Wochenschriften dargestellten Themen widerlegt die besonders mit den protestantischen Wochenschriften verbundene Vorstellung, daß es sich bei den Moralblättern um religiöse Literatur handele. Auch die Umsetzung dieses Themenkreises ist nicht an der Diskussion theologischer Inhalte interessiert. Vielmehr sind die Ausführungen zum Bereich

'Religion' von einem zentralen Kriterium gekennzeichnet: Beeinflußt durch den Wolffschen Rationalismus und den Josephinismus, orientieren sich sowohl die Hallenser als auch die Habsburger Moralblätter grundsätzlich an einer utilitaristischen Zielsetzung, nämlich der religiösen Anleitung zum sittsamen, moralischen Leben. Unterstützt wird diese Zielsetzung von einer Entwicklung hin zu einer säkularisierten Religiosität: Sowohl im Pietismus als auch im Katholizismus löst die weltliche Morallehre, die eine Verantwortung des Individuums fordert, die von den Kirchen vorgegebenen Verhaltensdogmen ab.[6] Schon in der Sprache, der sich die Wochenschriftsautoren bedienen, kommt die säkulare Form der Religiosität zum Ausdruck, die im Moraljournalismus vermittelt werden soll: Religiosität wird in den Wochenschriften stets als 'gesund', 'vernünftig', 'praktisch' apostrophiert. Die Erziehung zu dieser vernünftigen Religion zielte hauptsächlich darauf, die Leserschaft der Moralblätter für das gesellschaftliche - für das "gesellige" - Leben zu guten Bürgern zu formen. Dabei sind sowohl die Hallenser als auch die Habsburger Blätter geprägt von der utilitaristischen Vorstellung, daß das religiöse Leben als staatstragendes Instrument gefördert und unterstützt werden müsse. Diese gezielte Instrumentalisierung der Religion zur politischen Stabilisierung findet allerdings in den Blättern der Habsburger Monarchie einen deutlich konkreteren Ausdruck als in den Hallenser Blättern. Besonders in den Publikationen Joseph von Sonnenfels' deutet sich die neue Richtung an, die der Wochenschriftsjournalismus mit den Habsburger Blättern einschlägt: Die Thematisierung politischer Probleme entwickelt sich weg von einer indirekten Darstellung - in den Hallenser Blättern - hin zu einer offensiven Diskussion gesellschaftlicher Mißstände in den Habsburger Wochenschriften.

Die Moralischen Wochenschriften gelten in der Literatur als unpolitisches Mediengenre, als ein Genre, das dem Thema 'Politik' vorsichtig aus dem Weg geht. Ihre Kompetenz, das wird den Wochenschriften zugeschrieben, lag allein im Bereich der Moral, ohne daß mit dieser Bewertung allerdings die wesentliche Leistung des Moraljournalismus gemindert werden sollte, denn das "Moralische, das danach trachtet, politisch zu werden, wird das große Thema des achtzehnten Jahrhunderts sein."[7] Immerhin wird dem Genre zugestanden, durch sein Enga-

---

6   Vgl. auch Pribram (1912), S. 48.
7   Koselleck, Kritik und Krise (1959), S. 31.

gement in der moralischen Anleitung seiner Leserschaft eine zentrale Rolle in der Vorbereitung des Politischen als Medienthema gespielt zu haben.[8]

Tatsächlich zeigen aber die Ausführungen in den Moralblättern, daß die Themen 'Moral' und 'Politik' untrennbar miteinander verknüpft sind. Die Diskussion um das "gesellige" Leben, die Auseinandersetzung um zwischenmenschliche Verhaltensnormen bot Raum, um auszudrücken, wie die Gesellschaft beschaffen sein sollte, und erklärte, welche Muster als unakzeptabel angesehen wurden. Damit war der Moraljournalismus in seinem vermeintlichen Rückzug auf das bloß "gesellige" Leben, das eben nicht als das politische verstanden werden sollte, in seinem Rückzug auf die Privatsphäre an jeder Stelle eminent politisch. Der von den Wochenschriftsautoren selbst formulierte Programmpunkt einer journalistischen Abstinenz in Sachen Politik kann hier als Beurteilungskriterium nicht relevant sein, muß er doch auch immer als braves Zugeständnis an die Zensoren verstanden werden. Vielmehr gilt für den Wochenschriftsjournalismus, was auch in der späteren Mediengeschichte Bedeutung gewinnt: Ein Thema ist nicht politisch, weil es vom Autoren als 'politisch' bezeichnet wird, ein Thema ist vielmehr politisch, weil es eine politische Wirkung hat. Auch der Hallenser Wochenschriftsjournalismus ist deshalb als politischer Journalismus zu klassifizieren, hat er doch in dieser indirekten Weise politische Zielsetzungen verfolgt. Darüber hinaus beziehen die Hallenser Autoren jedoch dezidiert Stellung zum erwünschten Wohlverhalten eines guten Staatsbürgers: Diese Ausführungen gipfeln in der Forderung nach einem Patriotismus, der die Interessen des Staates in den Mittelpunkt des bürgerlichen Lebens rückt und ganz konkret dazu aufruft, die Staatsinteressen auch im Falle kriegerischer Auseinandersetzungen zu unterstützen. Ganz ohne Frage kann der Hallenser Moraljournalismus, so betrachtet, nicht als unpolitisch charakterisiert werden. Er ist allerdings in seinen politischen Abhandlungen grundsätzlich staatstragend. Die Möglichkeit, politische Äußerungen auch als kritischen Beitrag zu verstehen, lehnten die Hallenser Moraljournalisten noch ab. Hier vollzieht sich zwischen dem Hallenser und dem Habsburger Wochenschriftsjournalismus eine entscheidende Entwicklung: Die Blätter der Hallenser Einflußsphäre waren darum bemüht, das Moment des Politischen verdeckt zu halten und dem Staatswohl zu dienen, indem sie ihre Bürger zum patriotischen

---

8   Schneider, Pressefreiheit und politische Öffentlichkeit (1966), S. 81.

Gehorsam aufforderten. In den Habsburger Blättern entwickelte sich dann eine offensive Diskussion gesellschaftlicher Probleme und Mißstände. Dabei unterschieden sich die Wochenschriften keineswegs in dem Bestreben, die Belange des Staates zu fördern - dies machten sich auch die Habsburger Moralautoren ohne Einschränkungen zur Aufgabe. Neu war aber die Vorstellung, daß eine kritische Auseinandersetzung mit aktuellen Problemen und Mißständen das Bewußtsein der Bürger schärfen und somit zu einer politischen Stabilisierung beitragen könne. Die verhalten-verdeckte Auseinandersetzung der Hallenser Wochenschriften mit politisch relevanten Themen und ihre den staatlichen Interessen gegenüber unkritische Haltung wendet sich in den Habsburger Blättern nicht nur zu einer offenen Diskussion politischer Themen, sondern legt darüber hinaus den Grundstein für eine kritische Auseinandersetzung mit den Themen der Politik im Magazinjournalismus.

Der Umgang mit dem Thema Politik steht im direkten Zusammenhang mit der Hinwendung des Moraljournalismus zu den Themen der Privatsphäre. In der protestantisch geprägten Phase der Moralischen Wochenschriften ziehen sich die Wochenschriftsautoren in der Auseinandersetzung mit der Moral in den Kreis des Privaten zurück. Als im Habsburger Wochenschriftsjournalismus die Politik deutlicher in den Mittelpunkt der Betrachtungen gerückt wird, beginnt das neu entdeckte Thema der Privatsphäre im Wochenschriftsjournalismus an Bedeutung zu verlieren.

In ihrer Beschäftigung mit der bürgerlichen Privatsphäre richten die Moralautoren ihr Augenmerk insbesondere auf die Frauen - die Hauptakteurinnen des häuslichen Bereichs. Die Moralischen Wochenschriften hatten es zu ihrem besonderen Anliegen gemacht, mit Hilfe ihrer gefälligen und vergnüglichen Texte die vernünftige Einsicht und die Bildung der Frauen zu fördern - und machten damit Unterhaltung erstmals zum Vehikel, um gelehrte Erziehungs- und Bildungsinhalte auch für Frauen zu vermitteln. Die Leserin der Moralischen Wochenschriften hatte sich emanzipiert von der Lektüre der religiösen Erbauungsschriften, die ihr ernst und behäbig die Regeln einer christlichen Lebensführung gepredigt hatten. Der Wochenschriftsjournalismus stand am Anfang einer säkularisierten Frauenlektüre.[9] Die Autoren der Moralblätter betrachteten die Frau als ein vernünftiges

---

9   Vgl. Martens (1975), S. 1180.

Wesen mit dem Recht auf Bildung und Aufklärung, Unterhaltung und gesellige Zerstreuung. Frauenbildung, wie sie sich die Moralischen Wochenschriften vorstellen, ist eine Synthese aus Aufklärung und Unterhaltung, die - jedenfalls dem Programm nach - an jeder Stelle praktisch-anwendbar und gesellschaftlich-nützlich ist.

In dem Frauenbildungskonzept der Moralischen Wochenschriften wurden die Bildungsmöglichkeiten der Frau präzise eingegrenzt: Die Leserinnen sollten ihren Verstand schulen, um ihre Schönheit und ihren Wert zu erkennen. Die Vorstellung der Wochenschriftsautoren war es, daß eine unterhaltende Bildung, die gefällig und eingängig ist, eine "schöne" Frauenbildung fördert. Faktisch führte sie dazu, die Arbeit in der Familie ästhetisch zu überhöhen. Von den Moralischen Wochenschriften der Spätphase wird aufgezeigt, wie umfassende Bildung und Aufklärungsinhalte durch eine "sanfte" Lehrmethode an ein Publikum, das zu den traditionellen Bildungseinrichtungen keinen Zugang hatte, nämlich die weiblichen Wochenschriftsleser, vermittelt werden können.

Die Möglichkeiten, die hierin lagen, sind schon in den Habsburger Moralblättern zurückgenommen und auch in den nachfolgenden Frauenbildungsideen nicht aufgegriffen worden. Gerade die idealisierende Vorstellung von der weiblichen Schönheit hatte einen weiterreichenden Einfluß auf die Bildung bürgerlicher Frauen: Die Frauenbildung verkam "bildungsbürgerlich zum 'schönen Schein'"[10] - eine Entwicklung, die auch durch die Unterhaltungs- und Bildungsideen der Moralischen Wochenschriften vorbereitet wurde.

Schließlich darf aber bei der Beurteilung, inwieweit Frauen durch die Moralischen Wochenschriften aufklärerisch gebildet wurden, der gesamte Themenkontext der jeweiligen Wochenschriften nicht außer acht gelassen werden. Und da zeigt sich zumindest tendenziell eine andere, eine fortschrittlichere Interpretationsmöglichkeit. Denn an keiner Stelle war in den Moralblättern davon die Rede, daß Frauen nur die frauenspezifischen Beiträge lesen sollten. Die Wochenschriften waren in ihrem Selbstverständnis keine Frauenmagazine, sondern Blätter, die sich mit besonderem Nachdruck an ihr weibliches Publikum wandten. Daher gehörten zu den Bildungsinhalten, die den Leserinnen durch die Wochenblattlektüre vermittelt wurden, alle Themenbereiche, die auf dem Programm der Moraljour-

---

10 Herrmann, Erziehung und Schulunterricht (1976), S. 114.

nalisten standen. Aus dieser Perspektive betrachtet, boten die Wochenschriften ihrem männlichen ebenso wie ihrem weiblichen Publikum eine vielfältige Bandbreite von Bildungsinhalten. Und insbesondere boten die Habsburger Moralblätter ihren Leserinnen eine Möglichkeit, sich auch kritisch mit den Themen der Politik zu befassen, einem Bereich, der den Leserinnen der Hallenser Blätter noch verschlossen war.

Durch die Betrachtung der inhaltlichen Schwerpunkte ist auch deutlich geworden, daß eine umfassende Edition des Quellenmaterials zu den Moralischen Wochenschriften in ihrer Blütezeit bislang noch aussteht. Zwar hat Wolfgang Martens in seiner Untersuchung umfangreiches Quellenmaterial vorgelegt, doch konzentriert er sich dabei weitgehend auf den frühen Moraljournalismus, auf die Blätter der ersten Jahrhunderthälfte.[11] Damit ist der Wochenschriftsjournalismus der Hallenser Periode, aber insbesondere der der gesamten Habsburger Monarchie bislang lediglich in Archiven zugänglich. Im übrigen verzichten die Arbeiten über den Moraljournalismus generell weitgehend darauf, ihre Darstellungen ausführlich mit Quellenmaterial zu untermauern. Besonders für die Studie von Robert Herrmann zum Wiener Wochenschriftsjournalismus ist hier ein gravierender Mangel festzuhalten.[12] Hinzu kommt, daß das Wochenschriftsphänomen in Prag, das im Spannungsfeld zwischen der protestantischen und der katholischen Aufklärung liegt, bislang - von wenigen Aufsätzen abgesehen - gänzlich unbearbeit ist. Zum weiteren Verständnis bürgerlicher Bewußtseinsbildung in diesem Zeitraum und insbesondere in den Gebieten der Habsburger Monarchie ist es daher unerläßlich, dieses Quellenmaterial einer weiteren Öffentlichkeit zugänglich zu machen.

Die Moraljournalisten haben mit ihrem Programm erstmals einer breiteren Öffentlichkeit aufgeklärte Vorstellungen vermittelt, deren Zusammenhang auch im Kontext eines aufklärerischen Denkens nicht selbstverständlich war. Noch 1784 schreibt Moses Mendelssohn:

"Die Worte Aufklärung, Kultur, Bildung sind in unserer Sprache noch neue Ankömmlinge, sie gehören vor der Hand bloß zur Büchersprache. Der gemeine Haufe versteht sie kaum ... Indessen hat der Sprachgebrauch, der zwischen diesen gleichbedeutenden Wörtern einen Unterschied angeben zu wollen scheint, noch nicht die Zeit gehabt, die Grenzen derselben festzuschrei-

---

11 Martens (1968).

ben. Bildung, Kultur und Aufklärung sind Modifikationen des geselligen Lebens, Wirkungen des Fleißes und der Bemühungen der Menschen, ihren geselligen Zustand zu verbessern ..."[13]

Bildung, wie sie auch in den unterhaltungsbetonten Moralblättern nach der Jahrhundertmitte verstanden wird, hat Aufklärung zum Ziel und ist wichtiges Instrument zur Verwirklichung privater und gesellschaftlicher Zielsetzungen. Mit diesem Verständnis sind, so hebt Wolfgang Martens hervor, die Moralischen Wochenschriften "Vehikel zur Entwicklung und Durchsetzung des neuzeitlichen Bildungsbegriffs in der bürgerlichen Welt."[14]

Dennoch bleiben - zieht man ein Fazit - die Schwächen des Versuchs, Bildung unterhaltend zu vermitteln, offenkundig. Besonders für die Hallenser Wochenschriften gilt: Die gefälligen und vergnüglichen Moralblätter wagen weithin nicht mehr, als eine gefällige und vergnügliche Bildung zu vermitteln. Unterhaltung aber muß, wenn sie eine sich entwickelnde Bildung fördern will, mit dem Bildungsobjekt wachsen. "Mit einem neuen Ziel der Bildung", schreibt Ernst Lichtenstein, "beginnt eine neue Stufe der Bildsamkeit"[15] und diese bedarf der Auseinandersetzung mit neuen Inhalten und auch einer veränderten Form der Vermittlung. Das Unterhaltungskonzept des Moraljournalismus erweist sich aber besonders im Punkt der Frauenbildung als unbeweglich, es unterstützt nicht, sondern hemmt: Die Moralischen Wochenschriften fördern zwar das Bildungsbewußtsein breiter bürgerlicher Kreise und zeigen vor allem ihren Leserinnen neue Bildungsperspektiven auf, in seinen praktischen Bildungsanweisungen für das weibliche Publikum nimmt der unterhaltungsbetonte Moraljournalismus der Spätphase aber seine vielversprechenden Grundsatzüberlegungen wieder zurück: Er verkennt beinahe ängstlich seine eigenen positiven Ansätze, und beschränkt Frauenbildung weitgehend auf eine sittsame und angenehme, schöngeistige und ästhetische Unterhaltungsbildung.

Diese schöngeistige Verflachung weiblicher Bildung ist auch insbesondere von den Habsburger Moralblättern vorangetrieben worden. Anders als ihre Hallenser Vorläufer aber haben sie eine Weiterentwicklung der Bildungsinhalte und damit der Bildungsziele begründet - sie haben neue Ziele im Wochenschriftsjournalis-

---

12 Herrmann (1987).
13 Mendelssohn, Über die Frage: Was heißt aufklären? (1794), S. 193f.
14 Martens (1975), S. 1180.
15 Lichtenstein (1982), S. 171.

mus formuliert und umgesetzt. In ihrem Anspruch, die Themen der politischen Sphäre kritisch zu beleuchten, streben sie für ihr bürgerliches Publikum ein modernes Bildungsziel an, zu dem sich die Hallenser Blätter nicht vorgewagt haben: Ihnen ging es nicht mehr ausschließlich darum, einen Staatsbürger zu erziehen, der gut war, weil er gehorsam war. Ihr Ziel war es vielmehr, ein bürgerliches Bewußtsein zu fördern, das die Staatsinteressen unterstützen konnte, weil es sich kritisch mit den gesellschaftlichen Problemen auseinandersetzte. Sie heben damit im unterhaltenden Moraljournalismus die aufklärerische Idee von der Perfektibilität des Menschen von der bloß moralischen Ebene auf eine politische. Sie bringen damit auch die Vorstellung in den Wochenschriftsjournalismus ein, daß der patriotische Staatsbürger dann ein gutes Glied der Gesellschaft ist, wenn er diese Kraft seiner kritischen Auseinandersetzung mit den gesellschaftlichen Mißständen bessern kann, eben zur Perfektibilität des Staates nicht lediglich durch Gehorsam, sondern vielmehr durch kritisches Engagement beitragen kann.

"Die Absicht unsers Lesens muß die Aufklärung unsers Verstandes seyn."[16]

Dieses 1764 vom GREIS formulierte Ziel blieb der Motor der Moraljournalisten, bis das Genre in den 80er Jahren auch in der Habsburger Monarchie in andere Publikationsformen überging.

Die 'Aufklärung des Verstandes' blieb das Ziel der Moralischen Wochenschriften, obschon sie in der Entwicklung während ihrer Blütezeit ihre aufklärerischen Ideale zum Teil revidiert haben: Die Idee der gebildeten Frau hat in den späten Habsburger Blättern an Bedeutung verloren. Aber die fortschrittliche Richtung, die das Genre seit seinen Ursprüngen in England eingeschlagen hat, behielt es bei, indem es sich neuen Zielen zuwandte.

In seiner letzten Phase öffnete der Moraljournalismus sein Konzept der unterhaltenden Bildungs- und Informationsvermittlung einer kritischen Auseinandersetzung mit den Themen politischer Entwicklungen und ganz konkreter gesellschaftlicher Mißstände. Damit bereiteten die Moralischen Wochenschriften eine für den Journalismus maßgebliche Entwicklung vor: Im Kontext einer weitgefächerten Themenpalette, die dem Anspruch gerecht zu werden versucht, ebenso kurzweilig wie bildend und informativ zu sein, machen sie die kritische Betrachtung gesell-

---

16   Der GREIS, 53. Stück.

schaftlicher Zustände für ein breites Publikum salonfähig. Die Moralischen Wochenschriften legen damit den Grundstein für den modernen Magazin-Journalismus.

Quellen und Literatur

Quellen

Zeitschriften

Acta Eruditorum, Hg. Otto Mencken, Leibzig 1682-1782.

Die Arndtsche Postille, Hg. Philipp Jacob G. Spener, Leipzig 1675.

Der Arzt. Eine Medizinische Wochenschrift (Theil 1-4), Hamburg 1759-60, Nachdruck o. J.

Die Bemühungen zur Beförderung der Critik und des Guten Geschmacks (Theile 1-6), Hamburg 1743-44.

Der Danziger Nonnenspiegel, Hg. T. Ahlden, Göteborg 1952.

Die Discourse der Mahler (1721-23), 1. Theil/Neudruck mit Anmerkungen, Hg. Theodor Vetter, Frauenfeld 1891.

Freimüthige, Lustige und Ernsthafte, jedoch Vernunfft- und Gesetz-mäßige Gedanken Oder Monats-Gespräche über Allerhand, Führnehmlich aber Neue Bücher, durch alle Zwölff Monate des 1688. und 1689. Jahres durchgeführet von Christian Thomas, Halle 1690.

Der Gesellige, eine Moralische Wochenschrift, Hg. Samuel Gotthold Lange und Georg Friedrich Meier, Halle 1748-50; zitierte Ausgabe: Nachdruck, Halle o.J.

Der Glückselige, eine Moralische Wochenschrift, Hg. Samuel Gotthold Lange und Georg Friedrich Meier, Halle 1763-68; zitierte Ausgabe: Nachdruck, Halle o.J..

Der Greis, Hg. Johann Samuel Patzke, Magdeburg 1763-65; zitierte Ausgaben: Der Greis, 1.-51. Stück, Leipzig 1767, Der Greis, Zweyter Band (52.-99. Stück), Frankfurt a. M. 1785, Der Greis, Vierter Band (147.-200. Stück), neue und verbesserte Ausgabe, Leipzig 1781.

The Guardian, London 1713; zitierte Ausgabe: London 1745.

Der Hungrige Gelehrte, Hg. Freiherr E. v. Gensau, Wien 1774-75.

Der Jüngling, Bd. 1 u. 2, Leipzig 1747-48.

Der Mann ohne Vorurtheil, Hg. Johann von Sonnenfels, Bd. 1-3, Wien 1765-67.

Der Mann ohne Vorurtheil in der Neuen Regierung, Hg. Johann von Sonnenfels, Wien 1781.

Meine Einsamkeiten, Hg. Freiherr von Kepner, Prag 1771-72.

Der Mensch, eine Moralische Wochenschrift, Hg. Samuel Gotthold Lange und Georg Friedrich Meier, (Theil 1-12), Halle 1751-56; zitierte Ausgabe: Nachdruck, Halle o.J.

Das Neueste aus der Anmuthigen Gelehrsamkeit, Bd. 1-12, Leipzig 1751-62.

Der Oesterreichische Patriot, Wien 1764.

Der Patriot, Hamburg 1724-26; zitierte Ausgabe: Der Patriot, neue und verbesserte Ausgabe mit vollständigem Register, 3 Bde., Hamburg 1728-29.

Der Pilgrim, Königsberg 1742-44; zitierte Ausgabe: Der Pilgrim, Theil 1, Königsberg 1743.

Das Reich der Natur und der Sitten, eine Moralische Wochenschrift, Halle 1757-58.

Die Sichtbare, Hg. Johann Nunn, Prag 1770-71.

The Spectator, Hg. Addison/Steele, 1711-12 u. 1714; zitierte Ausgabe: Addison, Steele and Others: The Spectator, in Four Volumes, ed. by Gregory Smith, Introduction by Peter Smithers, London/New York 1958.

Der Teutsche Spectateur oder Der Widerspruch, Wien 1749.

Theresie und Eleonore, Hg. Joseph von Sonnenfels, Wien 1767.

The Tatler, or, Lucubrations of Isaac Bickerstaff, 1709-11; zitierte Ausgabe: The Tatler, 4 volumes, London 1785.

Der Teutsche Socrates, 1.-11. Stück, Berlin 1748.

Der Ungebundene. Eine Wochenschrift, Prag 1787.

Die Unsichtbare. Eine sittliche Wochenschrift, Hg. Johann Josef Nunn, Prag 1771-72.

Zum Vergnügen. Ein Wochenblatt für die Toiletten und Theetische, Hamburg 1758.

Der Vernünfftler. Das ist: Ein Teutscher Auszug/aus den Engeländischen Moral-Schrifften des Tatler und Spectator/ Vormahls Verfertigt/mit Etlichen Zugaben Versehen/ und auf Ort und Zeit Gerichtet von Joanne Mattheson, Hamburg 1713-14; zitierte Ausgabe: Hamburg 1721.

Die Vernünftigen Tadlerinnen, Halle 1725 und Leipzig 1726; zitierte Ausgabe:

Hamburg, 3. Aufl. 1748.

Der Vertraute, Hg. Joseph von Sonnenfels, Wien 1765.

Der Weise, eine Moralische Wochenschrift, Halle 1767-68.

Der Weltmann, eine Wochenschrift besonders für vornehme Leser, Hg. O.H. Edlen von Hofenheim (Pseud. Otto Heinrich Freiherr von Gemmingen), Wien 1782.

Der Westphälische Beobachter, eine Wochenschrift, Cleve 1756-58.

Wöchentliche Unterhaltungen, Hg. Berthan/Johann Samuel Patzke/Schummel, Magdeburg 1777-79.

Der Wohlthäter, eine Wochenschrift, Magdeburg 1772-73.

Der Zeitverkürzer, eine Wochenschrift von verschiedenen Verfassern, Erstes Bündel, Halle 1781.

Die Zellischen Vernünftigen Tadler, oder Moralische und Satirische Abhandlungen derer in dem Gemeinen Leben Vorfallenden Begebenheiten, Wöchentlich ans Licht Gestellet, Nebst Vollständigem Register, Celle 1741-42; zitierte Ausgabe: Unveränderter Titel, Zelle 1742.

Sonstige Quellen

Abbt, Thomas, Vom Verdienste, Berlin/Stettin 1765; zitierte Ausgabe: Berlin/Stettin, 4. Aufl. 1790.

Allgemeines Landrecht für die Preußischen Staaten von 1794, Textausgabe. Mit einer Einführung von Hans Hattenauer und einer Bibliographie von Günther Bernert, Frankfurt a.M./Berlin 1970.

Aristoteles, Politik. Übersetzt und herausgegeben von Olof Gigon, München 1973.

Arnim, J.v., Stoicorum veterum fragmenta, Stuttgart 1903.

Bahrdt, Carl Friedrich, Handbuch der Moral für den Bürgerstand, Halle 1789.

Basedow, Johannes Bernhard, Das in Dessau errichtete Philantropin, Leipzig 1774.

Beck, Verzeichnis der in Deutscher Sprache Herausgekommenen Sittlichen Wochenschriften, in: Das Neueste aus der Anmuthigen Gelehrsamkeit, Hg. Johann Christoph Gottsched (1761), Bd. 11, S. 829-841.

Blumauer, Alois, Beobachtungen über Österreichs Aufklärung und Letteratur, Wien 1782.

Bogatzky, Karl Heinrich von, Das Güldene Schatzkästlein der Kinder Gottes, deren Schatz im Himmel ist, Halle 1718.

Bürger, Gottfried August, Sämtliche Werke, Deutsche Klassiker Bibliothek, Leipzig o.J.

Campe, Joachim Heinrich, Väterlicher Rath für meine Tochter. Ein Gegenstück zum Theophron, Braunschweig 1789.

Curtius, Michael Conrad, Von der Erziehung des Weiblichen Geschlechts, Marburg o.J. (1777).

Francke, August Hermann, Pädagogische Schriften, Hg. Hermann Lorenzen, Paderborn 1957.

Geisau, Anton Ferdinand Edler von, Historisches Tagebuch des durchlauchten Erzhauses Österreich, Wien 1781.

Die Reformation zu Ende des 18. Jahrhunderts, Wien 1781.

Geschichte der kaiserlich-königlichen Haupt- und Residenzstadt Wien, Wien 1789-92

Georgi, Th., Erstes Supplement zu dessen allgemeinem Europäischen Bücher Lexicon, Leipzig 1750.

Heinsius, Wilhelm, Allgemeines Bücher=Lexikon oder vollständiges alphabetisches Verzeichnis der von 1700 bis Ende 1810 erschienen Bücher (Bd. 1-4), Leipzig 1812.

Hohberg, W. H. v., Georgica Curiosa. Umständlicher Bericht und klarer Unterricht von dem Adeligen Land= und Feld=Leben. Auf alle in Teutschland üblichen Land= und Haus=Wirtschaften gerichtet, Nürnberg 1682.

Humboldt, Wilhelm von, Plan einer Vergleichenden Anthropologie, 1795, in: Werke in Fünf Bänden, Bd. I, Schriften zur Anthropologie und Geschichte, Hg. Andreas Flitner und Klaus Giel, Darmstadt 1960, S. 337-75.

Über die Männliche und Weibliche Form, 1795, in: ebd., S. 296-336.

Jean Paul Friedrich Richter, Levan oder die Erziehlehre, Braunschweig 1. Aufl. 1807; zitierte Ausgabe: Neuausgabe von K. G. Fischer, Paderborn 1963.

Justi, Johann Heinrich Gottlob v., Vollständige Abhandlung von den Manufacturen und Fabriken, 2 Bde., Kopenhagen 1758-61.

Die Grundfesten der Macht und der Glückseligkeit der Staaten, 2 Bde.,

Königsberg/Leipzig 1760/61.

Kant, Immanuel, Beobachtungen über das Gefühl des Schönen und Erhabenen, 1764, in: Kants Werke, Akademie-Textausgabe, Bd. II, Vorkritische Schriften II, 1757-77, Berlin 1968, S. 205-56.

Beantwortung der Frage: Was ist Aufklärung?, 1784, in: ebd., Bd. VIII, Auflage A, Berlin 1912, S. 35-42.

Grundlegung zur Metaphysik der Sitten, Hg. Theodor Valentiner, Stuttgart 1984.

Kropatschek, Josef, Kommentar des Buches für Kreisämter als vermehrter Leitfaden zur Landes- und Kreisbeschreibung, Wien 1779.

K.k. Theresianisches Gesetzbuch, enthaltend die Gesetze von den Jahren 1740 bis 1780, Wien, 2. Aufl. 1798.

Lange, Samuel Gotthold, Horazische Oden und eine Auswahl aus "Des Quintus Horatius Flaccus Oden" (übersetzt von S.G. Lange), Faksimiledruck nach den Ausgaben von 1742 und 1752 mit einem Nachwort von Frank Jolles, Stuttgart 1971.

Lessing, Gotthold Ephraim, Gesammelte Werke, Hg. Paula Rilla, Berlin 1954ff.

Liberus, Christian, Kurtze, doch gründliche Untersuchung der conventional- oder collegial-Rechten der evangelischen Kirchen und deren rechtmäßige Verwaltung, Franckfurt/Leipzig 1742.

Locke, John, Some Thoughts Concerning Education, in: The Works of John Locke, 9. Auflage, Bd. 8, London 1794.

Ludovici, C., Ausführlicher Entwurf einer Vollständigen Historie der Wolffschen Philosophie, 3 Bde., Leipzig 1737-38.

Luther, Martin, Tischreden, in: Luthers Werke in Auswahl, Bd. 8: Tischreden, Hg. Otto Clemen, Berlin, 3. Aufl. 1962, Nr. 4081, S. 223.

Mendelssohn, Moses, Über die Frage: was heißt aufklären?, in: Berlinische Monatsschriften 4 (1784), S. 193f., oder: Gesammelte Schriften, Bd. 3, 1844, S. 399.

Moritz, Karl Philipp, Ideal einer vollkommenen Zeitung, in: Die Zeitung. Deutsche Urteile und Dokumente von den Anfängen bis zur Gegenwart, ausgewählt und erläutert von Elger Blühm und Rolf Engelsing, Bremen 1967, S. 124-31.

Patzke, Johann Samuel, David's Sieg im Eichthal, Halle 1776.

Saul, oder die Gewalt der Musik, Halle 1777.

Pezzl, Skizze von Wien, Wien/Leipzig 1786-1788.

Preussisches Geheimes Staatsarchiv, Akten R 9 F 2a I, Zeitungen, Faszikel "Haude & Spenersche Zeitung, 1740 bis 1787, Brief des Kabinettsministers, Graf Podewils vom 5. Juni 1740 darin wiedergegeben die Äußerung Friedrich II.: "Die Gazetten müssen nicht geniret werden."

Resewitz, Die Erziehung des Bürgers zum Gebrauch des Gesunden Verstandes und zur Gemeinnützigen Geschäftigkeit 1773; zitierte Ausgabe: Unveränderter Neudruck der 3. Auflage von 1787 mit einer Einleitung von Horst M.P. Krause, Darmstadt 1975.

Richter, Joseph, Warum wird der Kaiser Joseph von seinem Volke nicht geliebt, Wien 1787.

Rousseau, Jean-Jacques, Émile ou de l'éducation, Paris 1763; zitierte Ausgabe: Nouvelle edition avec les variantes et des notes, Paris 1848.

Schleiermacher, Friedrich Daniel Ernst, Ideen zu einem Katechismus der Vernunft für Edle Frauen (Athenäum 1798), in: W. Dilthey, Leben Schleiermachers, Bd. 1, Berlin 1870, Anhang: Denkmäler der Inneren Entwicklung Schleiermachers, Hg. Herbert Thiele, Neustadt an der Haart 1947, S. 83f.

Schlettwein, Grundfesten der Staaten oder der Politischen Ökonomie, Gießen 1779.

Sonnenfels, Johann v., Rede auf Maria Theresia; abgedr. in Allgemeine Deutsche Bibliothek, Bd. 9, Berlin 1765-69.

Handbuch der inneren Staatsverwaltung, Wien 1798.

Grundsätze aus der Polizeihandlungs- und Finanzwissenschaft, Wien 1810.

Spener, Philipp Jacob G., Pia Desideria oder Herzliches Verlangen nach gottgefälliger Besserung der wahren Evangelischen Kirche, Leipzig 1675; zitierte Ausgabe: Pia Desideria, neu bearbeitet und herausgegeben von Erich Beyreuther, Wuppertal 1964.

Wolff, Christian, Ausführliche Nachrichten von seinen eigenen Schriften, die er in Deutscher Sprache von den Verschiedenen Theilen der Welt-Weisheit Herausgegeben. Auf Verlangen ans Licht gestellet von Christian Wolffen, Frankfurt a.M. 1733

Vernünfftige Gedanken von dem gesellschaftlichen Leben der Menschen insonderheit dem gemeinen Wesen, Frankfurt/Leipzig, 5. Aufl. 1740.

Zedler, Johann Heinrich, Großes Vollständiges Universallexikon, Halle/Leipzig, Bd. 8 (1733), Bd. 9 (1735), Bd. 22 (1739)

Literatur

Adel, Kurt, Johann Baptist Mareck (1728-1810). Ein Beitrag zur Kenntnis des literarischen Lebens in Österreich in der zweiten Hälfte des achtzehnten Jahrhunderts, in: Unsere Heimat 41 (1970), S. 117ff.

Aland, Kurt (Hg.), Pietismus und moderne Welt, Witten 1974.

Andreas, Willy, Das Theresianische Österreich und das Achtzehnte Jahrhundert. Ein Festvortrag von Willy Andreas, München/Berlin 1930.
Das Zeitalter Napoleons und der Ehebund der Völker, Heidelberg 1955.

Aner, K., Die Theologie der Lessingzeit, Halle 1929.

Anger, Alfred, Literarisches Rokoko. Ein Forschungsbericht, Stuttgart 1963.

Angermann, Erich, Das "Auseinandertreten von Staat und Gesellschaft" im Denken des 18. Jahrhunderts, in: Zeitschrift für Politik 10 (1963), S. 89ff.

Anz, Thomas, Literarische Norm und Autonomie. Individualitätsspielräume in der modernisierten Literaturgesellschaft des 18. Jahrhunderts, in: Wilfried Barner u.a. (Hg.), Tradition, Norm, Innovation, München 1979, S. 71-87.

Appert, Benjamin Nicolas Marie (Ritter), Die Gefängnisse, Spitäler, Schulen, Civil- und Militäranstalten in Österreich, Baiern, Preußen, Sachsen, Belgien. Nebst Widerlegung des Zellensystems, Wien, 3. Aufl. 1852.

Aretin, Karl Otmar von (Hg.), Der Aufgeklärte Absolutismus (Neue Wissenschaftliche Bibliothek, Geschichte 67), Köln 1974.

Die Unionsbewegung des 18. Jahrhunderts unter dem Einfluß von Katholischer Aufklärung, deutschem Protestantismus und Jansenismus, in: Elisabeth Kovács (Hg.), Katholische Aufklärung und Josephinismus, Wien 1979, S. 197-208.

Arnason, Johann P., Das andere der Aufklärung, in: Walter Veit (Hg.), Antipodische Aufklärung: Festschrift für Leslie Bodi, Frankfurt a.M. 1987, S. 25-36.

Bäumler, Alfred, Kants Kritik der Urteilskraft. Ihre Geschichte und Systematik, Halle 1923; zitierte Ausgabe: Das Irrationalitätsproblem in der Ästhetik und Logik des 18. Jahrhunderts bis zur Kritik der Urteilskraft. Mit einem Nachwort zum Neudruck, Darmstadt 1967.

Bahner, Werner (Hg.), Renaissance, Barock, Aufklärung, Kronenberg Ts. 1976.

Zur Einordnung der "Aufklärung" in die literaturhistorische Periodisierung, in: ders. (Hg.), ebd., S. 60-71.

Ein Dilemma literarhistorischer Periodisierung: Barock - Manierismus, in: ders. (Hg.), ebd., S. 129-42.

"Aufklärung" als Periodenbegriff der Ideologiegeschichte, in: ders. (Hg.), ebd., S. 149-69.

Sprache und Kulturentwicklung im Blickfeld der deutschen Spätaufklärung, Berlin 1984.

Balázs, Eva H. u.a., Beförderer der Aufklärung in Mittel- und Osteuropa. Freimaurer, Gesellschaften, Clubs, Berlin 1979.

Baltzarek, Franz u.a., Wirtschaft und Gesellschaft der Wiener Stadterweiterung, Wiesbaden 1975.

Barner, Wilfried u.a. (Hg.), Tradition, Norm, Innovation. Soziales und literarisches Traditionsverhalten in der Frühzeit der deutschen Aufklärung, München 1989.

Barth, Karl, Protestantische Theologie im 19. Jahrhundert, Zürich 1947; zitierte Ausgabe: Neudruck, Gütersloh 1976.

Barton, Peter F., Ignatius Aurelius Fessler, in: Kirche im Osten. Studien zur osteuropäischen Kirchengeschichte und Kirchenkunde 7, Göttingen 1964, S. 107ff., und in: Jahrbuch der Gesellschaft für die Geschichte des Protestantismus in Österreich 81 (1965), S. 13ff.

Ignatius Aurelius Fessler: Vom Barockkatholizismus zur Erweckungsbewegung, Wien/Köln/Graz 1969.
Brücken zwischen Kirchen und Kulturen, Wien/Köln/Graz 1969.

Sozialrevolution und Reformation: Aufsätze zur Vorrevolution, Reformation und zu den Bauernkriegen in Südmitteleuropa, Wien 1975.

Umstrittener "Reformkatholizismus" - Modellfall Josephinismus, in: Brücke zwischen Kirche und Kulturen (Studien und Texte zur Kirchengeschichte und Geschichte 2/1), Wien/Köln/Graz 1976, S. 24ff.

Im Lichte der Toleranz: Aufsätze zur Toleranzbewegung des 18. Jahrhunderts in dem Reich Joseph II., ihre Voraussetzungen, ihre Folgen. Eine Festschrift, Wien 1981.

Evangelische Christen der Toleranzbewegung bauen Gemeinden in Österreich, in: ders. (Hg.), Im Lichte der Toleranz, Wien 1981, S. 233-52.

Der lange Weg zur Toleranz, in: ders. (Hg.), Im Lichte der Toleranz, Wien 1981, S. 11-32.

Evangelisch in Österreich: Ein Überblick über die Geschichte des Evangelischen in Österreich, Wien 1987.

Bauer, Roger, Das aufgeklärte (freimaurerische) Ritterstück in Österreich, in: Walter Veit (Hg.), Antipodische Aufklärung. Festschrift für Leslie Bodi, Frankfurt a. M. 1987, S. 55-62.

Bauer, Werner M., Diktion und Polemik. Studien zum Roman der österreichischen Aufklärung (Österreichische Akademie der Wissenschaften, phil.-hist. Kl., Sitzungsberichte 340. Veröff. der Kommission f. Literaturwissenschaft 4), Wien 1978.

Beales, Derek, Joseph II. in the Shadow of Maria Theresia 1741-1780, Bd. 1, Cambridge/London/New York 1987.

Benda, Kálmán, Probleme des Josephinismus und des Jakobinertums in der Habsburger-Monarchie, in: Helmut Reinalter (Hg.), Jakobiner in Mitteleuropa, Innsbruck 1977, S. 271-290.

Benedikt, Heinrich, Der Josephinismus vor Joseph II., in: Österreich und Europa, Festgabe für Hugo Hantsch, Graz/Wien/Köln 1965, S. 183-202.

Bensel, Paul, Die Moralischen Wochenschriften in Cleve, Bonn 1912.

Bernard, Paul P., Joseph II and Bavaria. Two Eighteenth Century Attempts of German Unification, Den Haag 1965.

Jesuits und Jacobines. Enlightenment and Enlightenment Despotism in Austria, Chicago/London 1972.

Biedermann, Karl, Deutschlands Politische, Materielle und Sociale Zustände im Achtzehnten Jahrhundert, Leipzig, 2. Aufl. 1880.

Blaich, Fritz, Die Epoche des Merkantilismus (Wissenschaftliche Paperbacks Sozial- und Wirtschaftsgeschichte 3), Wiesbaden 1973.

Blanning, T.C.W., Joseph II. and Enlightenment Despotism, London 1970.

Blaschka, Anton, Der Widerhall der französischen Revolution in Ostböhmen, in: Jahrbuch des deutschen Riesengebirgsvereins 13 (1924), S. 18ff.

Blochmann, Elisabeth, Das "Frauenzimmer" und die "Gelehrsamkeit". Eine Studie über die Anfänge des Mädchenschulwesens in Deutschland, Heidelberg 1966.

Bodi, Leslie, Herr Schlendrian und die Seinen. Witz, Satire, Parodie, Ironie im josephinischen Wien, in: Proceedings of the Australian Goethe Society 1967/68, S. 6ff.

Tauwetter in Wien: Zur Prosa der österreichischen Aufklärung, 1781-1795,

Frankfurt a. M. 1977.

Böckmann, Paul, Das Formprinzip des Witzes in der Frühzeit der Deutschen Aufklärung, in: Jahrbuch des Freien Deutschen Hochstifts 1932-33, S. 52-130.

Bödeker, Hans Erich, Prozesse und Strukturen politischer Bewußtseinsbildung der Deutschen Aufklärung, in: ders. und Ulrich Herrmann (Hg.), Aufklärung als Politisierung - Politisierung der Aufklärung, Hamburg 1987, S. 10-31.

Ders., Herrmann Ulrich, Aufklärung als Politisierung - Politisierung als Aufklärung, in: dies., Aufklärung als Politisierung, Hamburg 1987, S. 3-9.

Boehm, Laetitia, Die deutschen Universitäten im Sozialgefüge des absolutistischen Fürstenstaates. Zwischen scholastischer Tradition, normativer Wissenschaftsorganisation, adeligen und bürgerlichen Bildungsansprüchen, in: Wilfried Barner u.a. (Hg.), Tradition, Norm, Innovation, München 1979, S. 251-73.

Boor, H.d./Newald, R., Geschichte der deutschen Literatur von den Anfängen bis zur Gegenwart, München, 3. Aufl. 1960.

Borst, Otto, Kulturfunktion der deutschen Stadt im 18. Jahrhundert, in: Wilhelm Rausch (Hg.), Städtische Kultur in der Barockzeit, Linz 1982, S. 1-34.

Bosl, Karl (Hg.), Handbuch der Geschichte der böhmischen Länder, Stuttgart, 2. Aufl. 1974.

Bradler-Rottmann, Elisabeth, Die Reformen Kaiser Joseph II. (Göppingen Akademische Beiträge 67), Göppingen 1973.

Der Freundschaftsdiskurs in der Frühaufklärung im Spiegel der Deutschen "Moralischen Wochenschriften", in: Il concetto di amicizia, Hg. Accademia di studi Italo-Tedeschi, Meran 1994, S. 509-518.

Brandes, Helga, Die Gesellschaft der Mahler und ihr literarischer Beitrag zur Aufklärung, Bremen 1974.

Brandt, Reinhard, Rousseaus Philosophie der Gesellschaft (Problemata 16), Stuttgart/Bad Cannstatt 1973.

Rechtsphilosophie der Aufklärung: Symposium Wolffenbüttel 1981, Berlin/New York 1982.

Braubach, Max, Die kirchliche Aufklärung im katholischen Deutschland im Spiegel des "Journal von und für Deutschland" (1784-1792), in: Historisches Jahrbuch 54 (1934), S. 1ff. und 178ff.

Brown, F. Andrew, On Education: Christian Wolff and the "Moral Weeklies", in: University of California Publications in Modern Philology 36 (1952), S. 149-72.

Brunner, Otto, Adeliges Landleben und Europäischer Geist, Leben und Werk Wolf Helmhards von Hohberg 1612-1688, Salzburg 1949.

Brunner, Sebastian, Die Mysterien der Aufklärung in Österreich 1770-1800. Aus archivalischen und anderen bisher unbeobachteten Quellen, Mainz 1869.

Brunschwig, Henri, Gesellschaft und Romantik in Preußen im 18. Jahrhundert. Die Krise des preußischen Staates am Ende des 18. Jahrhunderts und die Entstehung der romantischen Mentalität, Berlin 1976.

Budde, Reinhard, Der Toleranz- und Kompromißgedanke der Englischen Aufklärung in den Moralischen Wochenschriften Steeles und Addisons, Marburg 1930.

Bülck, Rudolf, Die Schleswig-Holsteinischen Zeitungen von den Anfängen bis zum Jahr 1789, Flensburg 1928.

Conrad, Hermann, Grundprobleme einer Reform des Familienrechtes, Köln 1954.

Individuum und Gemeinschaft in der Privatrechtsordnung des 18. und beginnenden 19. Jahrhunderts, Karlsruhe 1956.

Rechtsstaatliche Bestrebungen im Absolutismus Preußens und Österreichs am Ende des 18. Jahrhunderts (Arbeitsgemeinschaft für Forschung des Landes Nordrhein-Westfalen, Geisteswissenschaften 95), Köln/Opladen 1961.

Recht und Verfassung des Reiches in der Zeit Maria Theresias, Köln 1964.

Staatsgedanke und Staatspraxis im aufgeklärten Absolutismus (Rheinisch-Westfälische Akademie der Wissenschaften, Vorträge G 173.H.6173), Opladen 1971, Deutsche Rechtsgeschichte, 2: Neuzeit bis 1806, Karlsruhe 1966.

Crumbach, Karl-Heinz, Theologie in kritischer Öffentlichkeit. Die Frage Kants an das kirchliche Christentum, maschinengeschr. Diss., Innsbuck 1974.

Currie, Pamela, Moral Weeklies and the Reading Public in Germany, 1711-1750, in: Oxford German Studies 3 (1968), S. 69-86.

Dann, Otto, Die Anfänge politischer Vereinsbildung in Deutschland, in: Soziale Bewegung und politische Verfassung, Festschrift Werner Conze, Stuttgart 1976.

Ders. (Hg.), Lesegesellschaften und Bürgerliche Emanzipation, München 1981.

Die Lesegesellschaften des 18. Jahrhunderts und der Gesellschaftliche Aufbruch des Deutschen Bürgertums, in: Ulrich Herrmann, Die Bildung des Bürgers, Basel/Weinheim 1982, S. 100-18.

Davis, Walter, The origins of religious Josephinism, in: East Central Europe 1 (1974), S. 12ff.

Deppermann, Klaus, Der hallesche Pietismus und der preußische Staat unter Friedrich III. Bd. I, Göttingen 1961.

Die Kirchenpolitik des Großen Kurfürsten, in: Pietismus und Neuzeit 6, 1980, S. 99-114.

Die politischen Voraussetzungen für die Etablierung des Pietismus in Brandenburg-Preußen, in: Pietismus und Neuzeit 12, 1986, S. 38-53.

Dietze, Walter, Probleme der literischen Periodisierung: Axiome - Fragen - Hypothesen, in: Werner Bahner (Hg.), Renaissance, Barock, Aufklärung, Kronenberg/Ts. 1976, S. 41-53.

Raum, Zeit und Klasseninhalt der Renaissance, in: Werner Bahner (Hg.), Renaissance, Barock, Aufklärung, Kronenberg/Ts. 1976, S. 72-128.

Dittrich, Erhard, Die deutschen und österreichischen Kameralisten (Erträge der Forschung 23), Darmstadt 1974.

Duchhardt, Heinz, Das Zeitalter des Absolutismus, München 1989.

Duchkowitsch, Wolfgang, Absolutismus und Zeitung. Die Strategie der absolutistischen Kommunikationspolitik und ihre Wirkung auf die Wiener Zeitungen 1621-1757, phil. Diss., Wien 1978.

Ders. u.a. (Hg.), Medien- und Kommunikationsgeschichte. Ein Textbuch zur Einführung, Wien 1987.

Mediengeschichte vor neuen Einsichten. Ein Beitrag zum Abbau von Berührungsängsten und zum Festigen von Dialogfähigkeit, in: ders. u.a. (Hg.), Medien- und Kommunikationsgeschichte. Ein Textbuch zur Einführung, Wien 1987, S. 23-28.

Dülmen, Richard v., Die Prälaten Franz Töpsel aus Pollingen und Johann Ignaz von Felbiger aus Sagan. Zwei Repräsentanten der katholischen Aufklärung, in: Zeitschrift für bayrische Landesgeschichte 30 (1967), S. 731ff.

Die Aufklärungsgesellschaften in Deutschland als Forschungsproblem, in: Ulrich Herrmann, Die Bildung des Bürgers, Basel/Weinheim 1982, S. 81-

99.

Durdik, Christel, Die Bader und Barbiere (Wundärzte) in Wien zur Zeit Maria Theresias (1740-1780), Diss. 1967, Wien 1975.

Eckardt, J.H., Die Moralischen Wochenschriften, in: Die Grenzboten 64 (1905), S. 477-85.

Eder, Karl, Die Kirche im Zeitalter des konfessionellen Absolutismus (1555-1648), Freiburg 1949.

Der Liberalismus in Altösterreich. Geisteshaltung, Politik und Kultur (Wiener Historische Studien 3), München/Wien 1955.

Eisler, R., Kant Lexikon, Hildesheim 1977; darin folgende Artikel: Sittlichkeit, S. 498-502, Tugend, S. 541-43, Vernunft, S. 572-78, Verstand, S. 579-83.

Engel-Janosi, Friedrich u.a. (Hg.), Fürst, Bürger, Mensch. Untersuchungen zu politischen und soziokulturellen Wandlungsprozessen im vorrevolutionären Europa, München 1975.

Engelberg, Ernst, Theoretisch-methodologische Prinzipien der Periodisierung, in: Werner Bahner (Hg.), Renaissance, Barock, Aufklärung, Kronenberg/Ts. 1976, S. 24-40.

Engelsing, Rolf, Die periodische Presse und ihr Publikum. Zeitungslektüre in Bremen von den Anfängen bis zur Franzosenzeit, in: Börsenblatt für den Deutschen Buchhandel, Frankfurt a.M. 1962, Bd. 18, S. 1790-1816.

Zur Soziologie deutscher Mittel- und Unterschichten, Göttingen 1973.

Erning, Günter, Das Lesen und die Lesewut. Beiträge zu Fragen der Leserge-schichte, dargestellt am Beispiel der Schwäbischen Provinz, Bad Heilbrunn 1974.

Facius, Friedrich (Hg.), Geistiger Umgang mit der Vergangenheit: Studien zur Kultur und Staatengeschichte, dargebracht Willy Andreas, Belser 1962.

Falkner, Andreas, Die Befugnisse der Theologischen Fakultät Innsbruck in der kirchlichen Bücherzensur 1740-1773, in: Tiroler Heimat XXXIII (1969), S. 5ff.

Fejtö, François, Joseph II. Kaiser und Revolutionär. Ein Lebensbild, Stuttgart 1956.

Felderer, J., Der Kirchenbegriff in den Flugschriften des josephinischen Jahr-zehnts, in: Zeitschrift für katholische Theologie 75 (1953), S. 257ff.

Fetscher, Irving, Rousseaus politische Philosophie: Zur Geschichte des demokratischen Freiheitsbegriffs, Neuwied a. Rh. 1968.

Herrschaft und Emanzipation. Zur Philosophie des Bürgertums (Serie Pieper 146), München 1976.

Fink, Gouthier-Louis, Vom universalen zum nationalen Literaturmodell im deutsch-französischen Konkurrenzkampf (1680-1770), in: Wilfried Barner u.a. (Hg.), Tradition, Norm, Innovation, München 1979, S. 33-67.

Fischer, Heinz-D. (Hg.), Deutsche Presseverleger des 18. bis 20. Jahrhunderts (Publizistik-Historische Beiträge 4), Pullach bei München 1975.

Frank, Gustav, Das Toleranzpatent Kaiser Josef II., Wien 1882.

Frank, Isnard W., Zum spätmittelalterlichen und josephinischen Kirchenverständnis, in: Elisabeth Kovács (Hg.), Katholische Aufklärung und Josephinismus, Wien 1979, S. 143-72.

Frühsorge, Gerhard, Die Einheit aller Geschäfte. Tradition und Veränderung des "Hausmutter"-Bildes in der Deutschen Ökonomieliteratur des 18. Jahrhunderts, in: Wolfenbütteler Studien zur Aufklärung 3 (1976), S. 137-58.

Gaede, Friedrich, Humanismus, Barock, Aufklärung. Geschichte der deutschen Literatur vom 16. bis zum 18. Jahrhundert, München 1981.

Gaede, Käthe, Der Pietismus unter Friedrich I. und Friedrich Wilhelm I., in: G. Wirth (Hg.), Beiträge zur Berliner Kirchengeschichte, Berlin 1987, S. 63-86.

Gall, Lothar, Liberalismus und "Bürgerliche Gesellschaft", in: Historische Zeitschrift 220/2 (1975), S 324ff.

Garbe, Christine, Sophie oder die Heimliche Macht der Frauen. Zur Konzeption des Weiblichen bei Jean-Jacques Rousseau, in: Frauen in der Geschichte, Bd. IV, Hg. Ilse Brehmer u.a., Düsseldorf 1983, S. 65-87.

Gaus, Marianne, Das Idealbild der Familie in den Moralischen Wochenschriften, Rostock 1937.

Gerhard, Ute, Verhältnisse und Verbindungen. Frauenarbeit, Familie und Rechte der Frauen im 19. Jahrhundert. Mit Dokumenten, Frankfurt a.M. 1978.

Glotz, Peter, Über die Vertreibung der Langeweile oder Aufklärung und Massenkultur, in: Jörn Rüsen und Eberhard Lämmert (Hg.), Die Zukunft der Aufklärung, Frankfurt a.M. 1988, S. 215-20.

Gnau, Hermann, Die Zensur unter Joseph II., Straßburg/Leipzig 1911.

Göllner, Karl, Turczynski, Emanuel, Revolutionäre jakobinische Schriften in

Siebenbürgen und im Banat, in: Forschungen zur Volks- und Landeskunde 14/2 (1971), S. 55ff.

Goldinger, Walter, Kant und die österreichischen Jakobiner, in: Helmut Reinalter (Hg.), Jakobiner in Mitteleuropa, Innsbruck 1977, S. 313-20.

Goldmann, Lucien, Power und Humanism, Nottingham 1974.

Grab, Walter, Deutsche Revolutionäre Demokraten, in: Helmut Reinalter (Hg.), Jakobiner in Mitteleuropa, Innsbruck 1977, S. 47-76.

Die Revolutionspropaganda der deutschen Jakobiner, in: ebd., S. 77-108.

Grössing, Helmuth, Naturwissenschaft und Aufklärung. Zum Verständnis des Wissenschaftsbegriffs der Aufklärung, in: Elisabeth Kovács (Hg.), Katholische Aufklärung und Josephinismus, Wien 1979, S. 323-31.

Groth, Otto, Die Zeitung. Ein System der Zeitungskunde, Bd. 1, Berlin 1928.

Der christliche Bürger und die Aufklärung (Soziologische Essays), Neuwied 1968

Guglia, Eugen, Maria Theresia, Ihr Leben und ihre Regierung, Bd. 1-2, München/Berlin 1917.

Gesellschaft und Literatur im alten Österreich 1792-1818, in: Österreichische Rundschau 1 (1883), S. 714ff. u. 829ff.

Guthke, Karl S., Die Entdeckung des Ich in der Lyrik. Von der Nachahmung zum Ausdruck der Affekte, in: Wilfried Barner u.a. (Hg.), Tradition, Norm, Innovation, München 1979, S. 93-120.

Gutkas, Karl, Österreich unter dem geistigen Einfluß von Aufklärung und Josephinismus, in: Jahrbuch für österreichische Kulturgeschichte 4 (1974), S. 9ff.

Kaiser Joseph II. Eine Biographie, Darmstadt 1989.

Habermas, Jürgen, Strukturwandel der Öffentlichkeit. Untersuchung zu einer Kategorie der bürgerlichen Gesellschaft, Neuwied 1962.

Haberzettl, Hermann, Die Stellung der Exjesuiten in Politik und Kulturleben Österreichs zu Ende des 18. Jahrhunderts (Dissertation der Universität Wien 94), Wien 1973.

Häusler, Wolfgang, Toleranz, Emanzipation und Antisemitismus. Das österreichische Judentum des bürgerlichen Zeitalters (1782-1918), in: Das österreichische Judentum, Wien/München 1974, S. 83ff.

Haferkorn, Hans Jürgen, Zur Entstehung der bürgerlich-literarischen Intelligenz und des Schriftstellers im Deutschland zwischen 1750 und 1800, in: Bernd Lutz (Hg.), Deutsches Bürgertum und literarische Intelligenz 1750-1800, Stuttgart 1974, S. 113-276.

Hammermayer, Ludwig, Zur Geschichte der europäischen Freimaurerei und der Geheimgesellschaften im 18. Jahrhundert. Genese - Historiographie - Forschungsprobleme, in: Eva H. Balázs u.a. (Hg.), Beförderer der Aufklärung in Mittel- und Osteuropa. Freimaurer, Gesellschaften, Clubs, Berlin 1979, S. 9-68.

Hammerstein, Notker, Aufklärung und katholisches Reich. Untersuchungen zur Universitätsreform und Politik katholischer Territorien des Heiligen Römischen Reichs deutscher Nation im 18. Jahrhundert, Berlin 1977.

Hardach-Pinke, I./Hardach, G. (Hg.), Deutsche Kindheiten. Autobiographische Zeugnisse 1700-1900, Kronberg/Ts. 1978.

Hartung, Fritz, Der aufgeklärte Absolutismus, in: Karl Otmar von Aretin (Hg.), Der aufgeklärte Absolutismus, Köln 1974.

Hartung, Wilhelm, Die deutschen Moralischen Wochenschriften als Vorbilder G. W. Rabeners, Halle 1911.

Hausen, Karin, Die Polarisierung der "Geschlechtscharaktere". Eine Spiegelung der Dissoziation von Erwerbs- und Familienleben, in: Werner Conze (Hg.), Sozialgeschichte der Familie in der Neuzeit Europas, Stuttgart 1976, S. 363-93.

Hazard, Paul, Die Krise des europäischen Geistes 1680-1715, Hamburg 1939.

Die Herrschaft der Vernunft, Hamburg 1949.

Heimpel-Michel, Elisabeth, Die Aufklärung. Eine historisch-systematische Untersuchung, Langensalza 1928.

Herrmann, Robert, die Moralischen Wochenschriften Wiens im 18. Jhd. (1749-1788). Ein Beitrag zur Sozialgeschichte öffentlicher Kommunikation, Wien 1987.

Herrmann, Ulrich, Erziehung und Schulunterrricht für Mädchen im 18. Jahrhundert, in: Wolfenbütteler Studien zur Aufklärung 3 (1976), S. 101-36.

Ders. (Hg.), Die Bildung des Bürgers, Weinheim/Basel 1982.

Pädagogische Anthropologie und die "Entdeckung" des Kindes im Zeitalter der Aufklärung - Kindheit und Jugendalter im Werk Joachim Heinrich Campes, in: ders. (Hg.), Die Bildung des Bürgers, Weinheim/Basel 1982, S. 178-93.

Herrsche, Peter, Der Spätjansenismus in Österreich (Österreichische Akademie der Wissenschaften. Veröffentlichungen der Kommission für Geschichte Österreichs 7. Schriften des Franz-Josef-Mayer-Gunthof-Fonds 11), Wien 1977.

Der österreichische Spätjansenismus. Neue Thesen und Fragestellungen, in: Elisabeth Kovács (Hg.), Katholische Aufklärung und Josephinismus, Wien 1979, S. 180-93.

Hettner, Herrmann Julius Theodor, Geschichte der Deutschen Literatur im 18. Jahrhundert, Braunschweig, 7. Aufl. 1925.

Heydorn, Heinz-Joachim, Über den Widerspruch von Bildung und Herrschaft, Frankfurt a.M. 1979.

Hinrichs, Carl, Preußentum und Pietismus. Der Pietismus in Brandenburg-Preußen als religiös-soziale Reformbewegung, Göttingen 1971.

Hintze, Otto, Die Epochen des evangelischen Kirchenregiments in Preußen, in: ders., Regierung und Verwaltung. Gesammelte Abhandlungen, Bd. 3, Göttingen, 2. Aufl. 1967, S. 56-96.

Kalvinismus und Staatsräson in Brandenburg-Preußen zu Beginn des 17. Jahrhunderts, in: ebd., S. 255-312.

Hirsch, Hans, Geschichte der neueren evangelischen Theologie im Zusammenhang mit den allgemeinen Bewegungen des europäischen Denkens, 5 Bde., Gütersloh, 4. Aufl. 1968.

Hoche, R., Johann Samuel Patzke, in: Allgemeine Deutsche Biographie (ADB), Hg. Historische Kommission bei der Königlichen Akademie der Wissenschaften, Bd. 25, Leipzig 1887, S. 238-40.

Hocks, Paul/Schmidt, Peter, Literarische und politische Zeitschriften 1789-1805: Von der politischen Revolution zur Literaturrevolution, Stuttgart 1975.

Hölscher, Lucian, Öffentlichkeit, in: Brunner, Otto u.a. (Hg.), Geschichtliche Grundbegriffe, Bd. 4, Stuttgart 1978, S. 413-67.

Hoffmann, Alfred, Österreichs Wirtschaft im Zeitalter des Absolutismus, in: Helmut Mezler-Andelberg (Hg.), Festschrift Karl Eder zum 70. Geburtstag, Innsbruck 1959, S. 155ff.

Hoffmann, Hildegard, Mittenzwei, Ingrid, Die Stellung des Bürgertums in der Feudalgesellschaft von der Mitte des 16. Jahrhunderts bis 1789, in: Zeitschrift für Geschichtswissenschaft 12 (1974), S. 190ff.

Hoffmann, Julius, Die 'Hausväterliteratur' und die 'Predigten über den Christlichen Hausstand', Weinheim/Berlin 1959.

Holldack, Heinz, Der Physiokratismus und die absolute Monarchie, in: Karl Otmar von Aretin (Hg.), Der Aufgeklärte Absolutismus, Köln 1974, S. 137-62.

Hollerweger, Hans, Tendenzen der liturgischen Reformen unter Maria Theresia und Joseph II., in: Elisabeth Kovács (Hg.), Katholische Aufklärung und Josephinismus, Wien 1979, S. 295-306.

Holzknecht, Georgine, Ursprung und Herkunft der Reformideen Josefs II. auf kirchlichem Gebiet (Forschungen zur inneren Geschichte Österreichs 11), Innsbruck 1914.

Hoyer, Siegfried, Bürgerkultur einer Residenzstadt - Dresden im 18. Jahrhundert, in: Wilhelm Rausch, Städtische Kultur in der Barockzeit, Linz 1982, S. 105-116.

Huck, Gerhard (Hg.), Sozialgeschichte der Freizeit. Untersuchungen zum Wandel der Alltagskultur in Deutschland, Wuppertal 1980.

Jannasch, W., Schmidt, M., Das Zeitalter des Pietismus. Klassiker des Protestantismus, Bd. 6, Bremen 1965.

Jacobs, Jürgen, Die Prosa der Aufklärung. Moralische Wochenschriften, Autobiographie, Satire, Roman, München 1976.

Jacoby, Karl, Die ersten Moralischen Wochenschriften Hamburgs am Anfang des 18. Jahrhunderts, Hamburg 1888.

Jäger, Albert, Kaiser Joseph II. und Leopold II. Reform und Gegenreform 1780-1792 (Österreichische Geschichte für das Volk 14), Wien 1867.

Jedin, Hubert, Katholische Reformation oder Gegenreformation: Ein Versuch zur Klärung der Begriffe nebst einer Jubiläumsbetrachtung über das Trienter Konzil, Luzern 1946.

Jentzsch, Rudolf, Der Deutsch-Lateinische Büchermarkt nach den Leipziger Ostermeßkatalogen von 1740, 1770 und 1800 in seiner Gliederung und Wandlung, Leipzig 1912.

Just, Leo, Zur kirchenpolitischen Lage in Österreich zum Regierungsantritt Franz' II. (März bis Dezember 1792), in: Quellen und Forschungen aus italienischen Archiven und Bibliotheken 23 (1931-1932), S. 242ff.

Kallbrunner, Josef (Hg.), Kaiserin Maria Theresias politisches Testament, Wien 1952.

Kann, Robert A., Kanzel und Katheder: Studien zur österreichischen Geistesgeschichte vom Spätbarock zur Frühromantik (A Study in Austrian Intellectual History. From Late Baroque to Romanticism), Wien/Freiburg/Basel 1962.

Das Nationalitätenproblem der Habsburger Monarchie. Geschichte und Ideengut der nationalen Bestrebungen vom Vormärz bis zur Auflösung des Reiches im Jahre 1918, Köln, 2. erw. Aufl. 1964.

Aristocracy in the Eighteenth Century Habsburg Empire, in: East European Quarterly VII/1 (1973), S. 1ff.

A History of the Habsburg Empire 1526-1918, Berkeley/Los Angeles/London 1974.

Kantzenbach, Friedrich Wilhelm, Protestantismus im Zeitalter der Aufklärung, Evangelische Enzyklopädie, Bd. 5/6, Gütersloh 1965.

Friedrich Daniel Ernst Schleiermacher. In Selbstzeugnissen und Bilddokumenten, Hamburg 1977.

Karniel, Josef, Josef von Sonnenfels. Das Welt- und Gesellschaftsbild eines Kämpfers um ein "glückliches Österreich", in: Jahrbuch des Instituts für Deutsche Geschichte an der Universität Tel Aviv 7 (1978).

Die Toleranzpolitik Kaiser Josephs II., Gerlingen 1985.

Kawczynski, Max, Moralische Wochenschriften. Studien zur Literaturgeschichte des 18. Jahrhunderts, Leipzig 1880.

Keßler, Angela, Ein Beitrag zur Geschichte der Evangelischen Presse von ihrem Beginn bis zum Jahre 1800, München 1956.

Kirchner, Joachim, Das Deutsche Zeitschriftenwesen. Seine Geschichte und seine Probleme, Teil I: Von den Anfängen bis zum Zeitalter der Romantik, Wiesbaden, 2. neu bearb. und erweiterte Aufl. 1958.

Kirschstein, Eva-Annemarie, Die Familienzeitschrift. Ihre Entwicklung und Bedeutung für die Deutsche Presse, Charlottenburg 1937.

Kittler, Gertraude, Hausarbeit. Zur Geschichte einer "Natur-Ressource", München 1980.

Klingenstein, Grete, Staatsverwaltung und kirchliche Autorität im 18. Jahrhundert. Das Problem der Zensur in der theresianischen Reform, München 1970.

Klingenstein, Grete, Engel-Janosi, Friedrich, Lutz, Heinrich (Hg.), Formen der europäischen Aufklärung. Untersuchungen zur Situation von Christentum, Bildung und Wissenschaft im 18. Jahrhundert, München 1976.

Despotismus und Wissenschaft. Zur Kritik norddeutscher Aufklärer an der österreichischen Universität 1750-1790, in: dies., ebd.

Klotz, Volker, Leo Spitzers Stilanalysen, in: Sprache im Technischen Zeitalter 12 (1964), S. 992-999.

Kößler, Gottfried, Mädchenkindheiten im 19. Jahrhundert, Gießen 1979.

Kofler, Leo, Zur Geschichte der bürgerlichen Gesellschaft (Soziologische Texte 38), Neuwied/Berlin 1966.

Kohler, Alfred, Das Reich im Spannungsfeld des preussisch-österreichischen Gegensatzes. Die Fürstenbundbestrebungen 1783-1785, in: Friedrich Engel-Janosi u.a. (Hg.), Fürst, Bürger, Mensch. Untersuchungen zu politischen und soziokulturellen Wandlungsprozessen im vorrevolutionären Europa, München 1975.

Kohlschmidt, Werner/Wiegand, Julius, Moralische Wochenschriften, in: Reallexikon der Deutschen Literaturgeschichte, Hg. Werner Kohlschmidt, Wolfgang Mohr, Bd. 2, Berlin 2. Aufl. 1965, S. 421-27.

Kondylis, Panajotis, Die Aufklärung im Rahmen des Neuzeitlichen Rationalismus, Stuttgart 1981.

Kopetzky, F., Joseph und Franz von Sonnenfels. Das Leben und Wirken eines edlen Brüderpaares, Wien 1882.

Koselleck, Reinhart, Kritik und Krise. Ein Beitrag zur Pathogenese der bürgerlichen Welt, Freiburg/München 1959.

Koszyk, Kurt, Probleme einer Sozialpolitik der öffentlichen Kommunikation, in: Wolfgang Duchkowitsch u.a. (Hg.), Medien- und Kommunikationsgeschichte. Ein Textbuch zur Einführung, Wien 1987, S. 29-36.

Kovács, Elisabeth, Ultramontanismus und Staatskirchentum im theresianisch-josephinischen Staat (Wiener Beiträge zur Theologie 51), Wien 1975.

Ein theologischer Zensurprozeß an der Wiener Universität in der zweiten Hälfte des 18. Jahrhunderts, in: Wiener Geschichtsblätter 1(1975), S. 70ff.

Burgundisches und theresianisch-josephinisches Staatskirchensystem, in: Österreich in Geschichte und Literatur 22/2 (1978), S. 74ff.

Ders. (Hg.), Katholische Aufklärung und Josephinismus, Wien 1979.

Kramer, Gustav, Neue Beiträge zur Geschichte August Hermann Franckes, Halle a. d. Saale 1875.

August Hermann Francke, in: ADB (vollständige Angabe s. Hoche), Bd.

17, Leipzig 1883, S. 651-53.

August Hermann Francke. Ein Lebensbild, 2. Bde., Halle a. d. Saale 1880/82.

Kraus, Werner, Über den Anteil der Buchgeschichte an der literarischen Entwicklung der Aufklärung, in: Sinn und Form XII, 1 u. 2, 1960.

Zur Periodisierung: Aufklärung, Sturm und Drang, Weimarer Klassik, in: Werner Bahner (Hg.), Renaissance, Barock, Aufklärung, Kronenberg/Ts. 1976, S. 170-91.

Kühlmann, Wilhelm, Gelehrtenrepublik und Fürstenstaat. Entwicklung und Kritik des deutschen Späthumanismus in der Literatur des Barockzeitalters, Tübingen 1982.

Küntzel, Georg, Hass, Martin (Hg.), Die politischen Testamente der Hohenzollern, Bd. 1, Leipzig/Berlin 1911.

Kurt, Wilhelm, Jüdischer Glaube, Bremen 1961.

Lackner, Martin, Die Kirchenpolitik des Großen Kurfürsten, Witten 1973.

Ladj-Teichmann, Dagmar, Weibliche Bildung im 18. Jahrhundert: Fesselung von Kopf, Hand und Herz?, in: Frauen in der Geschichte, Bd. IV, Hg. Ilse Brehmer u.a., Düsseldorf 1983, S. 219-43.

Erziehung zur Weiblichkeit durch Textilarbeit. Ein Beitrag zur Sozialgeschichte der Frauenbildung im 19. Jahrhundert, Basel/Weinheim 1983.

Lang, Helmut, Die Buchdrucker des 15. bis 17. Jahrhunderts in Österreich. Mit einer Bibliographie zur Geschichte des österreichischen Buchdrucks bis 1700, Baden-Baden 1972.

Bibliographie der österreichischen Zeitungen, 1492 bis 1800, Wien 1981.

Langenbucher, Wolfgang R., Von der Pressegeschichte zur Kommunikationsgeschichte - Ein Sammelreferat, in: Wolfgang Duchkowitsch u.a. (Hg.), Medien- und Kommunikationsgeschichte. Ein Textbuch zur Einführung, Wien 1987, S. 16-22.

Langenohl, Hanno, Die pädagogischen Leitbilder der frühen moralischen Wochenschriften Deutschlands, in: Paedagogica Historica 3 (1963), S. 331-52.

Laun, Andreas, Die Moraltheologie im 18. Jahrhundert unter dem Einfluß von Jansenismus und Aufklärung, in: Elisabeth Kovács (Hg.), Katholische Aufklärung und Josephinismus, Wien 1979, S. 266-94.

Lefébvre, Georges, Der Aufgeklärte Despotismus, in: Karl Otmar von Aretin

(Hg.), Der Aufgeklärte Absolutismus, Köln 1974, S. 77-88.

Lehmann, Hartmut, Das Zeitalter des Pietismus. Gottesgnaden und Kriegsnot, Stuttgart 1980.

Lehmann, Oskar, Die Deutschen Moralischen Wochenschriften des 18. Jahrhunderts als Pädagogische Reformschriften, Leipzig 1893

Lentze, Hans, Joseph von Sonnenfels (1732-1817), in: Österreich in Geschichte und Literatur 6 (1972), S. 297ff.

Leiste, Lydia, Der Humanitätsgedanke in der Popularphilosophie der Deutschen Aufklärung, Halle 1932.

Lengauer, Hubert, Zur Sprache der Moralischen Wochenschriften, Wien 1975.

Lesky, Erna, Österreichisches Gesundheitswesen im Zeitalter des aufgeklärten Absolutismus, Wien 1959.

   u.a. (Hg.), Die Aufklärung in Ost- und Südosteuropa. Aufsätze, Vorträge, Dokumentationen, Köln/Wien 1972.

Lettner, Gerda, Das Rückzugsgefecht der Aufklärung in Wien 1790-1792, Frankfurt/New York 1988.

Lichtenberger, Elisabeth, Wien - Das sozialökologische Modell einer barocken Residenz um die Mitte des 18. Jahrhunderts, in: Wilhelm Rausch, Städtische Kultur in der Barockzeit, Linz 1982, S. 235-62.

Lichtenstein, Ernst, Die Entwicklung des Bildungsbegriffs im 18. Jahrhundert, in: Ulrich Herrmann, Die Bildung der Bürgers, Basel/Weinheim 1982, S. 165-77.

Löw, Alois, Zur Geschichte des Wiener Jakobiner Prozesses, in: Monatsblatt des Altertum-Vereins zu Wien 7 (1905), S. 166ff.

Lousse, Emile, Absolutismus, Gottesgnadentum, Aufgeklärter Despotismus, in: Karl Otmar von Aretin, Aufgeklärter Absolutismus, Köln 1974, S. 89-102.

Luehrs, Phoebe M., Der Nordische Aufseher. Ein Beitrag zur Geschichte der Moralischen Wochenschriften, Heidelberg 1909.

Lütge, Friedrich, Die wirtschaftliche Situation in Deutschland und Österreich um die Wende vom 18. zum 19. Jahrhundert (Forschungen zur Sozial- und Wirtschaftsgeschichte 6), Stuttgart 1964.

Lustkandl, Wenzel, Die josefinischen Ideen und ihr Erfolg, Wien 1881.

Lutz, Bernd (Hg.), Deutsches Bürgertum und literarische Intelligenz 1750-1800 (Literaturwissenschaft und Sozialwissenschaft 3), Stuttgart 1974.

Maaß, Ferdinand, Josephinismus. Quellen zu seiner Geschichte in Österreich. 1760-1790. Amtliche Dokumente aus dem Wiener Haus-, Hof- und Staatsarchiv, Wien 1951-61.

Magenschab, Hans, Josef II. Revolutionär in Gottes Gnaden, Graz/Wien/Köln 1979

Markov, Walter, Jakobiner und Sansculotten. Beiträge zur Geschichte der französischen Revolutionsregierung 1793-1794, Berlin 1956.

Maximilien Robespierre 1758-1794, Berlin 1961.

1789: Bürger zwischen Aufklärung und Revolution, in: Friedrich Engel-Janosi (Hg.), Fürst-Bürger-Mensch (Wiener Beiträge zur Geschichte der Neuzeit 2), Wien 1975.

Jakobiner in der Habsburger Monarchie, in: Helmut Reinalter (Hg.), Jakobiner in Mitteleuropa, Innsbruck 1977, S. 291-312.

Martens, Wolfgang, Über die österreichischen Moralischen Wochenschriften, in: Lenau-Almanach 1965/66, hg. v. Kulturamt der Stadt Stockerau, Wien/Heidelberg 1966.

Die Botschaft der Tugend. Die Aufklärung im Spiegel der Deutschen Moralischen Wochenschriften, Berlin 1968.

Die Geburt des Journalisten im Zeitalter der Aufklärung, in: Wolfenbütteler Studien zur Aufklärung 1 (1974), S. 84-98.

Leserezepte für Frauenzimmer. Die Frauenzimmerbibliotheken der Deutschen Moralischen Wochenschriften, in: Archiv für Geschichte des Buchwesens 15 (1975), S. 1143-1200.

Lessing als Aufklärer. Zu Lessings Kritik an den deutschen Moralischen Wochenschriften, in: Lessing in heutiger Sicht 1 (1977), S. 237-58.

Frommer Widerspruch. Pietistische Parodien auf Oden der frühen Aufklärungszeit, in: Wilfried Barner u.a. (Hg.), Tradition, Norm, Innovation, München 1979, S. 213.27.

Mathy, Helmut, Franz Georg von Metternich, der Vater des Staatskanzlers. Studien zur Österreichischen Westpolitik am Ende des 18. Jahrhunderts (Mainzer Abhandlungen zur mittleren und neueren Geschichte 8), Meisenheim a. G. 1969.

Mehnert, Gottfried, Evangelische Presse. Geschichte und Erscheinungsbild von der Reformation bis zur Gegenwart, Bielefeld 1983.

Mejdřická, Květa, Die Jakobiner in der tschechischen öffentlichen Meinung, in:

in: Walter Markov (Hg.), Maximilien Robespierre 1758-1794, Berlin 1961, S. 381ff.

Wirkungen der Französischen Revolution in Böhmen, in: Helmut Reinalter (Hg.), Jakobiner in Mitteleuropa, Innsbruck 1977, S. 417ff.

Menck, Ursula, Die Auffassung der Frau in den frühen Moralischen Wochenschriften, Hamburg 1897.

Merkle, Sebastian, Die kirchliche Aufklärung im katholischen Deutschland, Berlin 1910.

Mikoletzky, Lorenz, Kaiser Joseph II. Herrscher zwischen den Zeiten, Zürich/Frankfurt a. M. 1979.

Milberg, Ernst, Die Moralischen Wochenschriften des 18. Jahrhunderts, Meißen o.J. (1880).

Milch, Werner, Europäische Literaturgeschichte. Ein Arbeitsprogramm, Wiesbaden 1949.

Mischke, Ricarda, Die Entstehung der öffentlichen Meinung im 18. Jahrhundert, Diss. Hamburg 1958.

Mittelstrass, Jürgen, Neuzeit und Aufklärung. Studien zur Entstehung der neuzeitlichen Wissenschaft und Philosophie, Berlin/New York 1970.

Mittenzwei, Ingrid, Über das Problem des aufgeklärten Absolutismus, in: Zeitschrift für Geschichtswissenschaft 9 (1970), S. 1162ff.

Theorie und Praxis des aufgeklärten Absolutismus in Brandenburg-Preußen, in: Jahrbuch für Geschichte 6 (1972), S. 53ff.

Dies., Herzfeld, Erika, Brandenburg-Preußen. 1648-1789: Das Zeitalter des Absolutismus in Text und Bild, Köln 1987.

Mitterauer, Michael, Vorindustrielle Familienformen. Zur Funktionsentlastung des "ganzen Hauses" im 17. und 18. Jahrhundert, in: Friedrich Engel-Janosi u.a. (Hg.), Fürst, Bürger, Mensch, München 1975.

Mitterbacher, Andreas, Der Einfluß der Aufklärung an der theologischen Fakultät der Universität Innsbruck (1790-1823). (Forschungen zur Innsbrucker Universitätsgeschichte 2), Innsbruck 1962.

Mönch, Walter, Deutsche Kultur von der Aufklärung bis zur Gegenwart, München 1975.

Mraz, Gottfried, Österreichische Bildungs- und Schulgeschichte von der Aufklärung bis zum Liberalismus (Jahrbuch für österreichische Kulturgeschichte,

Bd. 4), Eisenstadt 1974.

Kirche und Verkündigung im aufgeklärten Staat. Anmerkungen zur katholischen Pastoraltheologie im josephinischen Österrreich, in: Formen der europäischen Aufklärung (Wiener Beiträge zur Geschichte der Neuzeit), Wien 1976, S. 81ff.

Mühlbach, L., Kaiser Joseph als Selbstherrscher, Berlin, 2. Aufl. 1857.

Mühlpfordt, Günter, Karl Friedrich Bahrdt und die radikale Aufklärung, in: Jahrbuch des Instituts für Deutsche Geschichte an der Universität Tel Aviv 5 (1976), S. 49ff.

Mühlsteiger, Johannes, Der Geist des Josephinischen Eherechtes, Wien/München 1967.

Müller, J., Der pastoraltheologische Ansatz in Franz Stephan Rautenstrauchs Entwurf zur Errichtung theologischer Schulen (Wiener Beiträge zur Theologie XXIV), Wien 1969.

Müller, P., Der aufgeklärte Absolutismus in Österreich, in: Bulletin of the International Commission of Historical Sciences 9 (1937).

Müller, Willibald, Josef von Sonnenfels, Wien 1882.

Mund, Franz, Georg Friedrich Meier, in: ADB (vollständige Angaben s. Hoche), Bd. 21, Leipzig 1885, S. 193-97.

Nagl, Willibald, Zeidler, Jakob (Hg.), Deutsch-Österreichische Literaturgeschichte. Ein Handbuch zur Geschichte der deutschen Dichtung in Österreich-Ungarn, Bd. 2 1750- 1848, Wien 1914.

Nasser, Peter, Die Frauenzimmer-Bibliothek des Hamburger "Patrioten" von 1724, Stuttgart 1976.

Oberkampf, Walter, Die zeitungskundliche Bedeutung der Moralischen Wochenschriften, Leipzig 1934.

Oestreich, Gerhard, Strukturprobleme des europäischen Absolutismus, in: Vierteljahresschrift für Sozial- und Wirtschaftsgeschichte 55 (1968), S. 329ff.

Friedrich Wilhelm I. Preußischer Absolutismus, Merkantilismus, Militarismus, Göttingen 1977.

Fundamente preußischer Geistesgeschichte. Religion und Weltanschauung in Brandenburg im 17. Jahrhundert, in: ders., Strukturprobleme der frühen Neuzeit. Ausgewählte Aufsätze, Berlin 1980, S. 275-97.

Osterloh, Karl-Heinz, Joseph von Sonnenfels und die österreichische Reformbewegung im Zeitalter des aufgeklärten Absolutismus (Historische Studien 409), Lübeck/Hamburg 1970.

Otruba, Gustav, Die Wirtschaftspolitik Maria Theresias, Wien 1963.

Wirtschaft und Wirtschaftspolitik im Zeitalter des aufgeklärten Absolutismus, in: Die Wirtschaftsgeschichte Österreichs (Schriften des Instituts für Österreichkunde), Wien 1971, S. 105ff.

Die Klosterbibliotheken Klosterneunburg/Melk und Schotten/Wien - ein Spiegel der geistigen Kultur Österreichs 1680-1750, Wien 1978.

Probleme von Wirtschaft und Gesellschaft in ihren Beziehungen zu Kirche und Klerus in Österreich, in: Elisabeth Kovács (Hg.), Katholische Aufklärung und Josephinismus, Wien 1979, S. 107-39.

Patzelt, Herbert, Anfänge der Toleranzzeit in Österreich-Schlesien, in: Peter F. Barton (Hg.), Im Lichte der Toleranz, Wien 1981, S. 279-319.

Peschke, Erhard (Hg.), August Hermann Francke. Werke in Auswahl, Berlin 1969.

August Hermann Francke. Predigten I., Berlin/New York 1987.

Plongeron, Bernard., Was ist Katholische Aufklärung?, in: Elisabeth Kovács (Hg.), Katholische Aufklärung und Josephinismus, Wien 1979, S. 11ff.

Podczeck, Otto (Hg.), August Hermann Franckes "Der große Aufsatz". Schrift über eine Reform des Erziehungs- und Bildungswesens als Ausgangspunkt einer geistlichen und sozialen Neuordnung der Evangelischen Kirche des 18. Jahrhunderts, Berlin 1962.

Posch, Andreas, Die kirchliche Aufklärung an der Universität Graz, Graz 1946.

Potoschnig, Franz, Die Entwicklung des Kirchenrechts im 18. Jahrhundert mit besonderer Berücksichtigung Österreichs, in: Elisabeth Kovács (Hg.), Katholische Aufklärung und Josephinismus, Wien 1979, S. 215-33.

Pribram, Karl, Geschichte der österreichischen Gewerbepolitik von 1740-1798, 1, Leipzig 1907.

Die Entstehung der individualistischen Sozialphilosophie, Leipzig 1912.

Materialien zur Geschichte der Preise und Löhne in Österreich (Veröffentlichungen des internationalen wissenschaftlichen Kommittees für die Geschichte der Preise und Löhne), 1, Wien 1938.

Price, Lawrence Marsden, English Literature in Germany, Berkeley/Los Angeles 1953.

Pross, Harry, Geschichte und Mediengeschichte, in: Wolfgang Duchkowitsch u.a. (Hg.), Medien- und Kommunikationsgeschichte. Ein Textbuch zur Einführung, Wien 1987, S. 8-15.

Prüsener, Marlies, Lesegesellschaften im 18. Jahrhundert, Frankfurt a. M. 1972.

Prutz, Robert, Geschichte des Deutschen Journalismus, Hannover 1845; zitierte Ausgabe: Faksimiledruck nach der 1. Auflage von 1845, mit einen Nachwort von Hans Joachim Kreuzer, Göttingen 1971.

Menschen und Bücher. Biographische Beiträge zur Deutschen Literatur- und Sittengeschichte des 18. Jahrhunderts, Leipzig 1862.

Pünjer, B., Samuel Gotthold L. Lange, in: ADB (vollständige Angaben s. Hoche), Bd. 17, Leipzig 1883, S. 651-53.

Pütz, Peter, Die Deutsche Aufklärung, Darmstadt 1978.

Przedak, A. G., Geschichte des deutschen Zeitungswesens in Böhmen, Heidelberg 1904.

Raabe, Paul, Die Zeitschrift als Medium der Aufklärung, in: Wolfenbütteler Studien zur Aufklärung 1 (1974), S. 99-136.

Rauch, Georg von, Politische Voraussetzungen für westöstliche Kulturbeziehungen im 18. Jahrhundert, in: Erna Lesky u.a. (Hg.), Die Aufklärung in Ost- und Südosteuropa, Köln/Wien 1972, S. 1-22.

Rausch, Wilhelm, Städtische Kultur in der Barockzeit, Linz 1982.

Reinalter, Helmut, Der Jakobinerpriester Joseph Rendler, in: Mitteilungen des Instituts für österreichische Geschichtsforschung 82 (1974), S. 377ff.

Aufklärung - Absolutismus - Reaktion. Die Geschichte Tirols in der 2. Hälfte des 18. Jahrhunderts, Wien 1974.

Der Josephinismus aus der Sicht der neueren angloamerikanischen Historiographie, in: Römische Historische Mitteilungen 17 (1975), S. 213ff.

Reformkatholizismus oder Staatskirchentum? Zur Bewertung des Josephinismus in der neueren Literatur, in: Römische Historische Mitteilungen 18 (1976), Festgabe für H. Schmidinger, S. 283ff.

Die gesellschaftlichen Vorstellungen der österreichischen Jakobiner, in: Jahrbuch des Instituts für Deutsche Geschichte an der Universität Tel Aviv 6 (1977), S. 41ff.

(Hg.), Jakobiner in Mitteleuropa, Innsbruck 1977.

Aufklärung, Freimaurerei und Jakobinertum in der Habsburger-Monarchie, in: ders. (Hg.), ebd., S. 243-70.

Joseph von Sonnenfels und die Französische Revolution, in: Innsbrucker Historische Studien 1 (1978), S. 77ff.

Aufgeklärter Absolutismus und Revolution. Zur Geschichte des Jakobinertums und der frühdemokratischen Bestrebungen in der Habsburger Monarchie, Köln/Graz/Wien 1980.

Aufklärung - Vormärz - Revolution. Mitteilungen der internationalen Forschungsgruppe "Demokratische Bewegungen in Mitteleuropa 1770-1850" an der Universität, Bd. 1, Innsbruck 1981.

Geheimbünde in Tirol. Von der Aufklärung bis zur Französischen Revolution, Bozen 1982.

(Hg.), Freimaurerei und Geheimbünde im 18. Jahrhundert in Mitteleuropa, Frankfurt a.M. 1983.

Joseph II. und die Freimaurerei im Lichte zeitgenössischer Broschüren, Wien/Köln/Graz 1987.

Aufklärung und Geheimgesellschaften. Zur politischen Funktion und Sozialstruktur der Freimaurerlogen im 18. Jahrhundert, München 1989.

Rengstorf, Karl Heinrich, Mann und Frau im Urchristentum, in: Arbeitsgemeinschaft für Forschung des Landes Nordrhein-Westfalen, Heft 12.

Richards, Ruthann Louise, The image of women in selected moral weeklies of the early English and German Enlightenment (1709-1745), Cincinnati 1984.

Richter, Heinrich Moritz, Geistesströmungen, I.: Deutsches Geistesleben in Österreich, II.: Aus dem Zeitalter der Aufklärung, Berlin 1875.

Die Wiener literarischen Zeitschriften der theresianisch-josephinischen Epoche, Berlin 1875.

Richter, J. (Hg.), Historisches Wörterbuch der Philosophie, Bd. 3, Basel 1974.

Richter, Klemens, Die katholische Presse in Europa. Ein internationaler Überblick, Osnabrück 169.

Ritschel, A., Geschichte des Pietismus, 3 Bde., Bonn 1880-86.

Roegiers, Jan, Die Bestrebungen zur Ausbildung einer Belgischen Kirche und ihre Analogien zum österreichischen (theresianischen) Kirchensystem, in: Elisabeth Kovács (Hg.), Katholische Aufklärung und Josephinismus, Wien 1979, S. 75-92.

Rosdolsky, Roman, Die große Steuer- und Agrarreform Josephs II., Warszawa

1961.

Rosenberg, Hans, Die Überwindung der monarchischen Autokratie (Preußen), in: Karl Otmar von Aretin, Der aufgeklärte Absolutisimus, Köln 1974, S. 182-204.

Rosenfeld, Helmut, Zeitung und Zeitschrift, in: Realenzyklopädie der Deutschen Literaturgeschichte, Bd. 4, Hg. Klaus Kanzog und Achim Masser, Berlin 1984, S. 977-98.

Rosenstrauch-Königsberg, Edith, Freimaurerei im Josephinischen Wien. Aloys Blumauers Weg vom Jesuiten zum Jakobiner, Wien 1975.

Sachse, Udo, Die Wirkung der Moralischen Wochenschriften bei der Herausbildung einer Literatursprachlichen Norm des Deutschen, in: Willi Steinberg (Hg.), Funktion der Sprachgestaltung im Literarischen Text, Halle 1981, S. 220-30.

Sakrausky, Oszkár, Der österreichische Protestantismus, in: Religion und Kirche in Österreich, Wien 1972, S. 63-82.

Sashegyi, Oszkar, Zensur und Geistesfreiheit unter Joseph II. Ein Beitrag zur Kulturgeschichte der Habsburger Länder (Studia Historica Akademiae Scientiarum Hungaricae), Budapest 1958

Staatsverwaltung und kirchliche Autorität im 18. Jahrhundert, Budapest 1958.

Sauder, Gerhard, Verhältnismäßige Aufklärung. Zur bürgerlichen Ideologie am Ende des 18. Jahrhunderts, in: Jahrbuch der Jean-Paul-Gesellschaft 9 (1974), S. 102-26.

Schamschula, Walter, Die Anfänge der tschechischen Erneuerung und das deutsche Geistesleben 1740-1800, München 1973.

Schattner, Isak, Die josephinische Aufklärungsliteratur, maschinengeschr. Diss. Wien 1925.

Scheel, Heinrich, Die Begegnung deutscher Aufklärer mit der Revolution, in: Werner Bahner (Hg.), Renaissance, Barock, Aufklärung, Kronenberg/Ts. 1976, S. 192-209.

Deutsche Jakobiner, in: Helmut Reinalter (Hg.), Jakobiner in Mitteleuropa, Innsbruck 1977, S. 23-32.

Deutscher Jakobinismus und deutsche Nation, in: ebd., S. 33-46.

Schicketanz, Peter (Hg.), Der Briefwechsel Carl Hildebrand von Cansteins mit August Hermann Francke, Berlin/New York 1972.

Pietismus in Berlin-Brandenburg. Versuch eines Forschungsberichtes, in: Pietismus und Neuzeit 13, 1987, S. 115-134.

Schlangen, Walter, Demokratie und bürgerliche Gesellschaft, Stuttgart 1973.

Schleien, Marjem, Die Moralischen Wochenschriften des Freiherrn Joseph von Sonnenfels, Diss. Wien 1936.

Schlumbohm, Familiale Sozialisation im Gehobenen Bürgertum um 1800, in: Ulrich Herrmann (Hg.), Die Bildung des Bürgers, Basel, Weinheim 1982, S. 224-35.

Schmidt, Berthold, Meusel, Otto (Hg.), August Hermann Franckes Briefe an den Grafen Heinrich XXIV. J.L. Reuß von Kösteritaz und seine Gemahlin Eleonore, Leipzig 1905.

Schmidt, Martin, Pietismus, Stuttgart, 3. Aufl. 1983.

Der Pietismus als theologische Erscheinung. Gesammelte Studien II, Göttingen 1984.

Schneider, Franz, Pressefreiheit und politische Öffentlichkeit. Studien zur politischen Geschichte Deutschlands bis 1848, Berlin 1966.

Schneider, Ute, Der Moralische Charakter: Ein Mittel aufklärerischer Menschendarstellung in den frühen deutschen Wochenschriften, Stuttgart 1976.

Schöffler, Herbert, Deutsches Geistesleben zwischen Reformation und Aufklärung, Frankfurt a.M. 1956.

Protestantismus und Literatur. Neue Wege zur Englischen Literatur des Achtzehnten Jahrhunderts, Göttingen, 2. unveränderte Aufl. 1958.

Schöndorfer, Ulrich, Die Auswirkungen der Aufklärung und die Gestaltung der Philosophie, in: Österreich in Geschichte und Literatur 9 (1966), S. 473ff.

Schondorff, Joachim (Hg.), Aufklärung auf wienerisch. Mit 19 Illustrationen nach zeitgenössischen Vorlagen, Wien/Hamburg 1980.

Schröder, Christel, Die "Bremer Beiträge". Vorgeschichte und Geschichte einer Deutschen Zeitschrift des Achtzehnten Jahrhunderts, Bremen 1956.

Schultz, Alwin, Alltagsleben einer Deutschen Frau zu Anfang des 18. Jahrhunderts, Leipzig 1890.

Schulze Madhyastha, Rosemarie, Die Frau als Bildungsobjekt in den Deutschen und Englischen Moralischen Wochenschriften des 18. Jahrhunderts, New York 1984.

Schulze, Winfried, Gerhard Oestreichs Begriff "Sozialdisziplinierung in der frühen Neuzeit", in: Zeitschrift für Historische Forschung 14, 1987, S. 265-302.

Seibt, Ferdinand (Hg.), Die böhmischen Länder zwischen Ost und West. Festschrift für Karl Bosl zum 75. Geburtstag, München/Wien 1983.

Seidler, Andrea und Wolfram, Das Zeitschriftenwesen im Donauraum zwischen 1740 und 1809, Wien 1988.

Seigfried, Adam, Die Dogmatik im 18. Jahrhundert unter dem Einfluß von Aufklärung und Jansenismus, in: Elisabeth Kovács (Hg.), Katholische Aufklärung und Josephinismus, Wien 1979, S. 241-65.

Silagi, Denis, Jakobiner in der Habsburger Monarchie. Ein Beitrag zur Geschichte des aufgeklärten Absolutismus in Österreich (Wiener Historische Studien Bd. VI), Wien/München 1962.

Šimeček, Zdeněk, Frühe literarische Gesellschaftsbildung in den böhmischen Ländern, in: Otto Dann (Hg.), Lesegesellschaften und bürgerliche Emanzipation. Ein europäischer Vergleich, München 1971, S. 221-37.

Zeitungen in den böhmischen Städten im 18. Jahrhundert, in: Wilhelm Rausch (Hg.), Städtische Kultur in der Barockzeit, Linz 1982, S. 263-76.

"Publizistische Vororte Wiens". Zeitungsentwicklung in Böhmen und der Slowakei im 18. Jahrhundert, in: Medien & Zeit. Forum für historische Kommunikationsforschung 4 (1989), S. 13-18.

Simmel, Georg, Soziologie der Geselligkeit, in: Verhandlungen des Ersten Deutschen Soziologenverbandes vom 19.-20. Oktober 1910 in Frankfurt a.M. - Reden und Vorträge, Tübingen 1811, S. 1-16.

Shorter, Edward, The Making of the Modern Family, New York 1977; zitierte Ausgabe: Die Geburt der modernen Familie, übersetzt von Gustav Klipper, Hamburg 1977.

Sommer, Louise, Die österreichischen Kameralisten in dogmengeschichtlicher Darstellung, 2 Teile, Wien 1920-1925, Neudruck Aalen 1967.

Spaemann, R., Glück, in: Historisches Wörterbuch der Philosophie, Hg. Joachim Ritter, Bd. 3, Basel 1974, S. 679-707.

Stecher, Martin, Erziehungsbestrebungen der Deutschen Moralischen Wochenschriften, Langensalza 1914.

Sternheim, A., Zum Problem der Freizeitgestaltung (1932), in: H. Giesecke (Hg.), Freizeit und Konsumerziehung, Göttingen, 3. Aufl. 1974, S. 50-68.

Stolleis, Michael, Tradition und Innovation in der Reichspublizistik nach 1648, in: Wilfried Barner u.a. (Hg.), Tradition, Norm, Innovation, München 1979, S. 1-13.

Stolpe, Heinz, Kriterien, nach denen eine literarische Periodisierung zu geschehen hat, in: Werner Bahner (Hg.), Renaissance, Barock, Aufklärung, Kronenberg/Ts. 1976, S. 54-59.

Sträter, Udo, Pietismus und Sozialtätigkeit. Zur Frage nach der Wirkungsgeschichte des "Waisenhauses" in Halle und des Frankfurter Armen-, Waisen- und Arbeitshauses, in: Pietismus und Neuzeit 8, 1982, S. 201-30.

Strasser, Kurt, Die "Predigerkritiken". Ein Beitrag zur Geschichte des Josefinismus, in: Jahrbuch des Vereins für Geschichte der Stadt Wien 11 (1954), S. 104ff.

Die Wiener Presse in der Josephinischen Zeit, Wien 1962.

Stupperich, Robert, Erbe und Auftrag des Protestantismus im Südosten, in: Peter F. Barton, Brücke zwischen Kirchen und Kulturen, Wien/Köln/Graz 1976.

Sudhof, Hausväterliteratur, in: Reallexikon der Deutschen Literaturgeschichte, Hg. Werner Kohlschmidt und Wolfgang Mohr, Bd. 1, Berlin, 2. Aufl. 1958, S. 621-23.

Syben, P., "Preussische Anekdoten", Berlin 1967.

Taute, Reinhold, Die katholische Geistlichkeit und die Freimaurer, Leipzig 1895.

Titze, Hartmut, Die Politisierung der Erziehung, Untersuchungen über die soziale und politische Funktion der Erziehung von der Aufklärung bis zum Hochkapitalismus, Frankfurt a. M. 1974.

Tomek, Ernst, Kirchengeschichte Österreichs, 3, Innsbruck/Wien/München 1959.

Tornieporth, Gerda, Studien zur Frauenbildung. Ein Beitrag zur Historischen Analyse lebensweltorientierter Bildungskonzeptionen, Weinheim/Basel 1977.

Tremel, Ferdinand, Wirtschaft und Bildung im österreichischen Frühliberalismus, in: Gerda Mraz (Hg.), Österreichische Bildungs- und Schulgeschichte von der Aufklärung bis zum Liberalismus (Jahrbuch für Österreichische Kulturgeschichte, Bd. 4), Eisenstadt 1974.

Tschakert, P., Philipp Jacob G. Spener, in: ADB (vollständige Angaben s. Hoche), Bd. 35, Leipzig 1893, S. 102-15.

Tschizewskij, Dimitrij, Russische Geistesgeschichte, Hamburg 1959.

Tschurtschthaler, Ursula, Die Publizistik im Josephinischen Wien und ihr Beitrag zur Aufklärung, maschinengeschr. Diss. Wien 1957.

Turczynski, Emanuel, Gestaltenwandel und Trägerschichten der Aufklärung in Ost- und Südosteuropa, in: Erna Lesky u.a. (Hg.), Die Aufklärung in Ost- und Südosteuropa, Köln/Wien 1972, S. 23-49.

Uhlirz, Mathilde, Handbuch der Geschichte Österreichs und seiner Nachbarländer Böhmen und Ungarn, 2/1, Graz/Wien/Leipzig 1930.

Uitz, Erika, Bürgerkultur in einer brandenburgisch-preußischen Festungsstadt - Magdeburg im 18. Jahrhundert, in: Wilhelm Rausch, Städtische Kultur in der Barockzeit, Linz 1982, S. 79-86.

Ulbrich, Franz, Die Belustigungen des Verstandes und des Witzes. Ein Beitrag zur Journalistik des 18. Jahrhunderts, Leipzig 1911.

Ulmer, Andreas, Die Volksbewegung gegen die kirchenpolitischen Neuerungen Josefs II. im Lande Voralberg und im besonderen in der Pfarre Bernbirn 1789-91, in: Montfort. Zeitschrift für Geschichte, Heimat- und Volkskunde Voralbergs 1 (1946), S. 45-118.

Valjavec, Fritz, Der Josephinismus. Zur geistigen Entwicklung Österreichs im achtzehnten und neunzehnten Jahrhundert, München/Wien, 2. wesentlich erweiterte Aufl. 1945.

Vávra, Jaroslav, Ignaz von Born als führende Persönlichkeit der Aufklärungsepoche in Böhmen, in: Eva H. Balázs u.a. (Hg.), Beförderer der Aufklärung in Mittel- und Osteuropa. Freimaurerei, Gesellschaften, Clubs, Berlin 1979, S. 141-46.

Veblen, Thorstein, Theorie der Feinen Leute. Eine Ökonomische Untersuchung der Institutionen, Köln/Berlin o.J. (1889).

Veit, Walter (Hg.), Antipodische Aufklärung: Festschrift für Leslie Bodi, Frankfurt a.M. 1987.

Vierhaus, Rudolf, Zur historischen Deutung der Aufklärung: Probleme und Perspektiven, in: Wolfenbütteler Studien zur Aufklärung 6 (1977), S. 39-54.

Kulturelles Leben im Zeitalter des Absolutismus in Deutschland, in: Ulrich Herrmann (Hg.), Die Bildung des Bürgers, Basel/Weinheim 1982, S. 11-37.

"Patriotismus" - Begriff und Realität einer moralisch politischen Haltung, in: ebd., S. 119-31.

Staaten und Stände. Vom Westfälischen bis zum Hubertusburger Frieden

1648 bis 1763, Frankfurt a. M./Berlin 1984.

Volf, Josef, Geschichte des Buchdrucks in Böhmen und Mähren bis 1848, Weimar 1928.

Wagner, Hans, Historische Lektüre in der Französischen Revolution. Aus den Tagebüchern des Grafen Karl von Zinsendorf, in: Mitteilungen des Instituts für Österreichische Geschichtsforschung 71 (1963), S. 140ff.

Die Idee der Toleranz in Österreich, in: Religion und Kirche in Österreich, Wien 1972, S. 111ff.

Das Ende der katholischen Presse (Der Christ in der Welt: Reihe 14; 5), Bd. 1-3, Aschaffenburg 1974.

Die politische und kulturelle Bedeutung der Freimaurerei im 18. Jahrhundert, in: Eva H. Balázs u.a. (Hg.), Beförderer der Aufklärung in Mitteleuropa. Freimaurerei, Gesellschaften, Clubs, Berlin 1979, S. 69-86.

Walder, Ernst, Aufgeklärter Absolutismus und Revolution, in: Karl Otmar von Aretin (Hg.), Der Aufgeklärte Absolutismus, Köln 1974, S. 103-22.

Wallmann, J., Philipp Jacob Spener und die Anfänge des Pietismus, Tübingen 1970.

Der Pietismus (Die Kirche in ihrer Geschichte Bd. 4,1) Göttingen 1990.

Walter, Friedrich, Männer um Maria Theresia, Wien 1951.

Die Theresianische Staatsreform von 1749 (Schriftenreihe des Arbeitskreises für österreichische Geschichte), Wien 1958.

Österreichische Verfassungs- und Verwaltungsgeschichte von 1500-1955 (Veröffentlichungen der Kommission für Neuere Geschichte Österreichs 59), Wien 1972.

Maria Theresia (Römisch-Deutsches Reich, Kaiserin): Briefe und Aktenstücke in Auswahl (Ausgewählte Quellen zur deutschen Geschichte der Neuzeit, 12), Darmstadt, 2. Aufl. 1982

Wandruszka, Adam, Die Katholische Aufklärung Italiens und ihr Einfluß auf Österreich, in: Elisabeth Kovács (Hg.), Katholische Aufklärung und Josephinismus, Wien 1979, S. 62-69.

Wangermann, Ernst, From Joseph II. to the Jacobian Trials. Government Policy and Public Opinion in the Habsburg Dominions in the Period of the French Revolution, London 1959.

The Austrian Achievement in the Age of Enlightenment, London 1972.

Josephiner, Leopoldiner und Jakobiner, in: Helmut Reinalter (Hg.), Jakobiner in Mitteleuropa, Innsbruck 1977, S. 231-42.

Aufklärung und staatsbürgerliche Erziehung. Gottfried von Swieten als Reformator des österreichischen Unterrichtswesens 1781 - 1791, Wien 1978.

Josephinismus und katholischer Glaube, in: Elisabeth Kovács (Hg.), Katholische Aufklärung und Josephinismus, Wien 1979, S. 332-41.

Wehrl, Franz, Der "Neue Geist". Eine Untersuchung der Geistesrichtungen des Klerus in Wien von 1750-1790, in: Mitteilungen des österreichischen Staatsarchivs 20 (1967), S. 36ff.

Weimann, Robert, Zur historischen Bestimmung und Periodisierung der Literaturgeschichte des 17. Jahrhunderts, in: Werner Bahner (Hg.), Renaissance, Barock, Aufklärung, Kronenberg/Ts. 1976, S. 143-48.

Weller, Emil, Die ersten deutschen Zeitungen. Mit einer Biographie (1505-1599), Stuttgart 1872; zitierte Ausgabe: unveränderter Nachdruck Leipzig 1963.

Wetzel, Franz, Geschichte der katholischen Presse im 18. Jahrhundert, Mannheim 1913.

Wilke, Jürgen, Literarische Zeitschriften des 18. Jahrhunderts: 1688-1789, Stuttgart 1978.

Winter, Eduard, Der Josefinismus. Die Geschichte des österreichischen Reformkatholizismus 1740-1848, Berlin 1962.

Frühhumanismus. Seine Entwicklung in Böhmen und deren europäische Bedeutung für die Kirchenreformbestrebungen im 14. Jahrhundert, Berlin 1964.

Frühaufklärung. Der Kampf gegen den Konfessionalismus in Mittel- und Osteuropa und die deutsch-slowenische Bewegung. Zum 250. Todestag von G. W. Leibniz im November 1966, Berlin 1966.

G.W. Leibniz und die Aufklärung, in: Sitzungsberichte der Deutschen Akademie der Wissenschaften zu Berlin, Klasse für Philosophie, Geschichte, Staats- und Rechts- und Wirtschaftswissenschaften, Jahrgang 1968, Nr. 3, S. 1-14.

Revolution, Neoabsolutismus und Liberalismus in der Donaumonarchie, Wien 1969

Über die Perfektabilität des Katholizismus. Grundsätzliche Erwägungen in Briefen von Pascal, Bolzano, Brentano und Knoll, Berlin 1971.

Barock, Absolutismus und Aufklärung in der Donaumonarchie, Wien 1971.

Der Reformkatholizismus in der Donaumonarchie und die Aufklärung, in: Alpenregion und Österreich, Festschrift für Hans Kramer, Hg. Eduard Widmoser und Helmut Reinalter, Innsbruck 1976, S. 193ff.

Winters, Stanley B. (Hg.), Economic growth and the impact of dual alliance in the Habsburg monarchy: essays honoring Robert A. Kann on his 75th birthday, Phoenix 1980.

Wodtke, Friedrich Wilhelm, Erbauungsliteratur, in: Reallexikon der Deutschen Literaturgeschichte, Hg. Werner Kohlschmidt und Wolfgang Mohr, Bd. 1, Berlin, 2. Aufl. 1958, S. 392-405.

Wolkinger, Alois, Moraltheologie und Josephinische Aufklärung, Diss. Graz 1977.

Wurzbach, Constant von, Biographisches Lexicon des Kaiserthums Oesterreich, Wien 1896.

Zeeden, Ernst W., Europa im Zeitalter des Absolutismus und der Aufklärung, Stuttgart 1981.

Zenker, E.V., Geschichte der Wiener Journalistik von den Anfängen bis zum Jahre 1848, Wien 1892.

Zinnecker, Jürgen, Sozialgeschichte der Mädchenbildung. Zur Kritik der Schulerziehung von Mädchen im Bürgerlichen Patriarchalismus, Basel/Weinheim 1973.

Zöllner, Erich, Bemerkungen zum Problem der Beziehungen zwischen Aufklärung und Josephinismus, in: Österreich und Europa, Festgabe für Hugo Hantsch, Graz/Wien/Köln 1965, S. 203-20.

Geschichte Österreichs. Von den Anfängen bis zur Gegenwart, Wien, 6. Aufl. 1979.

Ders. (Hg.), Die Quellen der Geschichte Österreichs, Wien 1982.

Ders. (Hg.), Wellen der Verfolgung in der österreichischen Geschichte, Wien 1986.